U0929597

中国近代警察法文丛

中国都市交通警察

内政部警政司 主编

刘垚 谈风池 编纂

化国宇 勘校

2018年 · 北京

图书在版编目(CIP)数据

中国都市交通警察/内政部警政司主编;刘垚,谈凤池编纂.—北京:商务印书馆,2018
(中国近代警察法文丛)
ISBN 978-7-100-15865-7

Ⅰ.①中… Ⅱ.①内… ②刘… ③谈… Ⅲ.①交通管理—警察—研究—中国—近代 Ⅳ.①D693.65

中国版本图书馆 CIP 数据核字(2018)第 032708 号

本书根据商务印书馆《警察丛书》
民国二十四年(1935 年)初版排印

中国近代警察法文丛
中国都市交通警察
内政部警政司 主编
刘垚 谈凤池 编纂
化国宇 勘校

商 务 印 书 馆 出 版
(北京王府井大街36号 邮政编码100710)
商 务 印 书 馆 发 行
北京市艺辉印刷有限公司印刷
ISBN 978-7-100-15865-7

2018 年 5 月第 1 版 开本 880×1230 1/32
2018 年 5 月北京第 1 次印刷 印张 12⅞
定价:49.00 元

中国人民公安大学法学院合作项目

中国人民公安大学警察法学研究中心承担

主编　程　华

执行主编　张彩凤

中国人民公安大学社科专项资助

中国人民公安大学图书馆提供版本

总　　序

近代中国的立法、法学研究及教育成就斐然，对中国法学的现代化贡献不小。其中，有一大部分是关于近代警察立法和警察法学研究的成果。这也更加证实了“警政为新政之基”的一贯说法。近代社会大改革大变局渴求新秩序的确立，着力推进社会民生的改造，尤其强化维护社会治安，这似乎成为当时国人的共识和政府的主要职能。孰知，警察的专门化和职业化始于 19 世纪初的英法国家，尽管警察与国家和法律是一样古老的现象。现代意义的中国警察、警察法和警察法学始于清末民初这一特殊的亘古未有之社会大变革的历史时期，是这一社会历史条件的产物。1905 年的清末中国警察始建，称巡警，1912 年中华民国成立时巡警被正式命名为警察。同时，也开始出现了对警察这一法律现象专门的思考和解释即专门的警察法学这样一门学问。事实上，就近代以来的知识分类及其形态上，警察和警察法作为法学的一种具体形态和抽象概念，有其自身独特的知识体系和表现形式。也就是说，警察法，较诸多其他法律部门及相关学科，其独特之处在于更具有多元属性诸如更多的科技含量、更强烈的国家色彩、更丰富的知识要素、更浓郁的实践性及更鲜明的工具理性等。民国时期是我国警察法学研究起步及繁盛时期，当时的有识之士应政治和社会需求且基于大量的警察立法和警察教育教学，开展了有关警察教育和警察法的思考和研究工作，他们的坚忍不拔、前无古人的探索和开天辟地般的学术精神，创造性地为后世留下了大量丰富宝贵的警察法文献资料。当然，这也得力于当时欣欣向荣的知识界如商务印书馆等出版行业的知识慧眼及文化担当。这些近代早期中国警察法研究文献可谓可圈可点，如研究方法之新、涉及内容之广、运用概念之专、秉持理念之新及蕴载信息之多，在旨趣上是以新的前所未有的样式，尝试探索涉及警察的诸多法律现象，许多著述集中反映了前辈学者对所处社会、政治、经济、法律和警察法律现象的观察和思考。可以说，这是中国警察法学的重要组成部分及发展的历史基础，是当代中国警察法学发展以至于法学进步不可缺少的源头活水，一份惠及后代的极为珍贵的思想源泉与历史文化遗产。

今日之进步一定是基于昨日和前日的努力之上的。鉴于目前法学界对于近代中国警察法律及研究成果的漠视，对之研究未得到应有的重视的现状，在中国人民公安大学和商务印书馆的大力支持下，我们有选择地将民国时期具有独特研究风格和传统的代表性的警察法学经典著作进行勘校、整理且加之导读和推出，这些警察法学的先驱们如，李士珍、郑宗楷、胡福相、范扬、林振镛、李秀生、张迺平、刘垚、谈风池及周林根等，通过他们的著述，反映了中西交汇时代中国法律人对治国理政、家国命运的独立思考，更是 20 世纪初中国社会急剧转型及时代潮流的缩影。他们是中西文化碰撞下的智者，是有抱负、有担当、精神自觉的精英学者，在他们孜孜不倦的努力下，建构起近代中国有模有样的警察法学范式。通过对这些著述的导读，尽可能将表达或蕴藏在这些近代著述中的规范机制、行为模式、技术方式、精神内核、政治理念及价值取向以及所处语境和社会条件得以分析和揭示，便于后人继续研究和开拓。我们以《中国近代警察法文丛》面世，旨在拯救历史，承接传统学术，延续专业学脉，惠及后人。

挖掘近代中国警察法学研究的经典文献，梳理其起源和发展脉络，首先是一个学术史的行为。这一学术行为有利于当代学者掌握警察立法及警察法研究领域的总体状况且学术上承先启后继往开来。为完善法学学科，提升我国警察学学科的理论品质，完善学科体系和促进学科发展，充实警察法学研究基础和提升其研究水平，达到推动中国当代警察法学高水平研究的目的。这一学术行为在一定程度上可谓填补了当代中国警察法学对于近代警察法学研究的空白。其次，整理、勘校和解读记载了20世纪早期风云变幻中中国警察法制及警察法学研究的著述，不仅是警察法学者和法史学者的一份心愿，更是国家意义上的学术担当及拯救历史。对此，我等后学之辈责无旁贷，愿尽其绵薄之力，凡对学术和实践能有所裨益，则感莫大之欣慰和极大之荣耀。最后认真对待民族传统和历史文化故旧，是中华民族文化传承的首要条件及知识美德。特别关系到的是文献的抢救、历史的传承、传统的接续和民族文化的光大等法律文化传承、积累，以及学术文化传播意义上的国家民族文化千秋大业的问题。

我们可以预期，即将推出的这些经过整理、勘校和解读及出版的民国时期警察法学经典著述，让尘封已久、价值难估、展现时代华章、积聚前辈智慧精华的学术成果重新面世，这不仅仅对中国警察法律史和警察法学理论的研究起到直接的推动作用，而且对于当代的警察法学研究、人类警察法律文化的进步将是一重大贡献。显然，这是一项浩大的基础性研究工程，是一具有较高的社会效益、文化意义和历史价值的学术行为，它不只是一个学术和文化传承的问题，更具有十分重要的馆藏价值，对于这一极具历史文化遗产价值的研究著述，置身于其中的我们都将竭尽全力做好这一研究工作。

在此，我们不仅要感激那些为警察法学著述付出心血和智慧的近代警察法学的先驱者们，也应当感谢当下的有识之士，特别是提供原始版本的中国人民公安大学图书馆和以基本科研业务经费专项持助力的学校科研处所做出的贡献。同时，也要感谢中国人民公安大学法学院和警察法学研究中心的各位勘校者和解读者及相关专家的支持和帮助。感谢所有在中国法治建设的历史大进程中，为推进中国警察法治的进步和警察法学的发展做出努力的同仁们。

最后，感谢读者们批评指正。

程　华

张彩凤

2017年4月26日

凡　例

1.“中国近代警察法文丛”多收录1949年以前法律学术体系中警察法学的重点著作，尤以部门警察法著述居多。

2.入选著作内容、编次一仍其旧，唯各书卷首冠以作者照片、手迹等。卷末附作者学术年表和题解文章，诚邀专家学者撰写而成，意在介绍作者学术成就，著作成书背景、学术价值及版本流变等情况。

3.入选著作率以原刊或作者修订、校阅本为底本，参校他本，正其讹误。前人引书，时有省略更改，倘不失原意，则不以原书文字改动引文；如确需校改，则出脚注说明版本依据，以“编者注”或“校者注”形式说明。

4.作者自有其文字风格，各时代均有其语言习惯，故不按现行用法、写法及表现手法改动原文；原书专名（人名、地名、术语）及译名与今不统一者，亦不作改动。如确系作者笔误、排印舛误、数据计算与外文拼写错误等，则予径改。

5.原书为直排繁体，均改作横排简体。其中原书无标点或仅有简单断句者，一律改为新式标点，专名号从略。

6.原书篇后注原则上移作脚注，双行夹注改为单行夹注。文献著录则从其原貌，稍加统一。

7.原书因年代久远而字迹模糊或纸页残缺者，据所缺字数用“□”表示；字难以确定者，则用“（下缺）”表示。

8.入选著作外国人名保持原译名，唯便今天读者，在正文后酌附新旧译名对照表。

9.为方便读者,凡清末、民国纪年一般均括注西历年代;原书图表繁多者,均增加附图表目录。

目　　录

正　编

附　编

附图表目录

编辑《警察丛书》引言

在出版业一般落后之中国，警察书籍之贫乏尤为显著；此其原因，由于警察官吏“实际服务”之繁忙，不暇执笔者固多；而警察界著述之不振，要亦不能否认之事实。

警察为政府最直接施政之官吏，人民最实际之指导者，必须具有充分之知识；而知识之所由来，一部虽有待于经验之陶铸，一部则不能不赖警察著述之匡导，此其一。方今，警察精神已渐由限制人民自由，进为扶导人民向上，警察与人民协力，乃必然之要求；应此要求而来之“警察民众化”运动，其重要意义，实即警察知识之普遍灌输；是故警察书籍之刊行，在今日实更为重要，此其二。

近来，坊间虽亦间有警察书籍出版，要多转译他国著作；其能以中国警察为研究对象，适合于中国目前之需要者，尚未多睹！

松风不敏，自主持警政以来，常以提高警察知识，及普及社会警察常识为念；因商由警政司同人，于公务之暇，合编《警察丛书》若干种，根据警察原理，整理中国之实际资料，不仅期在实务上予我警察界同人以工作之参考，更切望其能于普及社会警察知识一点，有所供献。兹当丛书问世之始，用弁数言，以志其缘起。

李 松 风

于内政部警政司

民国二四年(1935 年)六月二六日

正　编

第一章　绪论

上古之时，人民穴居野处，或逐水草以为生，恃天然交通相往来，不知道路之为用，无所谓交通警察。洎乎社会进步，文明日启，人类之往还渐密，交通之需要乃切，因而道路之规划，水行之开辟，逐渐实现，而交通工具亦渐由人力而牲畜，而舟车，而蒸汽，而煤汽，而电汽，日形进化，发展不已。由是交通事故与危害亦日益增多，而所谓交通警察者遂应乎需要而产生矣。然而交通警察之形成原因，各有其历史的与地理的背景在，因之其发展之方向与程度，殊难一致；大抵文化之进展速者，其交通之发达必速，而交通警察之需要亦必切。此实不独国与国间为然，即同一国内，各地亦难尽同。征之事实，当非虚语。虽然自交通迅速发达以还，异地之距离缩短，居民之往来频繁，居今日而言交通警察，有非拘于一地一域之情势所能收其效果者。是则探讨问题之核心，以树立画一通行之方策，实为环境时势所要求。本书之作，旨在此耳。

惟是交通之范围甚广，从广义而言，原有通讯与运输二种，而运输之中又有陆上、水上、空中之分，陆地之中更有都市交通与非都市交通之别。既在在有危险之可虞，即在在有预防之必要。然理论上凡属于交通警察之任务，在事实上早因行政主之便宜，别有专管之机关以管理之——如铁道、航空、航政、邮政、电报、港务各部局等均是——而最为繁赜之都市交通管理，乃为我警察之主要任务。故今兹所述，特就都布交通之范围，以论交通警察之作用，此外则非所及焉。

第二章　交通警察之性质与意义

交通警察者行政警察之一部也。

国家为达警察行政各局部之特别目的，而防止其各局部之危害，因有卫生警察、消防警察、交通警察、建筑警察、风俗警察、营业警察、外事警察、森林警察、矿业警察、渔业警察、农业警察之分设，而交通警察居其一，故谓交通警察为行政警察之一部，殆非过言。

以言交通警察之本质，即对于道路之使用通行，及其它关于道路上之行为，除去其障害并足为障害之原因，而使之适合于公共利益之警察作用也。道路本为公有之物，其构造维持管理以及供公众之使用，原为道路管理权之作用，而非警察权作用，兹所谓交通警察权者，则非支配道路本体之谓，特因道路供公众之通行，遂不得不策其通行之安全，而防止其有害通行之行为耳。

道路管理权乃本于道路所有权之结果，其权利之所在，依公路私路，或国有道路，或自治团体所有之道路而不同，其在私路之管理权，除受国家之监督外，专属于个人，而交通警察权乃本于一般统治权之作用，常属于国家，而由警察机关行使之；盖只须有公众通行之事实，则不问其为公共道路，为私有道路，为国有之道路，为自治团体之道路，交通警察盖无不可加以干涉之也。

交通警察之作用，既本于国家统治权而发动，以防止交通上的危害为目的，则依此而推论其意义，可如下述。

交通警察者，防止交通上的危害直接维持交通秩序而限制个人自由之警察行政行为也。兹分论之：

（一）交通警察者警察行政行为也　交通警察既为行政警察之一部，则其关于道路交通上之种种活动，如危险之预防，故障之排除，秩序之维持等，当然属于警察行政行为，而毫无疑问者也。

（二）交通警察者以防止交通上的危险维持交通秩序为目的之警察行政行为也　凡警察行政行为之目的，不在防止交通上的危害并维持交通秩序者，不得谓之交通警察；即仅有增进公众交通福利而限制个人自由者，亦不得谓之交通警察。例如因火灾而施行消防，因群众暴动而加以取缔，因建筑道路而征收个人之土地家屋或限制其使用，是皆非交通警察可知。交通警察之目的，盖专在防止交通上的危害，维持交通上的秩序，而不问其危害之为人为与天然或既发与未发也。

（三）交通警察者限制个人自由之警察行政行为也　以防止交通上的危害为目的而其手段不在限制个人自由者，亦非交通警察。例如为预防桥梁倾塌，而加以修筑，其目的虽在防止危害，而未尝限制个人之自由，故非交通警察。但因修筑桥梁而禁止行人之通过，则系限制个人之自由，即属交通警察行为矣。

（四）交通警察者直接维持交通秩序而限制个人之自由者也　限制自由非为直接维持交通秩序，而为达他之目的者，亦不能谓之交通警察。例如对于行人之搜索逮捕，以及不良风俗行为之取缔禁止等，虽为限制自由，而非直接维持交通秩序，故非交通警察。若因庆吊大典或民众游行示威而遮断交通，或为预防道路建筑物之倒毁，发布命令而禁止往来，则皆为直接维持交通秩序而限制个人之自由者，即属交通警察行为也。

由上所述，交通警察之意义既明，则交通警察之观念可知过半矣。

第三章　交通警察之目的

交通警察之目的，约而言之，不外下述四端：

（一）防止交通上之危险

防止危险，保障安全，为一般警察之天职，在交通警察中当然为其主要目的之一，初无说明之必要；顾所谓交通上之危险，往往随各地交通情态之变化而有不同。就最近各大都市之交通情态观之，不独高速交通机关如电车汽车等极为普及发达，即市街往来之车马行人，亦因社会之进化而有显著之增加，在此情形之下，一般交通者常因对于新增交通情态之急遽变化，未能了解，遂使交通事故，相伴而生。其因交通事故而罹死伤者，征诸事实，实属不乏惊人之数。吾人试一检阅各大都市之每日新闻纸，关于交通事故之记载，求其不接触于吾人之眼帘，殆属甚鲜。是以都市中人对于交通上之危险，莫不予以深切之注意，咸属望于警察之能竭其全力，以从事于防止，而交通警察问题，遂成一极有价值之问题乃为世人探讨之所及矣。总之，交通愈发达，交通之危险愈激增，交通警察基于防止危险保护安全之目的，对于凡可以发生交通事故或足为构成交通事故之原因者，允宜惟力是视，图其避免。

（二）增进交通之便利

交通警察不仅以防止交通上之危险为目的，凡排除交通之故障，以增进交通的便利，亦其目的之一也。基此目的而为之活动，须注意于徒步群众杂沓之场合，而从事于交通的整理，固不待言；此外则凡遇有车马纷驰交通情形极端拥挤之时，尤当酌量其进止避让之机宜，而为必要之指挥。所困难者车辆之进止避让，非能若徒步者之可以自由活动，设遇道路稍狭而交通又极杂沓之际，则其机能将有全失其效用之势，而其烦难亦殆有百倍于徒步群众杂沓之场合者。现时美国诸都市对于汽车速力及增进交通便利之方策，其注意之程度，同于危险之防止，可见此一问题之重要矣。

（三）保护道路桥梁

道路桥梁之筑造保持管理，乃道路管理权者之职责，与交通警察本无直接之关系。兹所谓保护者，特注意于公众间曾否有不当或过当之使用，致使道路桥梁损坏毁伤，而贻一般使用者以憎恶与困难耳。此外则非所问。质言之，交通警察之作用为保护道路桥梁而活动者，要不出消极作用之范围，即凡使用道路桥梁，足以毁伤其交通上之效用者，皆须极力设法避免之。例如容易毁伤路面之交通物体，禁止其通行，载重逾量物品之运输须受警察之许可等种种限制，皆为达保护道路桥梁之目的而活动之警察作用也。

（四）谋交通利用者之安逸

交通警察之最终目的，在谋交通利用者之安适。所谓安适，即排除交通上的憎恶与不安之感也。兹分三点述之：

一曰安全　乘客之安全，一方系于交通物体之良否，一方系于驾驶者技术之优劣。惟此种情形，在乘客之自身，究竟难以确知，交通警察为保护公众起见，惟有一面从事于车辆机械之检查，一面更注意驾驶者之技术，而为必要之考验，庶使利用者之安全，得臻巩固。

二曰正确　所谓正确，关系两点：一为乘费，二为时间。就前者言之，各地之生活状态，以及语言习惯，难以尽同，倘使车马乘费缺乏正确一致之标准，则必致逆旅之人，蒙讹索之累，甚或因口角斗争而招致不幸的事故。就后者而论，苟公共交通机关之行止而无一定之时间，则利用者必因时间之浪费，与乘客之拥挤，而有不便之感。警察为维持公益之代表者，对于上述情形，自当尽力解除，使之正确，以昭信实。

三曰愉快　所谓愉快者，即不使交通者发生不快之谓。可以招致交通上之不快者，厥故甚多，举其要者，则如公众交通机关之不清洁，与夫乘客容装之奇异，危险恶臭物品之携带等，在在均足以使人生憎恶之念。交通警察基于公众交通之利益，皆宜彻底加以限制与取缔。

以上所述乃交通警察之主要目的，为说明上便利起见，分门别类固无不可，惟征之实际，则相互之间，关联错综之处殆属不少。交通警察如欲仅就单一之目的而为个别之活动，以定其分担之责成，可谓甚难。是则惟有因时困地兼筹并顾，庶不失交通警察之真义耳。

第四章　都市交通警察机关之组织

所谓交通警察机关，即指职掌交通警察之官署而言。关于此一问题，不外两点：即一为监督机关之如何组织？二为执行机关之如何组织？兹分述之。

第一节　监督机关

交通警察之实体，在就外部直接为交通警察上之执行，此毋待论。而其中央本部尚须有监督指挥之机关，以为之统一联络。故在交通警察上监督机关之地位，亦与其他之警察机关有同等之重要。惟是交通警察之执行机关，有统一组织与分散组织之不同，则关于其监督机关之组织，自不能不因之而异其规模。苟执行机关采用统一组织则仅于干部设置助理职员数人，即可以全监督机关之职能：如其所采，系分散组织，则其本部之组织，将不免应实际之要求，而为特别之准备焉。

监督机关之任务大致如下所述：

一　为保持交通警察之联络统一计，对于一般的或各个的事件之应付，行必要之指挥；并对于常时之执行，为相当之监督。

二　交通实况，交通设施，交通事故，以及关于交通警察问题上之学者论文与夫报章杂志之记事等之调查征求。

三　交通整理之计画。

四　关于交通警察事项之立法。

五　对于交通警察执行人员之训练。

六　为谋交通混杂之缓和与交通事故之防止，从事于对外之联络与交涉。

七　从事于车辆之检查及驾驶人等之试验与准许。

第二节　执行机关

交通警察成绩之有无，全依其担任外勤勤务人员之能否称职而定，而其要尤系乎组织之完善与适宜与否以为断。关于交通警察执行机关之组织，不外下列二种：

（一）统一制　亦可称为专务组织，即交通警察与一般警察事务分离，而成为专门任务之组织之谓，此种组织又可分为下列两种体样：

1. 一都市只有一个专任的交通警察之组织。

2. 一都市分为数个区域，每一区域各有一个专务的交通警察之组织。

（二）分散制　亦可称为混合组织，即将交通警察混合于一般警察事务中，由一般警察负其任，而不为特殊之组织之谓。

以上两种制度，就学理言，实各有利弊；但举一方之长，即可形一方之短，举一方之短，即可形一方之长。故兹专就统一组织而申论其利弊焉。

第一，统一组织之利

（1）管理统一　都市之中，道路连贯，形成整个系统，交通警察上之活动，自应采取全部划一之方法。假使分属于数个警察组织，则取缔之间，殊难一致。匪特足使民众有无所适从之苦，即管理者亦倍觉困难也。反之，若属于统一组织，则精力贯注，指挥统一，足使事务之效率增高。其利弊所在，有不待判而明者。

(2)事务精密　现代都市交通物体，种类繁多，交通情态随时变化。负有维持交通秩序之责者，为求应付千变万化之事态起见，不能不作缜密之研究，拟订完善之方案，以防事故之发生。如斯如在统一组织之下，则人才集中，职务专属，用全部的精力以从事于交通警察上问题之研究，处理专门的事务，必能日趋精密。解决所遭遇之困难，自然比较容易。

(3)设备经济　在交通极端繁杂之今日，警察机关为执行职务便利起见，大都利用车马代步。惟此种设备，需费常多，若使由各分局分别购置，因经费关系，殊难期其实现，而且亦不经济。故采分散组织之结果，关于汽车、脚踏车及乘马等代步用具之利用，往往感觉困难。若采用统一组织，则可以无此弊矣。

(4)计划便利　交通警察遇有盛大仪式，或特殊行事之场合，如群众游行示威等运动，往往有建立重大的取缔计划之必要。故执行机关若采用统一组织，则监督者本其平日之知识与经验，以建立合于实际施行之计划，当较分散组织为有利。

第二，统一组织之弊

(1)配置不经济　从事交通指挥之专务人员，职务繁重，工作紧张。当交通情态复杂之场合，常因活动之烦劳，事务之过剧，而感到异常之疲乏。所以欲使其勤务与普通警察同为一种长久时间之分配，殊属难能。故通例对于交通警察勤务之时间，皆使之缩短(如普通警察站三憩六交通警察站二憩六是)，俾过用之精力，得充分之休养，然职是之故，交通警察之员额，势必增多，乃敷分配。此配置之不经济者一。

交通警察勤务因气候及时间上之关系，往往有时而休止，若采分散组织，则对于休闲中之警察人员，有随时酌配其它勤务以均劳逸之利，反之，若在统一组织之下，则对于在休息状态中之交通人员，欲其转任其它勤务，殊为事实所不许，此配置之不经济者二。

更有进者交通之情态，每因特殊事故而愈显复杂之象。于此场合，非增加人员数额，不足以资应付。交通警察执行机关若为统一组织，则势须于平时多设员警，以为之预备。反之，若分散组织，则可随时酌量情形，就所属之人员，为交通勤务之指定，临时发生事故，立即可以补充。而统一组织因无伸缩之余地，自无此种便利也。复次统一组织之场合，警察人员散在全市，区域过广，关于训示点检与其他之召集，并报告、命令之传达等，往往多费手续及时间，仍不及分散组织之经济而便利也。

(2)监督较困难　凡采统一制之交通警察机关，对于所属人员之监督指挥，虽有代步用具，可资利用，然所属之专务人员，多系分配各区，广布全市，纵有多数督察人员，亦难巡视周到。如以监督之权付之各该地区内之普通警察机关，则因系统上之扞格，亦所难行。此亦统一组织之缺陷也。

(3)使普通警察对于交通事务漠不关心　采用统一组织、以配置交通警察专务人员为原则。然专务人员之配置，其力仅能及于主要之道路及冲繁之街市。至此外处所之交通维持，则必有赖于普通警察之协助。但因采用统一制之故，交通警察俨然形成一种独立机关，由是普通警员，对于交通警察之观念，每因此独立机关之存在，不免认交通警察的事务为责非我属，而漠不关心。其结果往往使交通事务有弛缓之虞。反之，若采分散之制，则可依全体警员之努力，以贯彻交通警察之作用，其得失固甚显然也。

总之，两制互有短长，就现今之趋势观之，实成为两相对立之制度。惟欲就特定都市研究其应以采用何种组织为适宜，此则关系复杂，非先就下列各点，加以考虑，不易解决。

1. 都市之大小；

2. 交通之繁简；

3. 交通警察设备之有无；

4. 普通警察组织之概况。

而由欧美各大都市之最近倾向言之，交通警察已大都由分散制而渐进于统一制。惟我国各都市，则因人材经济两感困难，仍多采用分散组织。故最近交通警察专员会议为适合我国情况起见，关于都市交通警察组织之决议，亦以采用分散制为原则，但有特殊情形，得采统一制。虽然此后各大都市如果因商业之发展，市政之进步，一跃而与世界著称之都市相颉颃，则统一组织采用之实现，殆亦不过时间迟早之问题耳。兹将交通警察专员会议所议定之分散统一两制组织办法附后以供参考。

一、分散制之办法

(1)交通警察之组织不外中枢与执行之分，我国较大都市之警察机关，对于交通警察之中枢机关，如首都警察厅保安科第三股之掌交通，上海市公安局第二科之交通股等尚不乏组织，拟以此项机关为枢纽，组织执行机关。

(2)就都市及省市公安局所在地之市街情况，限期确定交通岗位。

二、统一制之办法

(1)首都或各省市公安局各就地方情形专设交通警察署一处或分为数个区域设数处交通警察署。

(2)于中枢机关酌设交通督察长一员或交通督察员数员，秉承厅长或局长之命，掌理交通事宜，指挥交通警士执行职务。

(3)指定专任交通警察，配布于各重要区域。

第三节　各市实况

一、首都

首都警察厅以厅本部为交通警察之中枢机关，而在保安科内设置第三股，秉承长官之命，掌理调查、研究、设计、公布、指导、考核等事项，其执行机关，系采分散制，所有关于交通警察之执行及即决事项，统由所属九个警察局承奉厅令办理之，在辖境内择其交通频繁交叉道路或交通事故发生最多之地点设置交通岗位。每岗置警四人，专任指挥交通，勤务采站二歇六制。

二、北平

北平市公安局管辖区域共分为十五区，各区交通繁简情形不同，设置交通岗位多寡不等，每一交通岗设置警察三名，轮流值班，各处交通警皆直接隶属于各区，受各该管派出所巡官巡长之督饬，亦分散制也。

三、青岛

青岛市公安局向无交通警察之单独编制，所有交通事项，悉由普通警察办理。迨十九年该局感觉市内交通日渐繁杂，有单独组织交通警察之必要，曾一度成立交通警察组——其成立经过，系先组织交通警察养成委员会，由勤务督察长，第二科科长，交通股主任科员为委员，分任教练，期限一月，于是年十二月开始服务；但至二十一年十月因保安队长警不敷分配，遂将该组解散，归队服务，自是以后，所有一切交通事务，仍由普通警察负责处理。

四、上海

上海市交通警察无特殊之编制，每一交通岗设警士三名，采站三歇六制，轮流服务。所有交通岗警，均由各分局所直接指挥管理。

五、天津

天津市之交通整理指挥，由河北省会公安局任其责，交通警察之组织，采分散制，由各区之行政警察分担之。

六、汉口

汉口市公安局交通警察，分为固定流动两种，统由各公安分局直辖之；固定者有一定之岗位，流动者系在各马路上巡逻。

七、广州

全国各大都市唯广州市交通警察系采统一制。按该市交通由广东省会公安局掌理之，于局内设交通警察长一员，掌理全市交通事宜，下置交通督察员十员，承督察长之命，指挥交通警士执行职务，及办理关于训练选补考核成绩各事务，并分夜梭巡马路检查车辆。维持交通秩序之警士共三百一十五名，受督察员之指挥，管理交通事务。

第五章　都市交通警察之训练

交通警察职务繁重，故当执行之冲之人员，首须注重人选问题，再则训练是尚；盖非加训练不能应付裕如也。

第一节　人选

交通警察于市街冲繁处所，车马杂沓之中，实行交通指挥整理之工作，栉风沐雨，无间寒暑，非有强壮之体格，庄重之仪表，稳健之性质，难期胜任而愉快，关于此点，兹就通常所应注意者分述于下：

一曰身干

从事于交通整理之任务者，其身干以高大为宜；盖身干高大，目标显著，可使一般交通者易于认见实施指挥者之所在，及其所表示之各种指挥手势与信号。不独此也，即就其自身之视界论，有高大之身干，则高瞻远瞩，最适于附近交通状态之观察。此身干所应视为人选问题首要之条件者也。

二曰体格

交通警察人员，既须在往来频繁车马杂沓之街衢，不拘寒暑晴雨，从事执务，则其勤劳实较普通外勤警察为尤甚，故当选任之际，于身干而外，尤应注意其体格是否强健，能否胜任烦剧，以为取舍之标准。

三曰仪表

警察表率人民，瞻仰所系，仪表最宜注重：矧日立于通衢闹市之中，在众目所视之下，从事于交通整理之人员，其一瞻顾，一动作，在在有关法律威信，且为生命财产之所系。故仪表之庄重与否，实关重大，选任时不能不特予注意也。

四曰性质

交通警察日在骚音喧哗车马奔腾之中，整理极端繁杂之交通，使其自身心粗气浮缺乏沉着稳健之性质，则顾此失彼，动辄得咎，必不足以尽一日之责，此性质之所应列为必要条件之一者也。

五曰手段

交通警察性质固宜沉着，然手段却须敏活，诚以交通警察日处于瞬息万变现象无穷之场所，而为交通整理之实施，若其性质迂缓，举动迟滞，活动既欠灵敏，指挥必难适宜，毫厘之差，危险必且立致。此选任之始，所应特予注意之又一要件也。

第二节　训练

交通警察之选任要件，已如前述，然选任以后，若无充分之训练，仍难举预期之效果，故交通警察究应如何施行训练，亦一极端重要之问题也。方今社会进步，科学昌明，凡百事业，均有专门化之趋势，交通警察为警察中之一种，就事而论既属专门性质，即应有专门之训练，以培养其学识，增进其技能，夫然后方能措施适宜，应付裕如焉。

关于交通警察之训练，自以由中枢机关担任实施为最宜；盖由中枢机关训练，可收上下一致精神一贯之效，倘由执行机关办理，则方法纷歧，职责不专，教练固难统一，选才亦难从严也。

复次，对于交通警察执行人员之专门训练，究应课以何种学科，方为适宜？此则应依于地方之情形，实际之需要，因地制宜，因时制宜，而加以区别。兹就一般所应研习者举之于下，以资参考。

1.交通警察法规之讲习；

2.交通警察勤务之解析；

3.交通警察组织之大要；

4.道路一般知识之研究；

5.高速车辆机能之常识；

6.当地交通状态之通晓；

7.当地交通统计之比较；

8.当地交通地图之利用；

9.交通整理实务之练习；

10.模范区域设施之参考。

我国交通警察训练向不专一，及二十三年(1934年)七月举行交通警察专员会议，关于此问题，经内政部及首都警察厅、汉口市公安局、河北省会公安局等提出讨论，于是大会乃有如下之决议：

(甲)各都市应将编订之交通警察教本，先送内政部审查，择其最优者，通行作为范本后，再依照训练。

(乙)各都市警察教育机关内应设法设置交通警察专班或补习班，以培植专门人材，设置交通警察专班之办法，由内政部定之。

(丙)中枢机关应随时派员分赴各执行机关，集合执行交通警察人员，讲解关于交通各种法令及指挥方法，以养成相机指挥之能力。

上述决定：甲项系旨在统一交通警察之教材，乙项之目的在谋交通警察教育专门训练之实现，丙项之目的在谋其实务训练之普及，大体均以内政部警政司提案为基础，而甲项之决定，不仅可以选定优良教本，且可因此而在精神上求得全国交通警察之统一，其关系尤非浅鲜也。

第三节　各市实况

一、首都

首都交通警察，系就二等以上之普通警士服务满一年以上，躯干长大，体力健全而心思灵敏沉着者选任之，至对于训练则官长与警士并重；而于切合时地环境之实务训练，更力求其贯彻。兹将其训练方法，分述如下：

甲　关于警士

遵照部章于警士教练所内特定交通警察学科，就一般警士，授以交通整理原则，指挥方法，取缔事项及公众训练等。学警在毕业前定期轮赴各交通岗位实习。警士在服务期内，则责成各分驻所巡官随时将各种交通法令指挥方法及与交通有关之常识——如汽车构造、驾驶技术等——详为讲解。遇有关于交通警察之新法令公布或其他必要时，得轮调此项长警到厅举行交通训话，以增进其技能。

乙　关于官长

该厅于二十一年（1932 年）十二月至二十二年七月间先后举办巡官讲习班两期，交通整理为训练课目之一。迨二十三年（1934 年）暑期，又创办警官训练班三期，分期抽调各局巡官及各警队分队长入班训练，为时半月，除一般科目外，对于交通整理之方法，交通整理之实施，交通管理之一般规则，亦有专门之讲述。

二、北平

该市交通警察，皆由普通警察中选拔其身体强壮机警干练者充任之。对于训练分集合教练分组教练二种；集合教练由公安局召集行之；分组教练由各区分任之。训练之方法，注重下列四点：

1. 关于交通上一切法令，务须解释记忆纯熟。

2.关于警械之使用。

3.指挥之手式及方法。

4.车马繁杂处所,应有相机指挥应付之能力。

三、青岛

该市交通警察由普通警士担任,所有全局警士,均由警士教练所毕业,所内课程有交通指挥法一课——就指挥注意事项,指挥方法及手式,加以讲解,此外并无特别训练。

四、上海

上海市交通岗位职务较为繁杂,故执行交通整理任务之人员,悉以干练之一等警士充任,以免疏虞。对于训练,最近该市公安局组织交通训练班,饬各分局所各派服务员二名到局,授以指挥交通姿势及各项车辆罚则,陆上交通管理规则等。训练完毕后,即遣回原分局所,组织交通传习班,转授各个交通警察以交通上应备之知识。

五、天津

该市交通警察之训练,由河北省会公安局警士教练所担任,在警士教练所内设交通警察学科,并无单独的特别训练。

六、汉口

该市交通警察,均系公安局警士教练所毕业学警。在训练期间,由教练所编订交通课程,分期讲授,课程之中包括交通法规及交通整理办法等。

七、广州

广东省会公安局前于警察教练所中设置交通警士班,训练期限六个月,毕业后派出各分局服务。嗣以历届毕业人数日增,已敷分配,该班遂暂行停办。现在改由局中按时派遣交通督察员,分赴各分局抽班训练,以备缺额时考选补充。

第六章　都市交通警察之配置

交通警察人员之配置，有专务与非专务之别，而其任务亦因其配置之不同而有异，兹分述于次：

第一节　专务配置

交通警察专务人员，以定地配置为主要；但移动配置在勤务活动上亦不可缺。

第一，定地配置

(1)种类　在一定地点执行任务之交通警察人员，普通均以徒步为宜，鲜乘车马。盖此项人员，当其从事于交通之整理与指挥，常常利用手腕作势，或操作机具，发布信号；且有时尚须转变方向，以便于应付；或高登台塔，以广其视察，为使此种活动敏捷起见，自以徒步应勤最为便利，但在特别之场合中，为达到警戒之目的，于徒步警察人员以外，则以利用骑警为有力。然此不过一时的补助徒步警察人员之临时配置而已；若普通所谓交通整理，则无需用骑警之必要也。

在一定地点配置之交通警察人员，从事于徒步之场合，其站立之场所无论若何，皆以设有塔台为有利。盖有塔台则可使交通者易知指挥者之所在及信号，而其附近之交通状态，亦可广为视察；且在执务者之自身，又可藉以避免意外之危险。此外为夜间照明计，于站立之场所，更宜装置光力特大之电灯，俾与指挥者与交通者以便利。

(2)场所　定地配置之交通警察，通常均就交通混杂事故频繁之地点设置之，然下列各场所，皆为定地配置之必要者。

1. 三叉路，十字路，及五线以上各道路之集合点。

2. 狭窄或畸形道路之重要地点。

3. 广场及车马交通频繁之场所。

4. 桥梁。

5. 正在实施地面上或地下工事等之道路，而交通上生异常情态之场所。

6. 其他交通事故特多之场所。

以上所列，皆为常时交通警察人员定地配置之必要场所，此外尚有短时间配置必要之地点；如学校、剧场、医院、游戏场等是。

(3)员数　定地配置所需要之员数，当视道路之广狭、交通之情态、与夫交通整理机具之有无及优劣而异；又因执务者机务之是否熟练，公众与交通者之是否遵守规律，以及采用整理之方式是否合理，而有不同，固未有一定之准则也，惟执务人员如对于其所司之任务能十分娴熟，交通上之设备能特别完善，从经济上着眼，以不需用多人为要。

(4)时间　一定地点之交通情态，因时而异；有早晚喧阗者，有日中扰攘者，是当因其时间之需要，而为适宜之配置。大抵都市干路为交通之动脉，自晨至夕应有永续配置人员之必要；若小学校或剧院及游艺场所，则仅就其集散时间二三十分钟内酌配人员即可应付。总之交通警察出勤时间，不必拘于普通警察勤务分配之例也。

(5)任务　定地配置之交通警察人员，其任务因其服勤场所之不同而异；有以举示进止信号为任务者，有以调解停滞为任务者，亦有依于交通之情态，地点之区别，任务虽同而其注意之程度不尽相同者。故当监督之责者，于人员配置之先，不可不予以明白之指示，俾服勤者实施交通整理时有所准据。

此外交通警察人员尚有一最后重要之任务，即养成一般之交通纪律是。养成之方法有二：曰“确实”，曰“必然”。此点视若甚易，而关系甚大，未可忽视。盖当整理交通之际，倘实施断续式之整理方法，指挥者所举示之动作信号等，假使稍有未确或不明之处，则交通者进止之间，将无所适从，而交通秩序，将陷于不可收拾之境矣。又交通警察人员，当整理交通之际，为达到维持交通纪律目的计，不仅以对于自身所负之任务应求“确实”、“必然”为已足，同时对于违反交通纪律者，亦应依法引致，使受法律之制裁，借示惩儆。盖以少数之交通整理者，指挥多数之交通者，欲期其进止有序，指挥如意，惟有适用法律制裁乃能达此目的耳。

第二，移动配置

所谓移动配置，即巡逻是也，属于此项配置之人员，通常多为步行，亦有乘车或马者，各有短长，是在实用之际，因时因地，酌为措置，固未有定则也。至其目的，则如次述：

(1)速力之取缔。

(2)在定地之配置以外之场所，为交通取缔规则之执行。

(3)车体及司机者之随时检查及取缔。

(4)交通实况之调查。

(5)定地配置之交通警察及普通警察交通取缔情况之视察。

第二节　非专务配置

所谓非专务配置者，指一般普通警察从事交通上之勤务而言。兹就其地位任务，分述于下：

(1)地位

专务之交通整理人员配置情形，已如上述。惟就事实而言：交通专务者无论定地配置或移动配置,以限于场所、时间、人数种种原因,若使之担任全部交通警察之执行,其力尚有不足。盖交通警察专务人员于交通上最能表现其能率者,惟在定地配置,至其它场所,纵有移动配置之专务巡逻者从事取缔,然欲使其力达全市,实有未逮;因此对于都市交通警察之配置,于定地而外之交通取缔,不能不赖普通警察以为之活动,于是普通警察在交通警察上之地位,乃显示其重要性。然而应注意者,普通警察人员在交通警察上实与交通警察专务者,处于共同分担之地位,而非交通警察专务人员之补充的或补助者,惟欲达交通安全之目的,谋两者之适当联络,共同负交通指挥整理之任,则为首要耳。

(2)任务

普通警察在交通上之任务,与交通警察专务者无大差别,所异者:

1.临时服定地之勤务　普通警察亦有临时服定地之勤务者;例如小学生到校或出校之时间,在巡逻勤务中之普通警察或特别派遣之普通警察,临时在校门从事于交通之整理是也。

2.交通警员之调充　交通警察专务人员有事故时,不敷充分配置,或一时的不能增加专务员,乃以普通警员调充之,使当交通警察专务人员之任。

交通警察之配置种别,已如上述。然两者之中,究以采用何制为宜?此则当视交通警察之组织,街市交通之繁简而定;如交通警察组织采统一制,则对于配置自应专设交通岗警及巡逻以负其责,如街市交通不感复杂,则普通警察即可以当其任。故最近都市交通警察专员会议对于此问题,特根据内政部提案而有如次之决议:

(1)在实行交通警察专务制度地方,交通警察专负交通指挥之任,在其他段内之其他勤务,概由巡逻警负责;但附近如发生火灾盗案或其它重大事故,则交通警须协助处理。

(2)街市冲要处所,应设置固定交通岗位,并酌配交通巡逻以协助之，其他地方即由普通巡守长警指挥之。

至关于固定岗位设置地点，复经大会根据内政部提案决定如下：

(1)十字路交叉点；

(2)丁字路口中心点；

(3)五线之上之道路集合点；

(4)电车交叉点；

(5)城门洞口；

图 6.1　广州市广九站前之交通岗

交通警察巡查市面情形

图 6.2　广州永汉北路之交通岗

上端为路灯，其下为信号灯，半红半绿。

(6)桥梁(限于有必要者);

(7)其他交通频繁或道路险峻之处。

我国各市交通警察配置方法,向不一致,自经此次会议决定上述各项原则后,当能有所准据矣。

第三节　各市实况

一、首都

首都警察厅配置于各交通岗位之交通警士,在值勤时间内,专任整理交通事宜,其不涉于交通上之一般勤务,则由各该区段巡逻长警负责办理。但附近如有盗案火警或其他重大事故发生,交通警士仍须负责处理。

各局界内原有固定交通岗位一百八十一处,嗣因其中不免有超越需要耗废警力之处,乃于二十二年(1933 年)九月由厅召集所属各局举行整理交通会议,决定配置标准四项,重加查勘,将全市岗位改定为一百七十处,兹录标准如次:

一、车辆繁多之十字路,三叉路,及五线以上之道路集合点;

二、车辆出入繁多之城门口;

三、桥梁或坡路之上或下有设置交通岗之必要者;

四、交通事故发生最多之场所。

位置于宽阔道路之交通岗位,均有岗台之设,其道路窄狭之处,则以警士站立于道路中心,遇车马通过时,移动于路之一旁指挥之。

二、北平

北平交通警察之配置采专务制,不负他责;惟交通较简地方之交通警察,因事实之可能,且限于原定警额,得在本管派出所轮值勤务。所有全市交通警察均设有固定岗位,岗位地点系择交通冲繁处所设置之,标准如次：

一、十字交叉路口；

二、丁字路口；

三、城门洞口。

交通岗位如在地势宽阔处所，均建有岗台，以便指挥，但因特殊情形，夜间有时将交通岗位移至附近僻巷，以便兼顾防务。

三、青岛

青岛市交通事务，系由普通岗警兼理，并非专务，凡在交通冲要处所，均有固定岗位之设。

四、上海

该市交通警察之配置，与青岛同；繁盛街道均有固定岗位，其设置地点多在十字路口及道路交叉点，其形式如水汀之台站，上连岗伞。

五、天津

津市交通警察由各区所行政警察轮流分担，亦非专务，凡桥梁及重要路口，均有固定岗位，此外尚有游动岗补助之。

六、汉口

该市交通警察为专任职务，各马路中间均设有固定岗位，并设置站台岗棚，以便瞭望指挥，至执行取缔摊担及停车场等勤务，则皆由流动交通警察负其责。

七、广州

广州系采专务制，交通警察专任指挥车马往来并执行取缔关于一切交通事务，均有固定岗位，其设置地点多在十字路口或丁字路口之中心点。

第七章　都市交通警察之服装

交通警察从事于往来杂沓风雨无间之烦重职务，其所著之服装，第一须使人易于识别，再则轻便是尚，而整肃耐寒，防暑隔雨等，尤为必要之条件。考各国交通警察于服装一端，大都与普通警察不同：有以白色臂章区别之者，有以白色袖管或白色手套区别之者。英国之交通警察，其外套系采用白色，而美国且有使交通警察佩带红灯于背后者。此无他，皆所以使交通者触目儆心，易于认识，而交通警察之指挥整理易于为力而已。

图 7.1　英国交通警察服装图

图为英国交通警察正在指挥时，臂装白色袖管，背后腰际系一红光灯。

图 7.2　英国女警察从事交通整理时冠著

图为英伦女警察从事交通整理时，冠消防队式之冠服、猎装马裤、皮靴，与男警察不同。

我国各市交通警察服装，就二十三年（1934 年）所调查，大致情形如下：

一、首都与普通警察无区别。

二、北平着普通警察服装，惟于左臂加佩白色椭圆形绿色边黑号码之臂章，夏季改戴德国式黄色盔帽。

三、青岛着普通警察服装，惟夜间臂上加带白色布套。

四、上海着普通警察服装，惟执行职务时于两袖上加罩白色袖套，并使用黑白二色相间之警棍。

五、天津着普通警察服装，外罩白箍臂章，上书“交通”二红字。

六、汉口与普通警察同，惟左臂上佩有白底黑字（交通二字）之臂章。

七、广州与普通警察服装无异，惟该市因气候关系，全部警察服装，冬季一律用黑绒，夏季则一律用白布，而交通警在夏季并戴白蓪帽，肩章改用襟章，配挂于胸前之左上方，襟章采用白铜质，黑底白字，其式如下：

图 7.3 广东交通警士襟章

综上以观，我国各市交通警察服装，除首都外，在形式上可谓已尽区别之能事，惟就国家整个行政言之，则殊嫌其未能一致也。

此次交通警察专员会议，关于服装划一问题，建议大会彻底改革者有内政部警政司、湖北省会公安局及上海市公安局三机关，其建议要旨，不外"式样画一"，"标志显明"二端，于是大会根据建议，而有如下之决定：

"服装与普通警察同样，惟臂上加带白色袖套。"

上述决议，经济而易于实行，各地果能一致遵照，则"交通警察统一化"之第一步工作，不难达到焉。

第八章　都市交通之设备

交通设备，所以补助交通警以达交通安全迅速之目的者也。其关系在都市交通上言，实与交通整理，相辅而行，同其重要。盖交通警察以活动——指挥——为中心，而活动之得法与否，则全基于设备之良否以为断；设备而良，措置无不如意，设备不善，则指挥绝难适当，此固无待烦言而解者矣。

以言交通设备，大抵随都市建设之发展，交通物体之增进，应事实上之需要而有日新月异之势，兹举所知，分详于后。

第一节　道路

道路为交通之主体，其建设之良窳，至关重大，兹就必要之点，略述如下：

第一目　道路之形态

（一）路幅　以今日都市繁荣之激晋，交通物体之庞杂，就交通需要之程度而言，道路幅员若过于狭窄，当然感觉困难而不便；是以需要宽阔之道路，以纳此熙攘往来之交通者，实为必要之事。然道路过于宽阔，是否即为有利无弊？亦有注意之价值，兹从事实上观察，道路过宽之结果，往往易生下列两点困难：

1. 车辆大转弯之时，必与被截断之直行车辆两感不便，且彼此易起冲突。

2.徒步通行者横断通过时,需要相当时间,中途易生危险。

据上以观,是道路狭窄,固为交通之阻,而道路过宽,亦不必为交通之利。要在规画至当,广阔适度以应事实之需要而已。

(二)路线　道路之形状,自以直线为有利;然因种种原因,事实上有不能全为直线者,此种形状是为弯曲。道路在弯曲形态之下,甚足妨碍交通之视线与进止,而高速车辆,尤易蒙受不良之影响,故负交通整理之责者,对于弯曲路线之交通取缔,殊有特予注意之必要。

(三)路面　路面之良窳,与交通之影响,所关甚大,盖道路平坦,则车马行人无往而不适,设稍有坎坷不平或其他不良之事实,则不特足以减低交通之速率,且足为招致交通事故发生之重大原因。是以道路之建设,虽责非我属,然路面之良否,吾人殊不能以非职务所及而漠视之也。

(四)坡度　道路倾斜而成坡度,多为地形使然,此种处所之足以影响于交通者,尤甚于弯曲之道路,兹将因两者而生之危险,比较如下:

1.弯路之危险多系两来之冲突;斜坡之危险,则由于上行车者少,而由于下行车者多。

2.弯路之危险多出于高速车辆,斜坡之危险,则低速车辆亦能招致。

在交通频繁之大都市内,对于坡路之通过,多加以速度的限制,但如形势过峻危险较大,或竟禁止一切车辆通行,或配置交通警察于适当地点,以指导之,尤要者凡属坡路之附近,均应树植标志——警告的或禁止的——以资遵循,总之,道路倘有倾斜之处,即应早为之备,其有弯曲且倾斜者,尤应妥为之防。

(五)街角　道路之出入口——即转折地方——恒伸出尖形或方形之街角,此项街角,妨碍交通视线,亦往往为危险发生之重要原因。故为交通之需要计,尖方之街角,必须除去,使成圆形,乃能收目光开敞通行无阻之效。

（六）路旁附设物　所谓路旁附设物，不外各种电杆（如电灯、电话、电报等）、邮筒、树木、棚杆、广告牌、商店招牌及其它设置于路旁之物，此种物体位置偶有不适，往往与交通上以不良之影响，而以设置于道路之转折处者为尤甚。因此等物体常能妨害车辆之转回及视线故也。所以当实行设置之时，负其责者不可不将其位置详加考虑切实注意，务以不碍交通为原则，而吾侪之从事交通管理者，尤应调查明确，权衡利害，纠正于事前，取缔于事后，则交通之整理，庶易于着手矣。

第二目　道路之区分

都市道路在昔交通简单之时，固无划分之事实与必要，惟自都市交通发达以来，因交通上活动状态之不同，为防止交通之混乱谋通行之安全，于是市街道路乃不得不依于交通物体之速率，而为适当之区分。

道路区分之实施办法，不外使高速与低速之车辆间及车辆与行人间，画然出于两途而已；但细别之，尚有如下之区别。

（一）路线的限制　即限制某一道路，不许某种交通物体或若干速度之车辆通行；或某一道路禁止车辆通行是。

（二）路面的分画　即将宽广之干路，分画为数条路线，各别使用之是。

前者系依于道路之特殊情态，而为之某种限制，可无深论。至于路面之分画，普通不外下列二种：

（一）人行道　或称步道，专供行人往来之道路；又街巷宽度之不容车辆通行者，亦属此类（《陆上交通管理规则》第八十二条）。

（二）车道　即专供车辆通行之道路也。此又依于道路形状之可能及车辆之速率，而可分为下列两种：

甲　快车道　供高速车辆，如汽车等——通行者。

乙　慢车道　供低速车辆，如马车、人力车等——通行者。

其划分之方法，重要之干路，大致均以中央为快车道，两旁为慢车道，再两旁为人行道。图如下。

图 8.1 车道

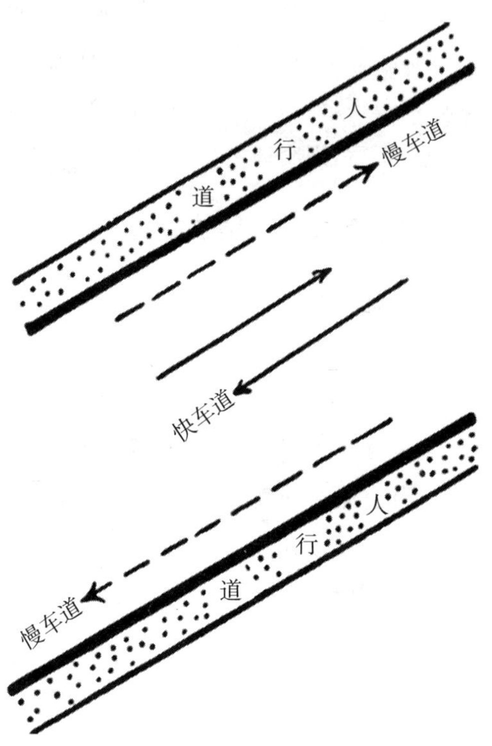

上列之图，如首都之中山、中华、太平等路，即系如此区分；此外亦有因路稍狭，车马行于一路，而无快慢之分者，如首都之贡院街、瞻园路是。至于其他各市重要道路之区分情形，因新旧建筑之不同，各地情形之异殊，车道步道虽经分设，而快慢车道尚有未能实行区别者；故此次交通警察专员会议，特依据内政部警政司建议之画分车马人行各道案，而有如下之决议："道路应将车马道人行道画分，惟在形状可能，交通情态需要地方，须将快车道慢车道再行画分。"诚酌量各地情形，而谋交通之便利者矣。

第三目　各市实况

一、首都

首都街道，有新旧两种：旧式均甚窄狭，无人行道车道之分，路面建筑亦极为坎坷不平。新式之干路多系国都南迁后所建设，路身之构筑，颇能合于现代化之条件，所有新成干路，中央以通车马，两旁则筑子街以通行人，惟新式道路之建筑情况，尚有三种区别：

甲　以中央为快车道，快车道之两旁为游息道及停车场，再两旁为慢车道，慢车道之两旁为人行道者，如中山、中正、汉中等路是。

乙　以中央为快车道，两旁为慢车道，再两旁为人行道，而无游息道及停车场之设备者，如太平、中华、白下、建康等路是。

丙　以中央区分为快车道，停车场及慢车道三部，其两旁为人行道及游息道者，如江边马路是。

二、北平

该市重要干路，多以中央为快车道、以电车为主，无电车者以汽车为主，快车道之两旁为慢车道——车马道，再两旁为人行道，如前门大街、东四大街、西四大街及东西长安街等均是。至交通繁杂而狭窄之街道，如外二区界内之大栅栏、观音寺等，则系行人车马混合通行，往来秩序，全恃交通警察为之维持。

三、青岛

该市道路计分两种：一、宽道，多在交通繁盛之区，其路面较为宽广，以中央为车马道——并行一道，两旁为人行道。二、窄道，多在交通僻静之处，并无车马道及人行道之分，一并通行。

四、上海

该市重要道路，多以中央为车行道，两旁较高之便路为人行道。

五、天津

津市路面有车道马道及人行便道之分，其配置系以中央为快车道（汽车、电车），两旁为人力车马车等道，再两旁为人行便道。

六、汉口

该市新筑成之马路，如民族、民权、民生、中山、江汉等路，均设有车马道人行道，其配置情形，略以中央为汽车道，左右为人力车及马车道，再两边为人行道。

七、广州

广州道路，以马路中为快行车道，旁为马道，次为肩舆及普通车道，再两旁为人行道。

第二节 横断步道

所谓横断步道者，即在直进之车道中，贯穿而造成一显明之横行路线，使徒步者得以循此路线安全横过车道而行进之设备也。此项设备多于交叉点之附近或车路之中段为之，其作用有三：

（一）指示徒步者安全横过车道之途径。

（二）交通整理上为停止信号时，所有行进之车马，均有停止于横断步道以外之义务；因此横断步道又可为停止界限之作用。

（三）汽车越过横断步道时，必减低其速度，俾徒步横过者得免危险，而借以减少交叉点之交通事故。

至其设置，则有一时的与永久的之分：

（一）一时的设备　多以白色之涂料，画成横贯之钱。

（二）永久的设备　又有两种构成方法：

甲　横互道路以相当材料筑成圆背之横埂者。

乙　以白色或与地面异色之石质，或其他坚固材料，造成横线于道路者。

图 8.2　横断步道图

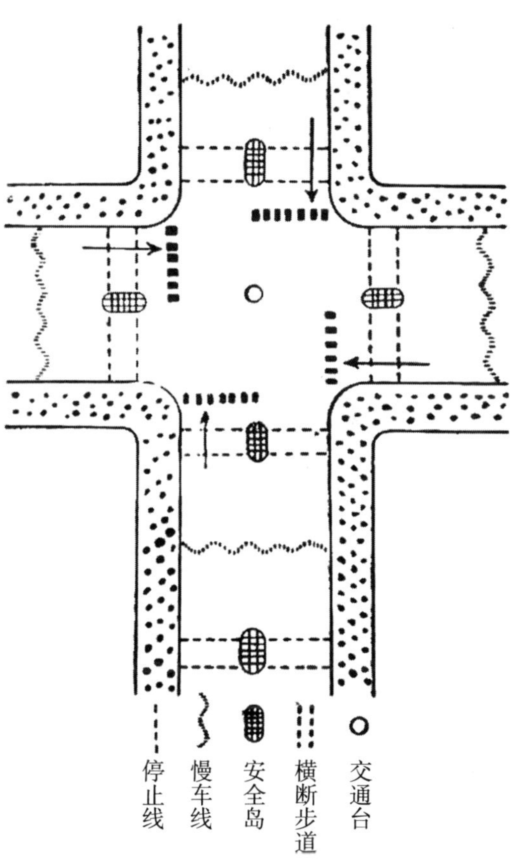

横断步道在交通设备上之地位，极为重要；然而即此犹未足以为已尽保护徒步者安全横过车道之能事，必也于横断步道之中途，同时另行加造安全岛，俾徒步者于通过交通繁杂路而宽阔之车道时，得有避免危险之时机与处所，夫然后横断步道设置之目的乃可达到。至于此外在交通最为繁冲之道路，倘有时徒恃横断步道不能奏效，则另行构筑地道或架设天桥以补救之，亦一种有效之办法也，惟此种实例，在国内各大都市尚未多睹耳。

总之，在大都市冲要街道中，徒步者横断车道，事实上自不可免，若任意横断行进，在徒步者既感重大之危险，在直进之车马亦蒙意外之阻害；加以都市街道，因交通量之增加，路幅逐渐展宽，此于直进之车马固觉甚为便利，而在徒步通行者横断车道时，则无不有道阻且长之苦，为预防危险减少事故计，横断步道之设备，实为交通整理之要务也。

第三节　安全地带

安全地带（safety zone）者，即于交通繁杂之车道上，特行画出一小区域，用以防止车马之侵入，而使徒步者利用之以避免危险之设备也。其形式往往因地而异，大抵沿电车站者为长狭形，此外处所多为椭圆形，亦有形圆而构筑较高者，或称之为安全岛（safety island），至其作用大致不外下之两端：

（一）保护徒步者横过车道之安全；

（二）保护电车乘客升降之安全。

前者可称之为广义的安全地带，后者可称之为狭义的安全地带。其设置可分为固定的与非固定的两种如次：

（一）固定的设备　即在固定的地点为长时间之设置是也，其方法又有两种：

甲　筑造的　通常多用建筑材料造成高二公寸或不足二公寸之平台。

乙　区画的　多用白色石质或其他坚固材料为之；亦有用白色涂料，就地面上画成白线，以示其区域者。

（二）非固定的设备　此又可称之为移动的或一时的设备，其方法亦有二种：

甲　标示法　在指定之地点，就其两端树立标示，或再就两标示间连系以索网，夜间不需用时则移去之。

乙　板台法　用木板制成高二公寸或不足二公寸之平台，放置于车道之上，与固定的安全地带同样的使用，不需用时可随时移去，极为便利，故此种设备亦有称之为半固定式的安全地带者。

图 8.3　安全地带图之一例

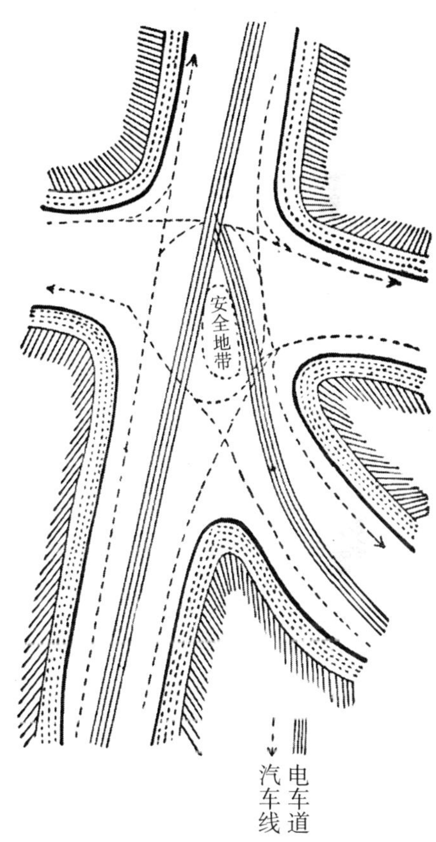

安全地带在路幅宽阔高速车辆纵横交错徒步横断众多之处所，对于保护徒步者之安全，防止危险之发生，可收良好之效果，而在交通频繁之广场中构筑此项设备，其效用以较设于普通车道者尤为显著，此固

无待深论者矣。尤有进者,安全地带之设置,不仅为保护徒步者之安全已也。其设置于车道之中央者,且可为画分交通上下两流之用,于交通纪律之保持上,亦有极大之裨益也。

安全地带之效用已如上述,然此于徒步通行者固显示其便利矣,而对于车辆之行进,则往往反因此种设备之占去路幅,而生阻碍之影响,故在设置之始,最宜考量设置处所之环境利害,斟酌当地之情形,适于固定设备者,则设固定式,合于移动设备者,则设非固定式;此外或对于停车及存置物件为严重之取缔,或将人行步道酌减宽度,而使车道之路幅借以增广,总以合乎需要而不妨车马之交通为原则,夫然后安全地带之设,乃可收完满之效果焉。

第四节　广场

广场者,于数条干路之集合点,画出相当宽广之面积,于其中央置一圆形(或椭圆形)之空场,而于场之外缘则筑成圆形之路线,使沟通各路而成为交通上之中心者也。此外戏园、公共演讲厅、音乐院、火车站等之前,在一定时间内交通异常拥挤,亦恒设广场以调剂之;其作用不外下列五端:

(一)为交通机关集中及转换方向之用;

(二)为交通缓冲之用;

(三)为车辆停置之用;

(四)为散步场所之用;

(五)为屋外集会之用。

在广场上之交通整理,通常均采循环式行进法(如下图),盖以广场为多数道路之总汇地点,交通情态极为复杂,采此方式,则车辆之行动连续而不停止,极少发生停滞之弊也。

图 8.4　首都新街口之广场

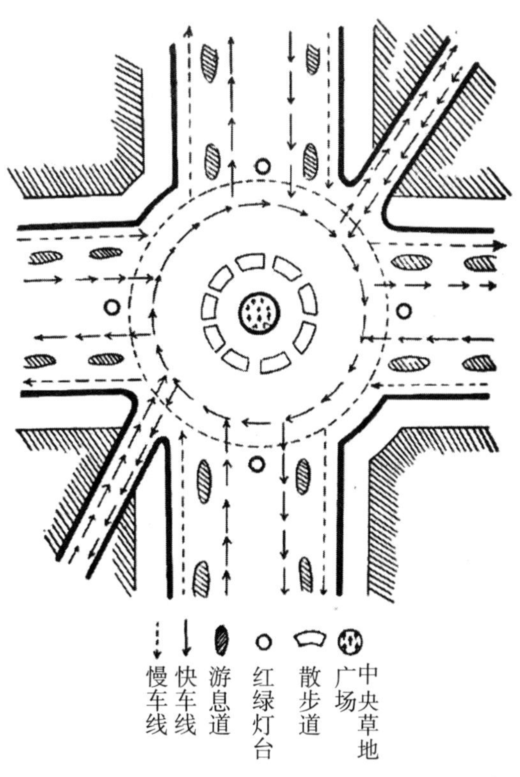

惟广场上交通整理，因交通情态之过于复杂，其困难终较单纯之道路为甚，语其原因，约如次述：

（一）交通物体之种类及其方向甚属复杂。

（二）因道路集合之数多，则转回行进者亦多，极容易酿成交通混乱之象。

（三）电车及公用汽车之类，多在其中心地点或外围附近设停车站，上下转换者往往在广场中纵横通行，因而车马与行人之间甚难调节。

（四）当数处整理交通之际，交通警察相互间之统一联络，颇感困难，每易惹起交通之混杂。

虽然大都市中街衢纵横，道路众多，为调剂交通情况起见，在交通频繁处所设置广场，终觉有其必要，固不能因整理交通之困难而废除广场之制也。不过既有广场则应预为多方策画，善为处理，以期达于完满之目的而已。

第五节　停车场

交通整理不独应施行于行进中之车辆，即车轮之在停放中者。亦应予以严重之取缔；盖车辆停放于路旁，路幅被占，面积减削，而仅以其余之一部分，供车辆通行之用，实为最不经济之道，而自汽车发达以来，此问题遂更觉其重要。每在大旅馆、百货商店、高等商肆、游戏场、公园及车站之前，停放之车辆既多，因之道路之利用，往往大受其影响；然车辆势不能有行而无停，于是现代都市因事实之需要，谋车辆之便利，而有停车场所(parking or ranking place)之设备。

停车场所之设置，大抵视市街之情形而异，有利用道路之一部而为之者，有于道路以外之地方而为之者。兹分述于下：

(一)道路上之停车场　利用道路以为停车之场，原则上自为不适宜。然因都市发达之趋势，欲得适当地域，以供停车之用，常非事实所许，以此之故，于是一方徇利用者之便利，他方求通行者之畅适，乃有择道路之一部而为停车场之办法。其设置方式，约有下列数种：

甲　就车道之两旁或一旁指定为停车场者　采用此种办法，必须道路幅员宽广始可。如首都之中山、汉中等干路，两旁均系就快慢车道之间，定为停车场所，即采此制者也。

乙　就车道之中央指定为停车场者 此种办法于未经设置电车轨道之大路最为适宜。在欧洲大城市中之干道，此制极为普通。我国上海爱多亚路之东段，即适用之。惟须注意者，上述两项办法，均须避免交通频繁之道路，而在交叉路口，则尤应择取其交通比较的简单者而后可。

丙　于较为狭窄之道路，只容两三辆或四五辆汽车并列行进者，应避免偶数车线，而利用奇数车线；以其一车线，指定为停车场。

丁　于单向行进之道路，能容两汽车并列行进者，亦可以其一车线指定为停车场。惟须应注意者：

1. 前列各项停车场，其长度须就住户商店等之便利，量为规定。

2. 在交叉路点或街道转角者，须宽留专道。

（二）道路外之停车场　即利用接近道路空地，或百货店、公园、戏园等地基之一部，及其他广场，为停车场。

此种方法，实施亦感困难。盖大都市之空地，已甚难发见，而加以接近道路之必要条件，事实上更属不易实现。如强令百货店戏园等留出相当地基，必不能不考量其是否尚有留出地基之可能。且将来汽车增加，已成必然之势，停车场之需要，自必随之而俱增，倘听其拥挤于道路，又显违交通整理之目的。则为兼筹并顾计，提倡奖励私人营业之停车场，亦必要之救济办法也。

抑有进者：我国都市交通物体最为复杂，主要者有电车、汽车、马车与人力车，而尤以汽车、马车、人力车最为普遍，因速率之不同，形式之各殊，交通之整理极感困难，是故为达交通安全之目的，在行进既不能不依其速率而异其路线，在停置尤不可不依其种类而殊其场所，此不可不知者也。

停车场之设置已如前述，至于停车之方法，亦依于停车场之位置而有不同。通常可分为下列三种：

图 8.5　纵列驻车式

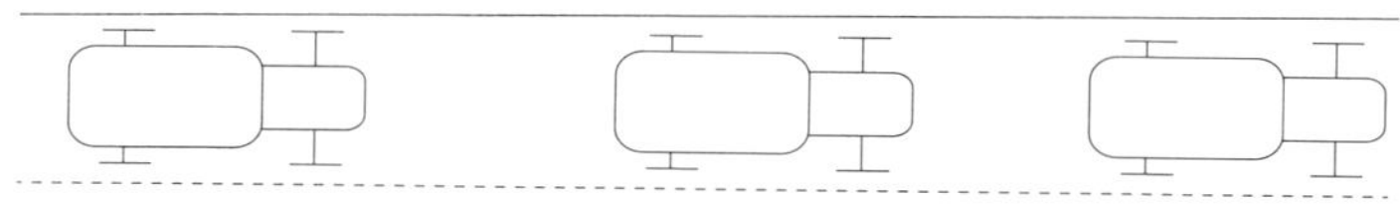

Ranking at curb

图 8.6 道旁之纵列式

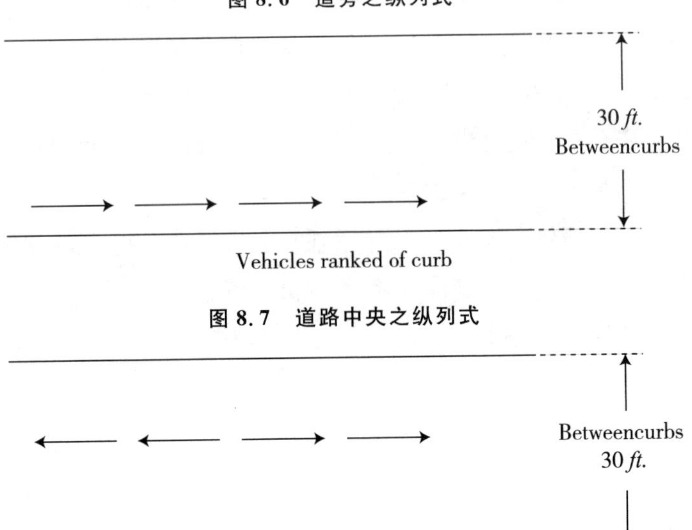

图 8.7 道路中央之纵列式

(1)纵列　即随车道之直线而停车者也。此种停置法，前后两车间隔，至少须有一公尺之距离，以便邻车之开动。其图式如下：

图 8.8 高速与低速车道间之纵列式

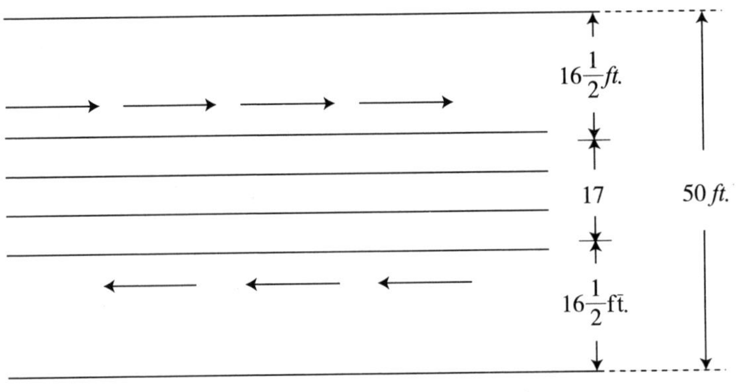

图 8.9　广州市广大路之路旁停车场(纵列驻车)

(2)横列　即依横队列置于车道中央,或其两旁之停车法也。此项停车法所占之路幅,至少约四公尺有半。停放时须留相当间隔。附图于下:

图 8.10　横列驻车式

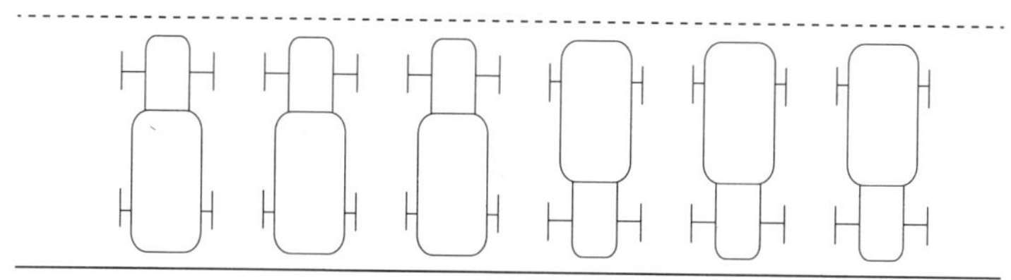

Parking at curb

图 8.11　广州市太平路之路中停车场(横列驻车)

(3)斜列　即将车辆斜形放置于停车场所之法也。此式盖由横列式而来，附图于后：

图 8.12　道旁之斜列式

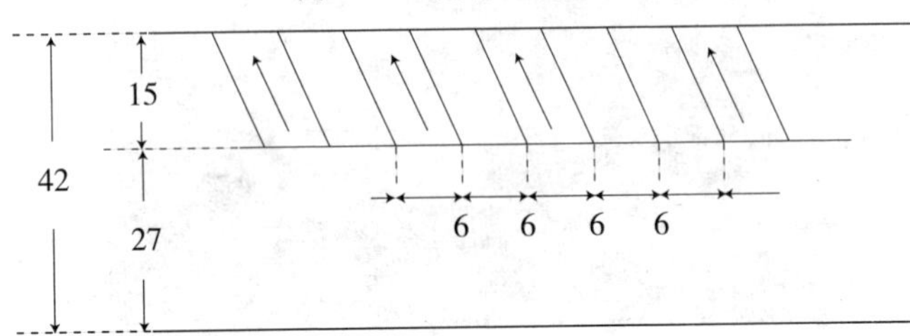

Vehicles parked at curb

图 8.13　道路中央之斜列式

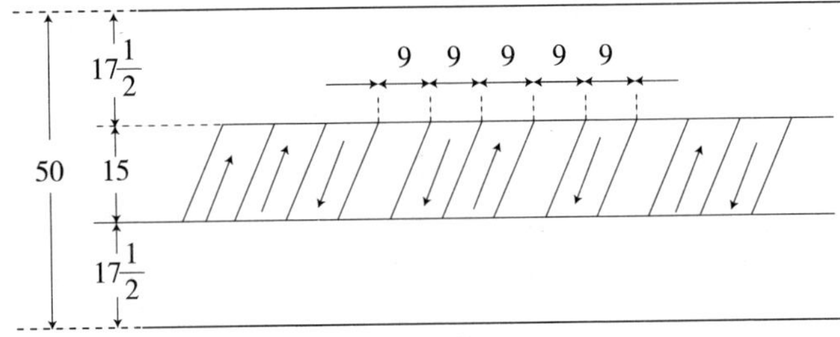

Vehicles parked in center

图 8.14　高速与低速车道间之斜列式

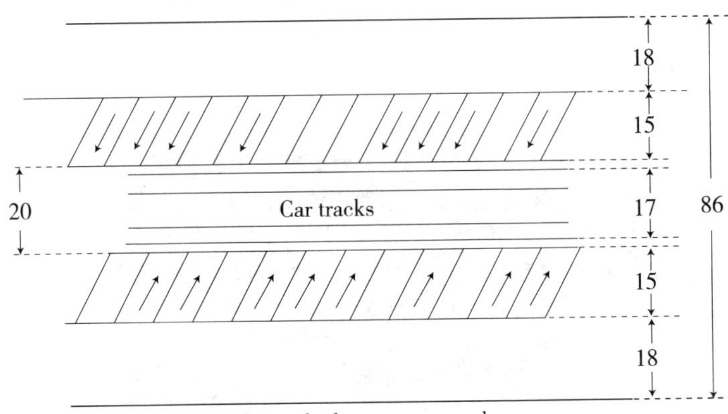

Vehicles parked next to car tracks

此式若移斜为横则为横列式矣

以上三式，第一式所采方法，占用路面宽度虽小，而长度则大，停车场上，势不能停列多数之车辆，且车辆开动较为困难。第二式所采方法，虽可以停列多数车辆，但占用道路之宽度又过大，甚足以影响交通之流畅。惟第三式其所占路面既不如纵列式之长，亦不如横列式之广，在停车方法中，此为较有利者也。

停车场所为预防独占使用起见，大率定有时间的限制，每次停车限度，有以十五分钟为限者，有两小时者，普通多以一小时为度；要应酌量情形因地因时而制其宜，不必拘于一定之准则。

停车场为使车辆易于认识起见，通常均有标志之设置。此项标志须力求显明；如能将使用车场之注意事项或限制条件详为指示，俾使用者有所遵循，尤为至善。而为表示停车方法起见，在停车地点绘成白线，或以其他方法加以区画分明，亦必要之举也。

至关于各种车辆停放时应注意之事项，新颁《陆上交通管理规则》，有详细之规定，兹录如下，以资参考。

一、车辆停放，应在指定地点或停车场，转弯处或狭窄之街道上，均不得停放。（五十九条）

二、停放时应顺序排列，不得错杂紊乱。（六十条）

三、凡遇狭窄道路，其宽度不及十公尺者，车辆不得在其相对之两侧停放。（六丨一条）

四、车辆停放地点，应注意下列各项之限制。（六十二条）

（一）距离人行道侧石，不得过十分之一公尺。

（二）距离交叉口转角或桥梁等，不得在五公尺以内。

（三）距离火警机关消防龙头等，不得在三公尺以内。

（四）距离电车站，不得在二十公尺以内。

五、凡车辆如欲向路之右侧停歇时应用警告手势，并应在车辆或行人稀少时，斜驶路右。（六十三条）

六、任何车辆不得久停于大商店公共场所门前交叉口或繁盛街市，但设有停车处者，不在此限。（六十四条）

七、空车应速向停车场或其他指定地点停放，不得在道路上盘桓。（六十五条）

八、凡车辆在途突生障碍，不能继续行驶时，应立刻先将车辆推靠路旁。（六十六条）

九、停放车辆，除确系在安全之地位，不致发生危险者外，驾驶人不准离开其所驾之车辆。（六十七条）

第六节　桥梁

城市之中，河流沟渠所在多有，街衢道路，每为截断，关于其两岸间之交通联络，应以建筑桥梁为唯一之方法；盖桥梁建而后行人车马可资利用，路线接而后市街交通始得以继续而无阻，故桥梁者实都市交通中之重要设备也。至于舟楫虽可使用，然在城市之中，如非水道宽阔，桥梁设计有时而穷，则极少采行；此无他，以其不足以达街市交通联络之目的耳。

桥梁既为联贯道路交通而设，故以实效而言，实为道路之一部。惟桥梁往往为数条以上道路之集合处所，其数常较道路为少，因之其交通情态常较道路为混杂，而交通整理亦常较道路为繁重，负交通整理之任者不可不特加注意。兹就其种类、宽度、桥面等项——与交通安全有关者，概述于下，以供参考。

种类　桥梁之种类甚多，依使用而分，则有市街桥（street bridge）、公路桥（highway bridge）、铁路桥（railway bridge）；依位置而分，则有面路桥（又称上轨式桥 deek bridge）与底路桥（又称下轨式桥 through bridge）；依形式而分，则有简单板梁桥（simple beam bridge）、架梁桥

(truss bridge)、拱桥(arch bridge)、吊桥(suspension bridge)、翅桥(cantilever bridge)、浮桥(ponton bridge)、活动桥(movable bridge)。究以何者为宜,则应视地势与需要而定,难期一致。惟市街桥梁就交通之便利而言,当以采用面路桥为宜(见图8.15第一图),因其桥架系建筑于路面之下,而有下述各项之优点也。

一、桥梁上无视线之障碍;

二、桥架在路面之下,无障碍交通之弊,且免车辆冲撞之虞;

三、桥面之全部,均可作为路面之用;

四、快慢车道及人行道之画分设置较为便利。

惟因桥下空间有时尚须通行船舶或车辆以及水面高涨之关系,事实上采用此式,亦有若干困难,如是则以底路桥为宜矣。(见图8.15第二图)

图8.15 第一图 面路桥

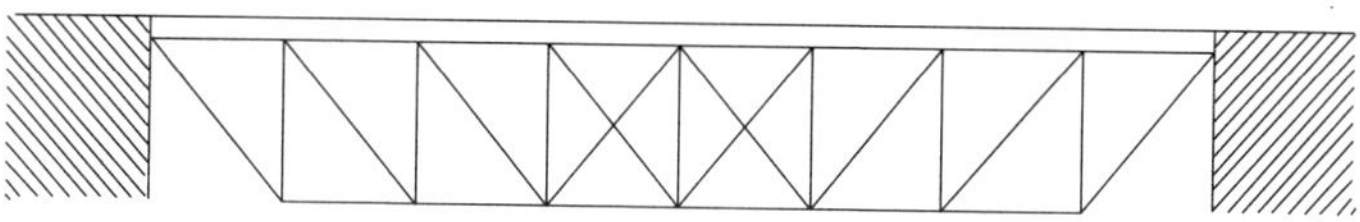

第二图 底路桥

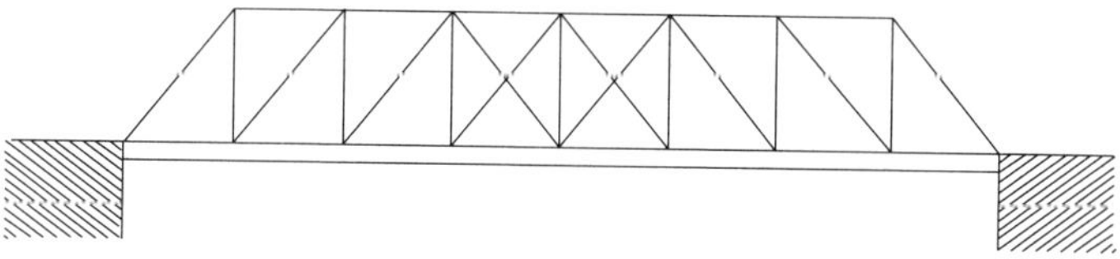

此外其他各式桥梁,各有其利亦各有其弊,未遑一一详述。

桥宽 桥面宽度应视市街交通情况之简繁而定,如街道交通繁杂,则桥梁上快慢车道及人行道须与普通街道同样建筑;如是则桥面之宽,至少须有十六尺,惟大道之中,所备停放车辆之地位,桥梁之上,可以不用。益以桥梁之上交通极感拥挤,实不容许车辆之停放,而车辆通过桥梁时,亦无停放之必要也。若桥之两端,道路甚阔,交通不繁者,则桥梁之建筑可比接连之道路略为狭窄,以求经济;然为交通安全起见,城市桥梁无论情形若何,至少应在六公尺以上。

桥梁之上倘行驶电车,则每一桥桁(truss)距最近的电车轨道之中心,至少不得小于二公尺(如下图)。倘留车马通行之地,则至少应有三公尺半。

图 8.16 桥梁之横截面

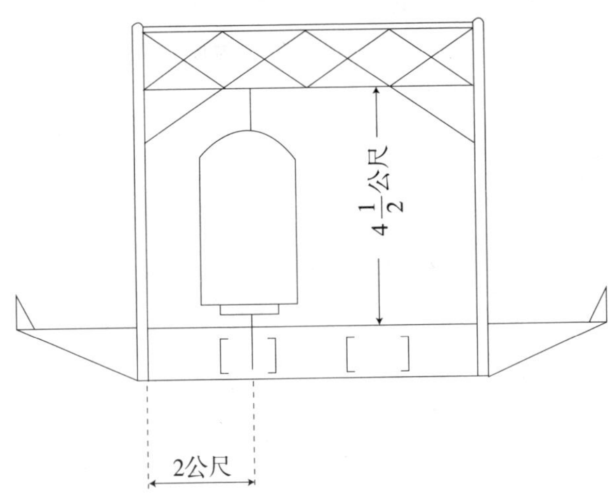

桥面　桥梁之面宜使平整而无坡度。如坡度必不能免,则宜使全桥归于一致;否则或凸或凹,必致影响于车辆行进之速率,且易肇生颠覆冲撞之危险。桥面宜平固矣,至于桥上路线,尤应使之直而无曲,盖桥梁之长度,终属有限,如路线曲而不直,既不利于通行,而危险事故亦易于发生也。且不独桥身宜使之直,即其两端以外之道路,如非事实所限,亦须有百余呎之直线,而后方足以策万全。

至于路面之建筑,务使平适而经久耐用,铺砌之材料有木块、石料、水泥、沙、钢、铁、地沥青(asphalt)等,而以木块与地沥青为最佳,因其质量较轻也。路面宜筑路栏，藉以区别快慢车道与人行道，而人行道尤应高出于车道，以防车辆之侵及，其两旁为保护行人之安全，须建置高达一公尺之栏杆，此项栏杆须有每公尺七十五公斤之抵抗力，以防行人意外颠覆之危险。

对于主要桥梁之交通整理，以专设固定岗位负责为必要，其地点以在桥之两端若干距离为宜，如为经济起见，或交通不甚繁杂之桥梁，只于桥之附近配置一警，亦可以全其任。此外与交通整理有关之设备，如路灯、信号灯（或信号机），及限制车辆或载重吨数之标志牌等，均应择适当地点配置之。而交通警察对于下述各项，尤应予以特别之注意。

一、高速车辆通过桥梁时应令缓行，其他车马及行人应使让避。

二、一切车辆，将行近桥梁时，均应减低速度，并应依次而进，勿追越前车，以免冲撞。

三、桥梁上及其附近禁止停放车辆；如必要时，附近停车须有限制。

四、载重吨数逾量者，禁止通行。

五、禁止乘客上下转换，行人横断桥面，亦须加以限制。

六、时时注意桥上有无弱点或破绽之处，倘有发现，须迅速呈报长官核办。

七、在各种载重情形之下，断定该桥之安全程度。

八、交通混杂之时，尽量设法疏通车辆，勿使拥挤或停滞。

九、桥梁修理时间，限制车辆通行；必要时或采断绝交通之方法。

桥梁之安全与否，关系于人民之生命财产者至巨，故桥梁在都市交通中，其所居之地位实至重要，学者幸勿忽视之。

第七节　整理设备

自都市繁盛交通发达以来，对于市街交通之整理，有非单恃“警察之手”与“警察之力”所能达其目的者；于是为谋交通之便利而补警察之不及，与交通整理有关之各种设备，乃应其需要而生，兹就其必要者，分别述之。

第一目　道路标志

道路标志（以下简称道标）为指导交通之要件，极简而易行，依其性质可分为牌道标、线道标、灯道标三种（《陆上交通管理规则》第九十条），兹分述于下。

（一）牌道标　依作用而分，又有三种。

甲　示禁止之作用者，又可分为二类：

1. 表示禁止一种或数种车辆通行者　树于路口适宜地点，俾车辆于未经转入该路之前，即能望见，惟须以不妨碍其他车辆行人之通行为要。属于此类者有“禁止汽车塌车马车通行牌”，“禁止汽车机器脚踏车通行牌”，“禁止马车塌车通行牌”，“禁止汽车通行牌”，及“禁止通行牌”。其图如下：

图 8.17　禁止标志　图式一

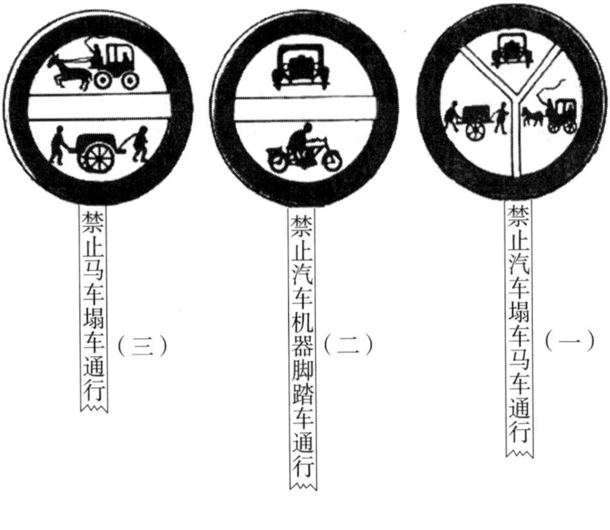

禁止马车塌车通行（三）

禁止汽车机器脚踏车通行（二）

禁止汽车塌车马车通行（一）

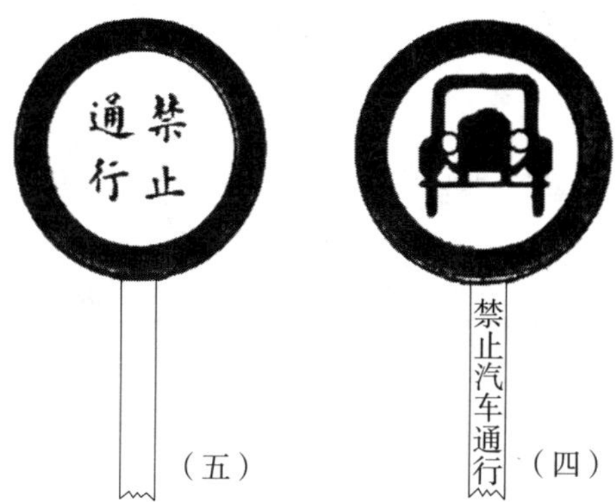

（五）　（四）

2.表示不准前进及不准停止者　置于所指地段之中部或两端，属此类有两种，如下图。

图式二

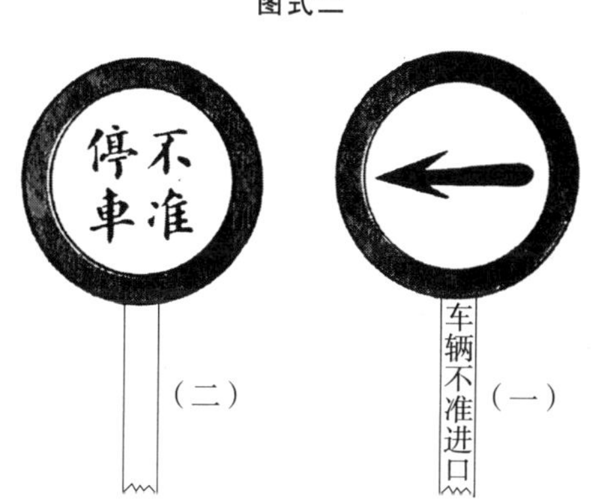

（二）　（一）

此种标志为圆形，其直径至少六十公分，边缘宽五公分为度。颜色均用红边、白底、黑字。标杆用木制者，厚度不得少于八公分或十公分。

乙　示警告之作用者　此种标志多为地势易生危险处所，或道路附近通行火车，或设有障碍物者而设。其树置地点应于行车前进方向之路左，距离路缘边三十公分处。其位置应设于距警告障碍物由一百至一百五十公尺处。但因事实需要，必须于一百公尺以内设置者，应于标志上注明。属于此类者有八种，如下图：

图 8.18 警告标志图

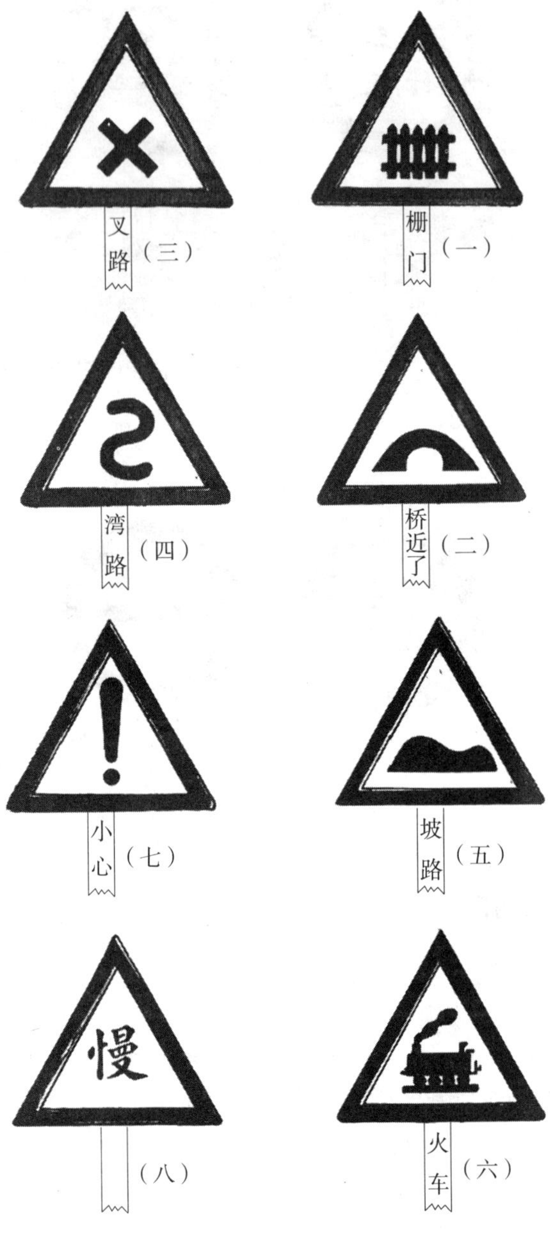

此种标志为等边三角形，每边至少七十公分，边缘宽五公分为度，颜色红边、白底、黑字。标杆如用木制者，至少须有八公分至十八公分，标志板如用木制者，其厚度不得少于五公分，他种资料可酌定。

丙　示指示之作用者，又有两类：

1. 表示准许停车之场所或某种车应停于某地点者。置于停车场所之中部或两端，属于此类者有四种。如下图式一：

图 8.19　指示标志　图式一

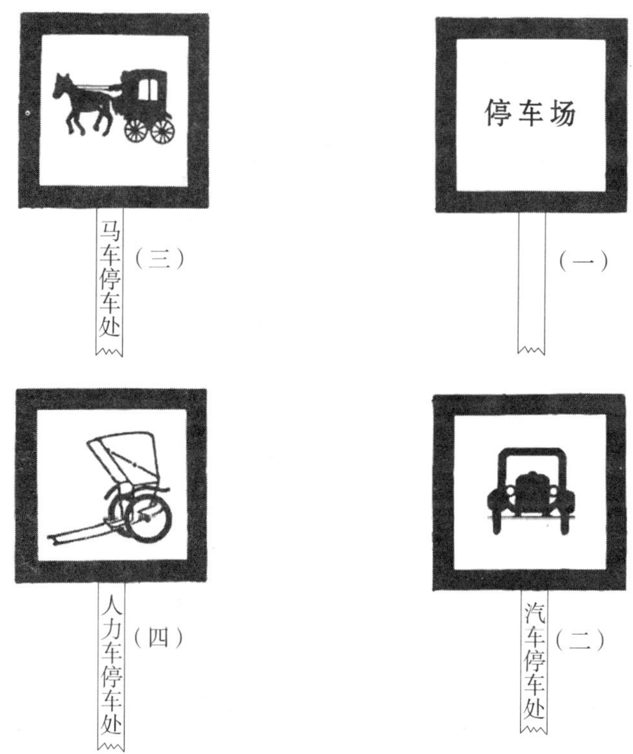

2. 指示医院学校之所在，俾车辆经过时减低速率并限制其使用警铃喇叭以期肃静。置于医院或学校之边界或墙角。如下图式二：

图式二

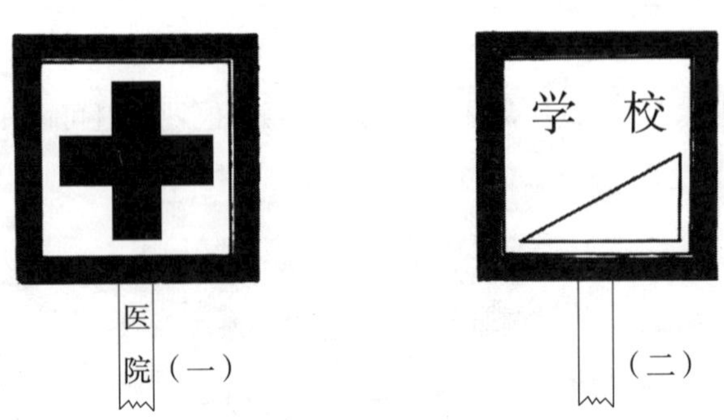

此种标志为正方形，边长至少六十公分，边缘宽五公分为度。颜色蓝边、白底、黑字，标杆用木制者，至少八公分或十公分。

图 8.20　牌道标

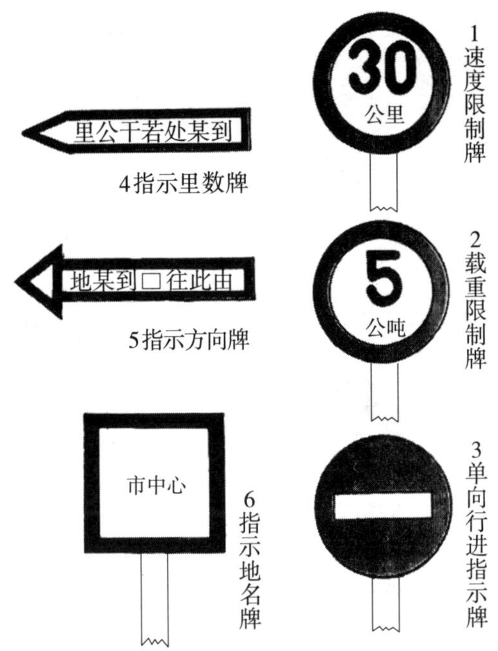

牌道标之种类依现行规定，共有上述二十一种。此外遇有必要情

形，例如限制速度，限制载重，指示地名、方向及单向路线等，亦可参照上述式样特制各种标示牌，以资应用。附图如下，以供参考。

各种牌道标之装置，大概依于地势地位之不同而异；有植于地上或附于交通整理柱及其他之地上植柱者，有附于墙壁或依于墙壁而伸出者，有悬挂于空中者，此当酌量情形而定其设置，不必拘于一格。

牌道标如在夜间路上照明不足时，须为之配置灯光，如在特别关系地方并可采用标示灯牌以使行人车马注意，此外关于设置之高度，牌之方向及位置如何，在设置之时均须加以精密之计画。

（三）线道标　所谓线道标者，即于道路之上制成线式（普通用白色涂料，最近交通警察专员会议主张用铁钉构成）以为整理交通之用者也。此项道标不但可以补助牌道标志之不及，且其效用实能驾通常牌道标志而上之。依其设置之作用与地点。可分为下述五种：

甲　停止线　设于十字路口或交叉路口交通繁盛之处。指挥交通时必停前后之车，而放左右之车，此停止线即用以表示车马停进之点，凡被停止之车不得越过此线，以免冲撞。其设置地点宜位于上行道交叉口后三公尺之处，以直径四英寸之铁钉排列为横线形。排列之间隔以六英寸为度。附图于次：

图 8.21　停止线

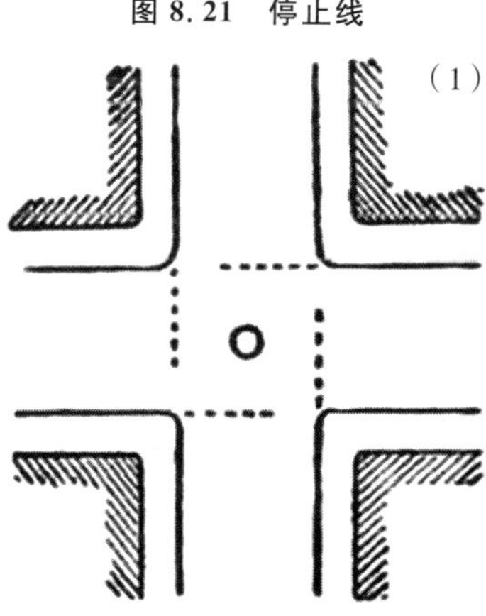

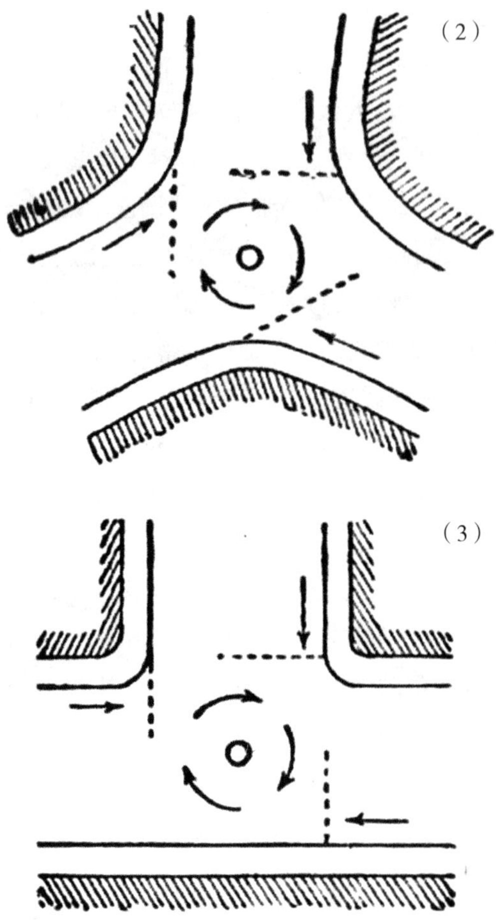

乙　停车线　即于停车场所所绘成之线也，详见本章第二节第四目“停车场”，兹不赘。

丙　慢车线　在车马往来频繁之处，或临近要路之学校、医院、娱乐场之前设置之，以促车辆之注意。其设置地点，如靠近路口，宜位于停止线后五十公尺处，如在学校、医院或娱乐场之前，宜于左右距离各五十公尺处。线之构成，以直径四英寸之铁钉为之，作曲线形。附图于次：

图 8.22　慢车线

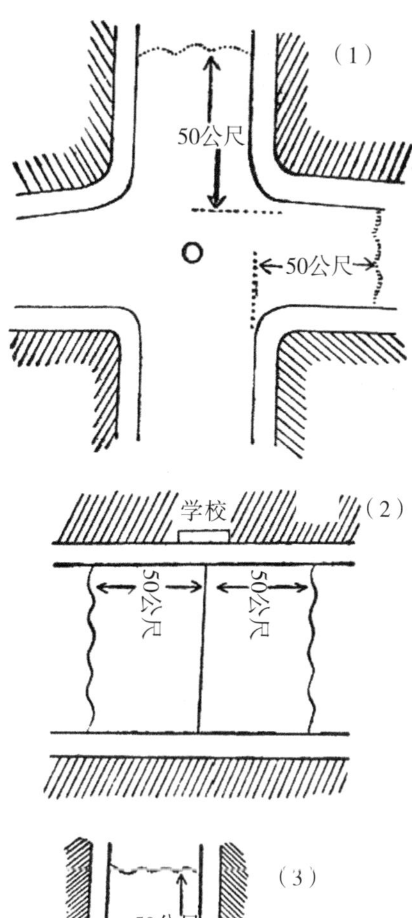

丁　分道线　在十字路口或交叉路口之向右转弯行进方式，原应采取大循环法，惟当狭小道路事实上不能实用此原则时，则应利用分道线，以免车辆之互撞。其法即于交叉处，在道路之中央绘制一白线，使凡不能绕过岗台作右大转之车辆循此线之外侧以进。线之构成以铁钉为宜。附图于后：

图 8.23　分道线

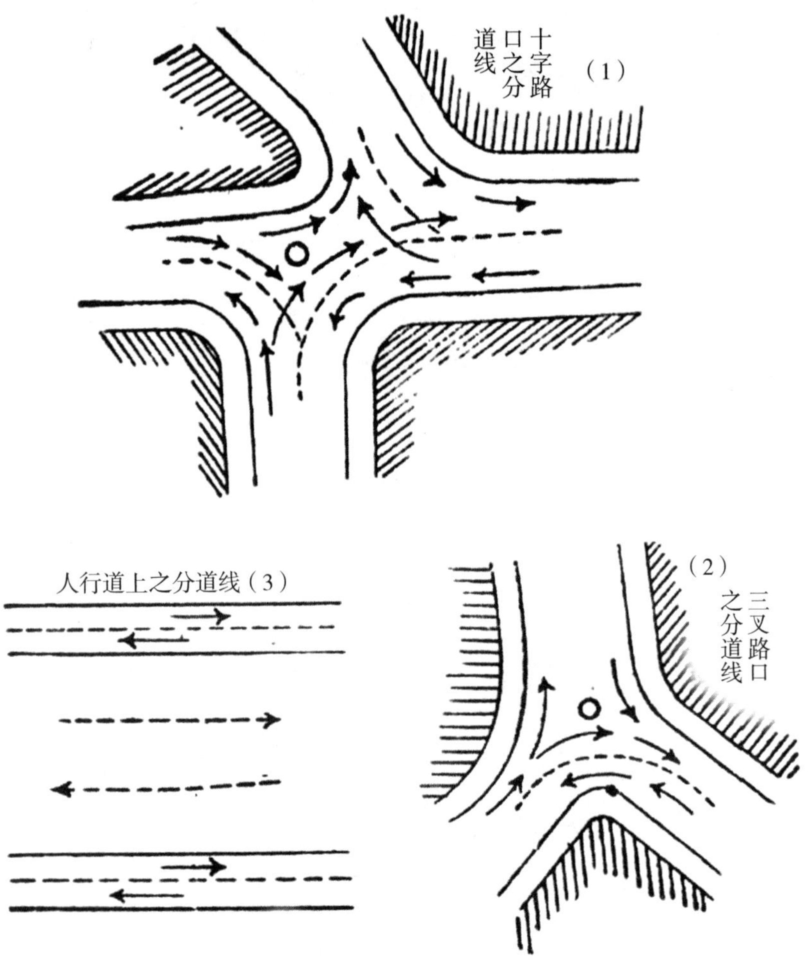

戊　横过步道线及安全线　详本章第二节第一目及第二目。

(三)灯道标　为交通整理上重要设备之一。依作用而分有信号灯与警戒灯之别,述之于下。

甲　信号灯　为采取继续或交通整理之重要工具,我国通称交通指挥灯。以色光为信号由交通警察司其明灭之操作,以示车马之"进"、"止",用于夜间尤见功效。通常分为二灯,一作红光,一作绿光。惟现时欧美各国因事实上之需要,有于红绿信号将明将灭之际增设黄光"中间信号",俾车马注意得以从容进止者。我国各市尚无此种设备,而《陆上交通管理规则》第九十三条之规定,亦仅以红绿二色为限。

信号灯之设置方式,大致可分三类:

1.植柱于路面之中央者;

2.悬于空中而当道路之中心者;

3.植柱于道旁以伸出之横木悬挂之或依电线建设于交叉处之转角者。

此三种方法,以何为宜,初无定则。惟就事实而论可得下述之比较:

1.植于道路之中央者,虽可作缓冲器之用(有如灯柱底座作缓冲器之构造者),然未免有碍交通,于较狭之道路殊不相宜。

2.悬挂于空中与植于道旁者,固然均无妨碍交通之弊,但此种办法,势必使交通警察不能不在路之一边,司其明灭之操作。如此则交通警察于交通情态之观察必大感不便,且在交通纪律未成习惯以前,警察竟自处于旁观地位,亦有未妥。

3.使用电力自动机以司灯光之明灭,虽足以节省警力,然于交通情态之缺点,必完全无睹,且遇机件发生障故,交通将因之而受重大之影响,其弊与自动信号机(详后)无异。总之,究应如何设置,此则度量道路情形而为之可耳。

附信号灯图

图 8.24 古巴国所用之路中信号灯

图 8.25 天津市所用之路中信号灯

图 8.26　古巴国所用之悬空信号灯

图 8.27　青岛市所用之悬空信号灯

图 8.28 广州市百子路之信号灯(置于柱之中间者)灯分紫红绿三色

乙 警戒灯 为指示道路上危险之场所或足以发生危险之物件之所在而设。其光一般均为红色。设置之性质有常时与临时之分。其种类依作用之不同又可分为照射与反射两种。照射作用之灯如遇光域不足用时,可以二个以上之灯补充之。至反射作用不在行车前照灯之光域以内,则毫不发生作用。故反射作用警戒灯之装置,必在特定地点。不似照射作用警戒灯之任何地点均宜于设置也。又反射作用之光力强弱,一如其所承受光力之程度。设射来之光力过弱,乃至全失其光力时,则赖反射作用以作警戒之目的者,将完全不能达到矣。

第二目 信号机与信号塔

信号机、信号塔与前文所述之信号灯,同为交叉点采用断续式交通整理而设。兹将其构造形状,使用方法及异同之点,分述于后。

一、信号机(semaphore)

信号机通常多设于交通较为频繁之交叉口,以“进”、“止”之信号牌作十字形,交互装于机柱之上,按时转动,以指挥车马行人之往来,其功用与手势无异。有于柱之中部置旋转枢纽,由交通警察司转动之任者,是为手动信号机;有依电力以为运转者,是为自动信号机。种类虽异,而其所以示进止之作用者则一。至其装配尚有下述各种不同之方式：

1. 构筑高二公寸半之机台，植机于其上者；

2. 如前式而在进止信号牌下装置伞形之覆盖者；

3. 如前式而于台上装置木制圆形小亭者。

以上三种，第一种形式简单，后二种构造较为完备。

就手动信号机与自动信号机两者相较，则手动机有随交通情势而为自由伸缩之利，而自动机则依机械作用有减省人力操作之烦。惟后者则往往不免有两种弊端：

1. 进止信号之发动，有因时而为伸缩之必要，自动机全依机械作用，通过交叉点之车马，有时必致中途留滞进退不能；

2. 遇机件发生阻碍时，则交通势将一时陷于混乱状态。

故就效果而言，自动信号机尚不如手动信号机之便利而适用。

信号机现时有于进止信号之外，另作"中间信号"以为调节车马进止之用者；其法通常多系拨动机纽使进止两信号牌同时成为平面之状。此种信号有下述两优点：

1. 汽车速度甚高，倘使急遽停止，乘客必致因震动而生不快之感，有中间信号以为预告之表示，使车辆有准备之机会，则可免此弊。

2. 如仅有两种信号，则当"进"号悬起，"止"号表显之时，其已入于交叉点之车马将因进退维谷而起混杂之象，设有中间信号，则可资调节。

使用信号机时，除操作者外，无另行配置交通警察之必要，但为保护横断步道者之安全及励行整理制止或纠问违反交通规则并现状调查起见，于信号机设置之最近期内或当交会道路数目繁多车马特别混杂之处，交通警察须配置二人以上。又信号机除自动装置外，当信号转换之际，通例须鸣警笛，以使车马行人注意。

附信号机图

图 8.29 信号机 图一

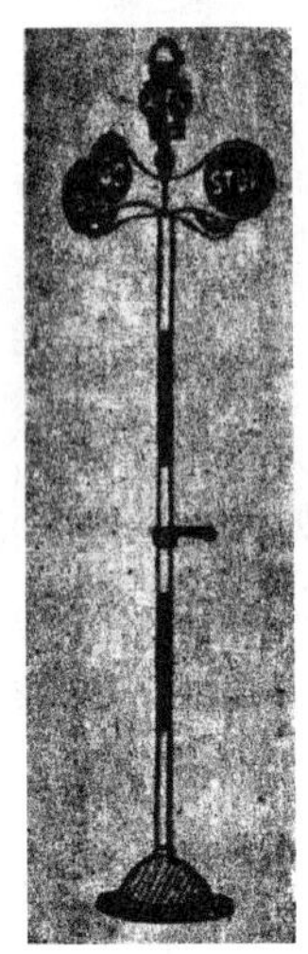

此为最简单之信号机，以进止信号板装于柱上。柱之中部置旋转枢纽以转动之，其最上端装有四面灯。

图二

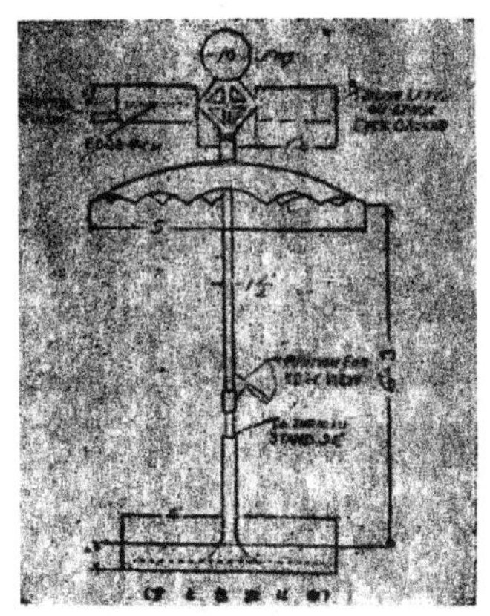

此种信号机构造较为完备，其下有台，交通警员立于其上，上有红色伞状之盖。最上置有圆形之灯，及信号板。板为四片，联以金属轴。其中之二板黑地黄字，文曰“止”，以柱间之纽回旋之，为“进”、“止”之调节。若将其纽折而向上，则两板转而成平铺之状，如是则成为中间信号焉。

二、信号塔(Traffic crowsnest)

信号塔(通常又称为交通塔)可分为信号机塔与信号灯塔两种。

第一,信号机塔　即塔形之信号机也。一九一七年始创于美国,其后逐渐改良,推行颇广。至一九二四年德国柏林亦予采用。其作用虽与信号机略同,然构造形式及使用效率则有差异;盖信号机最完备者不过设置机台伞盖与木亭而已,此则高筑为塔,使操作者处于其中,并于塔之中部建一圆形瞭望台,中置转椅电热器等,以使警察无间风雨寒暑从事执务,其建设之完备,与信号机固不可同日而语也。此外尚有下述优异之点:

1. 于塔之上下各置信号牌一对,在上方者可使远来之车马得见,在下方者则使近处之车马易睹,效率大而确实。

图 8.30　信号机塔

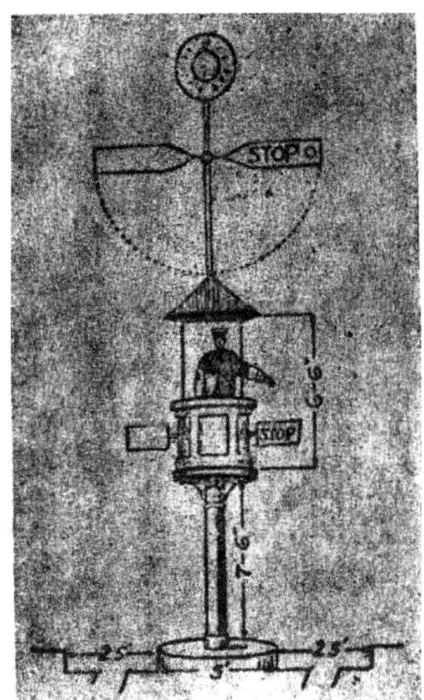

2.交通警察处于塔中,位置高出地面甚多,对于交通情态容易观察,于断续式之交通整理极为相宜。

3.信号牌中均附装电铃,当信号转动之际,电铃震响,极易唤起交通者之注意。

4.塔中设有电话,以便通讯,不但交通事态紧急之时赖之以与关系机关接洽,且火灾之发现,逃犯之注意及一切特殊事故,亦可借以传达报告。

第二,信号灯塔　此为比较信号灯(见本节第一目灯道标)、信号机以及信号机塔更为进步之交通整理工具。最先发明者为美国,当一九二〇年春,纽约市当局因该市第五街(Fifth avenue)交通过于繁杂,通常整理工具,往往失其效率,乃进一步于街道交叉点中心稍偏之处建设信号塔(见下图),以求改良,试验之结果,成绩良好,因之各处亦多起而仿行。塔用铁制,方形,支立四柱,高约二十四英尺,上部装配光力极强之赤黄青三色电灯各一具,以赤灯示止,黄灯示进,青灯示准备。塔之中部由地面高约十二英尺处筑小室一,置交通警察一人,使观察交通之情态并司电灯明灭之操作。当塔上赤灯开启时,凡第五街南北往来诸车皆停止于以次横街或横断步道线之前,听候其次信号。此际东西往来之车马皆横断第五街而过,迨至相当时间,为表示回复南北之交通,于是塔上遂发青光灯,驾驶者见青灯时,即作前进之准备,俟黄色电灯开启,乃一致开始行进,于再见青灯发光前,可继续前进。按第五街为一直线之街道,初于全线共建五塔,后又增设七塔,以第四十三横街路口之塔适当中心地点,遂成为司令塔,每一信号之发出,皆司令塔首先发动,其余各塔随后亦发同样之信号,而同时其他未设信号塔之交叉处所,交通警察亦得依塔上信号以为整理交通之标准,示进止之命令。故路线甚长之纽约第五街,其交通整理上之命令非常统一,秩序非常整齐也。

图 8.31　信号灯塔

柏林则于一九二四年冬在市中心区波慈达木广场(Der Potsdamer-platz)中央安全岛上试建信号灯塔一座,以其地为五线道路集合之所,故其塔之构造乃为五角形(每一面当一路线),塔高约六公尺半,下立五柱,每面各设红绿黄三色电灯一具,以红灯示止,绿灯示进,而黄灯则为禁止进入广场之表示,塔上建小室一,配置交通警察一人,以指挥广场上之交通。塔之下方另行配置交通警察,依据塔上所发信号,分别为其管辖地点之交通整理,其方法系使五线的交通归纳为十字形交叉之状态为原则。

图一

此为德国柏林交通最繁之波慈达木街，中为广场，矗立者为交通灯（或信号灯）塔，塔之附近为道路纵横之形势。

图二

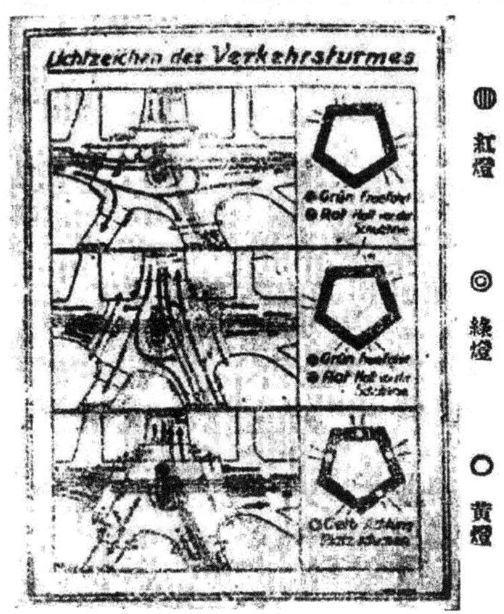

此图为表明信号变动与车马行进之情状。

波慈达木广场为柏林交通最繁之地，不仅电车纵横往来不绝，且为柏林最大百货商店以及官署旅店等之集合处，此外复有地下铁道车站之建设，故其交通量特大，据调查一日之间通行之车马达二万四千之谱，徒步者至十七万五千之多，杂沓之状，可以想见。据谓在未设信号灯塔之前，须以交通警察十一人整理之，建塔之后，五人即足应付，且所得之效果极为良好。

信号塔虽具有强大之效率，然以其占据位置稍大，费用较巨，故如非交通过于繁杂，道路宽度适宜之处，殊不必漫然设置也。

我国各大都市交通情状尚未达到极繁之境，故信号塔之建设尚不多见。惟上海于租界偶设之，其构造与纽约之信号塔颇相似。

第三目 整理柱与缓冲器

一、交通整理柱(Dummy cop)

所谓整理柱，即在道路上树柱，以供整理交通之用者也。一九〇四年冬创始于美国，试验之结果，颇收良好之成绩。其后逐加改良，各地遂起而仿行。目今世界各大都市，大抵无不采用。其种类有二：一为固定式，一为移动式。固定式固置于一定场所，无被撞倒之虞，惟需要移动之时，则感觉不便；且一经车马之冲撞，必致互受损伤。移动式设置移动均感便利，车马偶或冲撞，亦无重大之损伤，惟极易牵倒，是其所短。至其构造设置约有下述各种：

一、用石材或铁筋洋灰造成圆柱(或设灯)，植于支路之出入口者。

二、用铁质或铁筋洋灰造成较高之柱，于上端装灯(可于灯上附加文字以代标示牌之用)植于四叉路或三叉路口者。

三、用铁质造成圆柱，除柱顶装设电灯外，并以覆笠之作用，使笠下灯光所生照明之角度，为循环交通区画之用者(图一)。

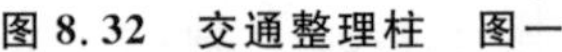

图 8.32　交通整理柱　图一

四、用铁质造成半球形作底，再以木质作柱装于其上（图二），而于柱之顶上，装置各种标示牌者（图三）。

图二

此种交通整理柱系模仿不倒翁之制式，下置铁座，纵被撞倒，而旋仆旋起，交通整理之作用，不致中断，且可附装标示牌。

图三

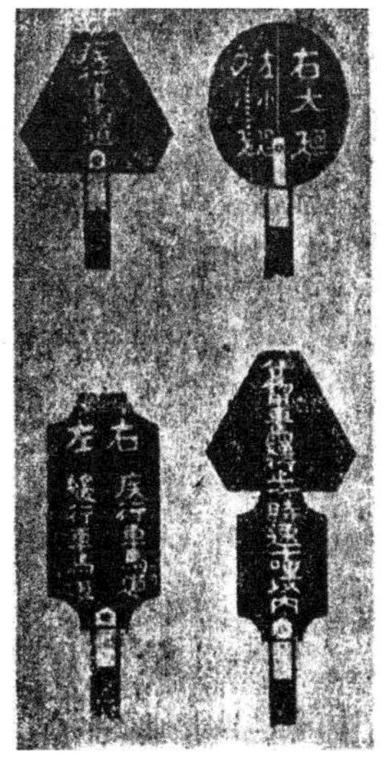

此为附置于交通整理柱上之各种标示牌。

五、用木为柱，下装十字木座者（图四）。

图四

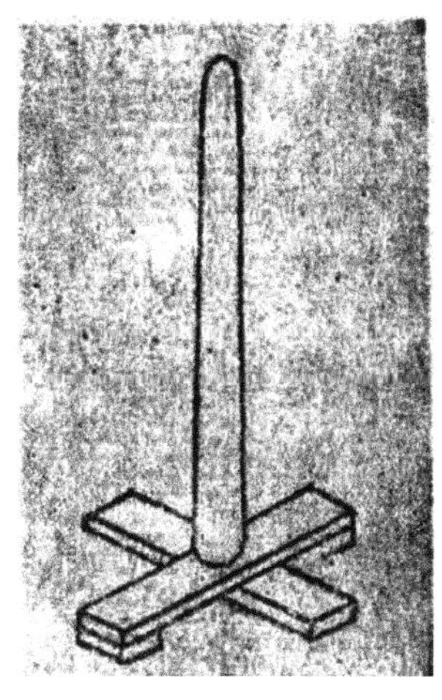

此种交通整理柱最为简单，多设于交通简单之路口，以为出入车马之调节。

上述三、四两种构造较为完备，惟我国各市尚少采用耳。

二、缓冲器

缓冲器或称为交通蕈（Traffic mashroom），或称为交通纽（Traffic button），以铁为之，形如半球或半椭圆球。直径约四公寸至六公寸，高约一公寸半至二公寸。上涂白色或红色。其构造完备者，于四周特留圆孔数个，镶以红白玻璃，中装电灯，夜间红光四射，效力尤宏。置于道路交叉之中心者为表示左右转之分歧点；设于道路之中央者，为表示左右边之分界点。

第八节　照明设备

所谓照明设备，一为路灯，一为车灯，兹分述于下：

第一目　路灯

都市道路上之装置灯光，乃近数十年来之事，百余年前，无此设备。即繁盛如伦敦，一入夜间，市街即暗，路上昏黑，不便行人。至十七八世纪之时，市街路口始渐有悬挂油灯者，迨十九世纪之初，煤气灯发明，市街利用乃大放光亮，其后电光发明（约一八八〇年），于是繁盛之都市，几如一不夜之天矣。

路灯之设，目的有二：一曰保护市民之安全，一曰便利车马与行人，就前者而言，系在防止盗贼之横行，以后者而论，则为减少交通事故之发生；而自都市进化汽车发明以来，后者之关系尤为重要，证以交通事故统计，遇险之数，百分中之二十常由于灯光不明所致，益可为信。

就交通而论，都市中无论大街小巷，均须有灯光之设备；惟灯光之浓淡，数量之多寡，可视交通情形而定。但在干路会合地点（如十字交叉路口），或畸形道路冲要部分，以及交通特别繁盛之处所（如车站、广场、桥梁、娱乐场所附近等)，则应力求周备，以免稍有疏虞。

按道路种类及交通情形以定路灯之装设，大致可分为七类：

(一)通行大道　通行大道，车马往来极繁，惟两旁商店夜间大都设有灯光，堪为交通之补助，故此种道路装设中等弧光灯即可。

(二)趸售区道路　此种道路多为银行等所在之区，日间交通虽繁，然一入黄昏，车马即减，设备路灯专以保护安全为目的，其光力可勿过强。

(三)游览道路　此种道路多为戏园、电影院、娱乐场、酒店、旅馆之所在区，一入夜间，游人车马，至为拥挤，为谋行人车马之安全，须有充分之电光。其光力在路面或人行道上量度，大约最少须有三四十枝烛光，若在美国各大都市，则尚不止此。

(四)零售商业区道路　此种道路多为商店林立之地，市民售买零货，日夕不绝，车马往来必异常拥挤，指挥交通，极为困难，夜间须备稍强之灯光，以免窒碍。

(五)居住区道路　此种道路一入夜间，行人车马即少，设置弱力之弧光灯即可(约同一清夜之月光)，不必过强。

(六)居住区之横街旁街及里巷私径等　此种道路多而简单，车马行人均不拥挤，路灯稍有装置即足矣。

(七)列树大道公园道汽车行驶道等　此种道路建筑稍宽，以美观为主，备娱乐之用，惟入夜稍久车马即稀，故其路灯装置，普通光力即足备用。

装设路灯之方法不一，有在空中悬挂者，有在道路两旁或道路中央立柱装置者，其距离须视道路之环境而定，大约在交通繁盛之街，两灯距离约百尺左右，普通道路若平坦阔直而无树木者，则自百余尺至二百尺为宜，如植有树木其距离应略近。灯之高度，光力强大者，须设于高约一层楼之处，普通在二三十尺左右，光力最小者，自十二尺至十八尺，应本乎情势之需要，而定其适宜之位置耳。

图 8.33　路灯图

(一)

(二)

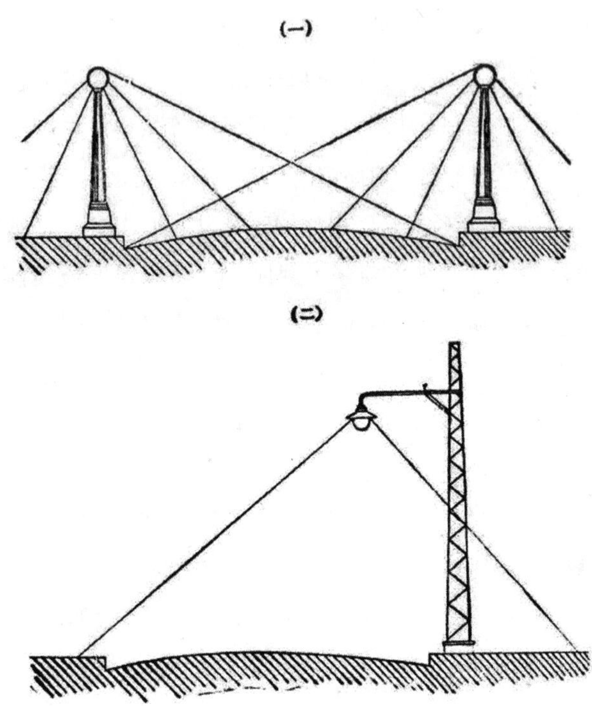

第二目　车灯

照明设备，就都市交通立场言，不能专恃路灯为已足，凡各种车辆如汽车、电车、马车、人力车等，其自身亦须设备相当之灯光，而后方能达到夜间安全通行之目的，于是车灯问题遂与路灯之设备同其重要矣。车灯之光力，依于车辆之不同而异，大约装于马车人力车者，不需光力强大之灯，置于高速车辆者（尤其是汽车），则光力充足为必要。至其种类，依装置地位之异，可分为下述两种：

一、前照灯

前照灯即车首或车前方装置之灯也。为补助道路上照明而设，一般车辆均有之，而汽车尤须完备，（通常有大小二光，大者又称野灯，小者又称市灯，《陆上交通管理规则》五五条），其作用一在使驾驶者在一定距离内足以明瞭其通行之道路及交通情态，一在使通行者得以明悉车辆之来向，预为避让以免冲突。

前照灯之照射程度，在普通车辆当无问题，至于汽车，究以若干距离为宜？此则首应明瞭其照射距离之要求；大概系以驾驶者能识别其前方交通之障碍或惹起交通事故之物体而在尚未达到该地点以前得以安全停车或绕越而过为原则。惟距离之远近，须留意预测，其标准一则与汽车自身之速力及停止需要之时间有关，一则关系于在前方之事物——即是否系在停止中？是否系由前方相向行进而来？是否为同一方向前进之车而速力较缓？是否仅系横断而过者。以上各种情形不一，故其必要之照射距离亦因而各异。且驾驶者能否识别前方之事物，与路灯照明如何及前后有无其他灯光，亦有重大之影响，故依交通整理方策而为汽车前照灯之装置，不能不依大体之标准而决定之也。

汽车上之前照灯，以光力颇强之故，往往能使徒步者及横断者感觉眩惑，致不能辨别与汽车相距之程度；而当两来汽车交错之际，尤足使彼此之间不能认知其前进之道路；至于距离开隔之判断，尤易发生错误。职是之故，为求增进夜间交通安全计，对于前照灯之光力问题，极应力事改进，以免其弊。

二、后尾灯

凡汽车多备有此灯，以其装设于车后方故名。其作用有二：

（一）示由后方而来之车辆以自体之所在；

（二）使警察及行人于昏黑之夜间，得以认识其车号。（凡汽车通常均于前后装置号码牌各一块，后尾灯即装于车后号牌之上），前者系警戒作用，后者含保安之意，两者均关重要。

此种灯光，通常分为红白二色，即以二色玻璃镶配之。凡欲示后车之所在，则用红光，欲示汽车之号牌则用白光。今日德国发明一种磨光红色玻璃号码牌，能由内磨出白色之号码，灯明而后，两得其便，构造最佳，可资采用。

总之，车灯之为物，在灯光普设之繁华干路闹市中，虽或不显重要，然一入照明设备未周或装设过于简单之道路，则为保持交通安全计，车灯之设，决不可少。再车灯之使用，不仅限于黑夜，即白昼之间，如遇大雾弥漫，天色昏暗之时，亦须同样使用，此我《陆上交通管理规则》第五十五条之所由规定也。

第九章　都市交通之整理

第一节　整理原则

交通整理之目的，一方在使复杂之交通形态变为单纯化，借以减免事故之发生，一方在使交通物体之本能，得以尽量发展。整理之方法恒视地点之情况及车马之种类而有不同，亦即因地因时而互异。然根本原则，约有四端：

（一）增进道路之能率　欲使道路能率增加，其条件有三：第一须宽大，盖有宽广之道路，以供车马之通行而后方能不致拥挤。第二须平坦，盖无颠波之虞，而后车辆方得以运转自如。第三须清洁，清洁则少生憎恶，一方固为公众卫生，一方亦为减少危险发生之因素。以上三种条件如能具备，则裨益于交通整理者，定属不少。

（二）交通流单纯化　交通事故之发生，交通流复杂亦为其一因，现代交通物体，速度不一，体格各异，使其混合往来于歧路复道之间，其冲突壅滞乃势所难免，故为减除危险计，交通流之单纯化，实为切要之图。

（三）交通平等之保持　所谓交通平等之保持者，即使各行向不同之交通物体，均有平等进行之机会也。对于速度不同之交通物体，交通警察应视乎情形而为适当之处理，高速者虽可依其本能超越低速者而前进，但亦不能强令低速者从事让步。至行人与车辆之间，一方应顾虑安全，一方应要求快适。是以车与车之间固应平等，而人与车之间亦当兼顾。盖保持平等，即所以达一般交通之目的也。

车辆之超越他车前进，盖为速率本能使然，事实上往往不免，虽不得谓之为不平等，然倘欲超越前车行进，必须先自确认其在超越时之安全程度，超越而后并须行至适当之距离，始得复入原道行驶(《陆上交通管理规则》第四十七条)。

(四)优先交通权之确定　所谓优先权即交通车辆孰应优先行进之谓，各国对此，多以法令规定，俾享有权利者与负有义务者界限分明，不独事实便利，且免交通争执，其法甚善，就现制言之，此种优先权之确定，可分为下述两项：

甲　流向之优先　此有二种：

1.直进者优于转换方向者。

2.在干路行进者，优于由支路向干路者。

乙　交通物体之优先　此可分为三种述之：

1.火车、电车在行动时优于一切之交通物体。

2.一切车马在车道行动时，优于步行者。但遇有横断步道者，不在此例。

3.下列各种车马有特别优先权(《陆上交通管理规则》第四十八条)。

(1)消防车。

(2)警备车。

(3)卫生救护车。

(4)工程救险车。

(5)监犯车。

以上所述，乃交通整理根本的原则。苟此四项原则俱备确定，则整理之实施，事半而功倍矣。

第二节　实况调查

都市交通情态，往往因地而殊，随时而异，故其整理之方策，于根本原则俱备而外，尤须就各种实况加以明确之调查，俾整理实务得以因地因时而制其宜。兹就有关交通之一般事项而为交通警察所应注意者，述之于下：

（一）都市性质之认识　都市交通之情态，多依其本体之性质而异其程度，大抵以商业为中心之都市，其市街交通必盛；以工业为中心之都市则工场与车站码头间之道路必呈特殊之交通状态。至于以住宅为主之都市，则道路往往现闲寂之象，而以学校为主之都市，则平时之空气静穆，而假日之交通活跃。交通之整理自应随其特征而异其手段。此应知者一。

再就都市内各地区如工业、商业、住宅、学校等之设置而言，则旧式都市大多混合不分，交通比较复杂，整理比较困难。而新式都市则区域各别，交通较为单纯，措施亦易为力。此应知者二。

（二）道路状况之调查　道路建筑如何，与交通有重大之影响；故于着手整理之先，对于道路之宽度，路面之构造，路线之弯曲，坡度之缓急，以及有无车道步道之分，路上建设物之位置是否适当等，均应调查明确，分别缓急，以为实施整理之依据。

（三）天候变化之预防　气候对于交通亦极有影响；如在冬季则风雪交侵，必致身体动转不灵，在夏季则溽暑苦热又必致精神感觉弛懈，而骤遇狂风暴雨之至，道路秩序又往往易于失常。凡此天候之变，皆足以使交通上遭受意外不良之影响，负交通整理之任者不能不为事前之预防。

（四）交通情态之明瞭　为达交通整理之目的，除上述各项之注意外，对于整理对象之交通活动状态，尤须予以明瞭。兹述其大要于下：

甲　一般的交通情态　此可由下述三点观察之：

1. 就交通物体之种类观察之，则可以考见其主要之交通物体为何。

2. 就交通物体之混合观察之，则可以明瞭其混合之程度。

3.就交通物体之速力观察之,则可以得其概括或各个的速力之区别,并可以查知其交通物体是否系以相同或相异之速力从事交通。

乙　特殊的交通情态　都市交通有因一时的或继续的情态而生特别之变化者,交通警察对此,须有妥善应付疏解之方策。所谓一时的情态者,即盛大之婚丧仪式及结队之游行或示威运动等是,所谓继续的情态者,即学校学生工厂工人及戏园观客之定期会集分散等是。

丙　公众交通机关之设备　大抵都市之中,执事业于市内者,其住宅恒居于郊外;盖一则市内房价昂贵,一则郊外空气清洁,故不惮朝夕奔驰耳。至其所恃以为联络往返之工具者,除少数自备车马外,多惟公众交通机关是赖,此种公众交通机关之设备是否良善,数量是否足敷应用,均与交通情态有重大之影响,故其实况亦为交通整理者所不可忽视。

丁　交通量与流　所谓交通量,即使用道路之交通者的数量也。明瞭其量,则可以确知交通与道路容量之比较,然后从事预备工作,确定整理之方策。所谓交通流量,即交通者绵亘不绝有如河水流动之谓,负整理之实务者必须先明其大势:如某路之流大?某路之流小?何向之流大?何向之流小?以及何时之流大?何时之流小?而后始能顺流之性,防流之塞,制流之乱,以成交通整理之功,而达交通单纯之目的。

综上所述情形,在昔交通未臻发达之时,纵或情形混杂,尚无危险状态。而在交通工具进化的现代情势之下,苟非注意其实况,预知其情态,筹定应付疏解之适当方策,则其影响于交通安全者,将至不堪设想之地步矣。

第三节　整理实务

所谓整理实务者,即着手于交通整理,使复杂的情形,成为单纯的状态之任务也。依于情况之不同,故其实施之手段亦各异。兹分述之。

第一目　一般的交通整理

一般的交通整理者，即就一般之交通规律，以从事于交通整理之谓。然欲达交通整理之目的，求交通秩序之良好，不能全恃交通警察之从事指挥，尤有赖于交通者能自动的遵守交通规律，养成有纪律的交通习惯，而后复杂的交通情态，方能归于单纯，危险的交通事故始可期其减少。否则无论交通警察如何尽职，交通设备如何完善，倘交通者视若无睹，或缺乏交通规律的观念，必难达到所期之目的。

所谓交通规律者何？即交通者于道路通行之时所应严守之规范也。此种规范，大都依警察法规命令而定，此外亦有及于习惯或常识者，惟交通情态千变万化，方法如何规定，实为亟宜注意研究之问题。按最近一般交通法规之常例，其所具之要旨，大致不外下述各种：

（一）靠左边走　世界各国中如美，如法，如意，如德，如奥等，大都采用靠右边走之制，我国则以习惯关系自昔即采用靠左边走制，各地皆然。惟青岛则随旧德管时代办法，用靠右法，迨交通警察专员会议后，该市遂按大会决议改用靠左制，现全国业已一致。其实此两种办法，皆依习惯之便利而行，本无所谓优劣也。

为指示交通者实行靠左走起见，通常均在道左靠近路口地点，竖植标示牌；而交通警察亦应随时指挥告诫，使通行者遵行。

（二）转换方向　车辆转换方向，每易发生危险，故当左右回转时，宜采适当之方策。大抵靠左边走者率皆右转大回，左转小回。靠右边走者，则左转大回，右转小回。我国向采靠左走制，故用右转大回左转小回之法。其式如下：

为使大回实行计，宜采用各国现制，或筑成站台，或设立标柱，或置交通纽，以示其分歧之点。惟右转大回之实行，非在其原取行向直线之交叉点，示行进之信号，不能通过交叉点，而其所转回改取之新流向，则尚在停止之时间，于是不得不停车，以待次之信号，以致交叉点之中心地，每易惹起混杂之象。故现在于交通繁盛之处，有特许大转回通过，及禁止大转回之两种救济方法。

图 9.1　转换方向图

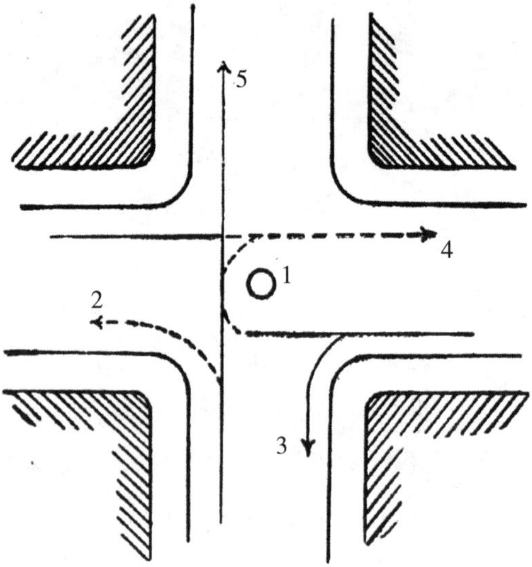

1、岗台；2、3 皆为向左转之车辆采小回；4、5 皆为向右转之车辆采大回。

（三）低速车通行道旁　对于低速车辆通行之限制，除分路及用单向行进之方法外，若在与高速车辆并行之道路，则应使低速之车分左右两旁而行，必要时并应树立标示以资识别，盖高速与低速车混合并进，既足影响交通物体之本能，且易发生意外之危险，使低速车辆通行于路旁，实于两方皆为有利者也。

（四）避让及超越之限制　凡车辆同向行进除遇有特别优先权之车辆如消防车、警备车、卫生救护车、工程救险车、监犯车等须让其先行外，应以各依其方向速度循序行进为原则。惟交通物体速度不同，而其交通之目的与需要亦往往有缓急之分，故在事实上有不能尽依此项原则者，于是一方不能不许其超越，一方亦不能不使之避让。顾当甲车超越乙车之时，每因驶出原行线外，常有发生危险之虞，故为预防肇祸计，宜切实执行限制之方法。至车辆相对行驶经过狭窄之街道或于有障碍物之地点相遇时，则应由靠近较宽处之车辆停止或倒退，让对方之车先行(《陆上交通管理规则》第五十条)；又由小路或支路驶出之车辆与干路之车辆相遇时，须让干路之车先行(同规则第五十一条)。

(五)路口之注意　路口为车辆交通之总汇，通行之车辆有直进者，有转换方向者，有由支路驶入干路者，有由此支路横经干路而入彼支路者，如指挥不当，冲撞随之而生，在此场合，交通警察必须沉着敏捷，以适当之方法从事应付。

火车电车之体格速度，较之他车为大，且有轨道之建筑，故当其横断道路时，大多许其有优先通行权，各种车辆均宜注意而避让之。惟电车之优先权为相对的，故路遇消防车、警备车等有紧急任务时，仍须让其先行。

(六)汽车速力之限制　汽车应否限制其速度，为一极有兴趣之问题，现今各国对汽车设有限制速度之规定者，如英、美、日本及我国；不设限制者如德、法、荷、比及西班牙等国。主张不予限制者，谓迅速乃交通者求达其目的之手段，若加以拘束则未免有阻碍交通发展之嫌；况在今日科学昌明交通物体极端发达之时，设定限制，不特妨碍其本能，抑且阻止交通事业之进步！此种理论，虽不无相当理由，惟就都市交通之事实观之，苟完全放任，则交通事故统计之数字，自必日见增加，故为减除危险损害计，确定予以限制，实不得已之办法也。各国对于速度限制；每小时有高至四十哩者，有低至十六哩者(如日本)。我国昔时各地不一，最近都市交通警察会议决议：在繁盛区域汽车速度每小时以不超过十五公里为原则，而《陆上交通管理规则》第十六条则规定为：“汽车行驶速度应视当地情形加以限制”，此殆含有伸缩性之规定者也。

（七）禁止任意停车　道旁任意停车，足为交通之阻碍，其于道路徘徊者，亦足以招致交通事故之发生，故皆宜切实禁止之。为事实便利计，宜指定适当地点为停车场，或于宽阔之道路上画停车线，使交通车辆有停息之机会，而免交通上之纷乱，我《陆上交通管理规则》第五章即关于停车限制之规定，可资参考。

（八）一时的交通停止　一时的停止交通，乃由于特别事故之发生，或为应付一时交通之变态，如道路工事，危险预防，或火灾附近等，常有为此种措置之必要。惟用之不当，每易引起通行者之反感，故交通警察会议决议："交通警察非至万不得已时，不得用禁限车马通行之手段"，盖所以谋交通者之便利耳。

（九）道路占用之限制　道路本为通行而设当然不许占用，但事实上如修筑房产，建设标灯竖植广告支柱等，须占用道路时，则必经警察认为于交通无碍并许可后行之。

（十）对于牲畜之注意　牲畜行经市街道路之上，因交通情状之复杂，车辆声浪之奇异，往往有惊骇奔驰不服管束之事发生，此与交通秩序亦亟有重大影响，故对于牵引牲畜之人，应监视其控制牲畜之法，是否适当，并注意禁止其任意拴系于道路之上，至对于马车之驾驶人，尤不宜许其远离他去，以免肇生危险。

第二目　道路交叉点的交通整理

道路交叉点，即各路之总汇，为交通流交错之处，最简单者为十字路，多则有至十余路者。关于此类场所之交通整理，对下述三点，宜予以注意：（一）防交叉点事故之发生，（二）使交错之交通流得以安全通行，（三）保护徒步者得以安全横过车道。欲达上述要求，则下列三种方案，可酌量采用。

（一）断续式　所谓断续式，即以"进"、"止"之信号从事于交通流之节制，使其或断或续，交互相进者也，为现今通行方法之一。此种方案利弊互见，须视交通状态如何而后斟酌采用，方能适当，其式如下：

图 9.2　道路交叉点的交通整理(一)断续式　(南北停止　东西放行)

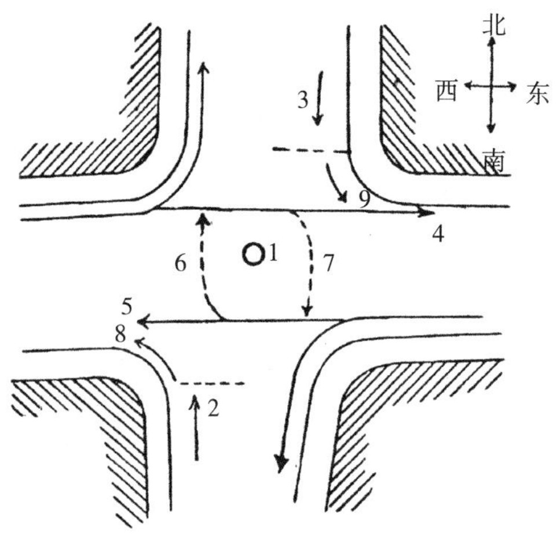

1. 岗台；2、3. 为南北行车停于停止线后；4、5. 为东西放行之车辆；6、7. 为东西行车作右大转时停止行进之状；8、9. 为南北停车后准许向左小转行进之状。

图 9.3　(二)循环式

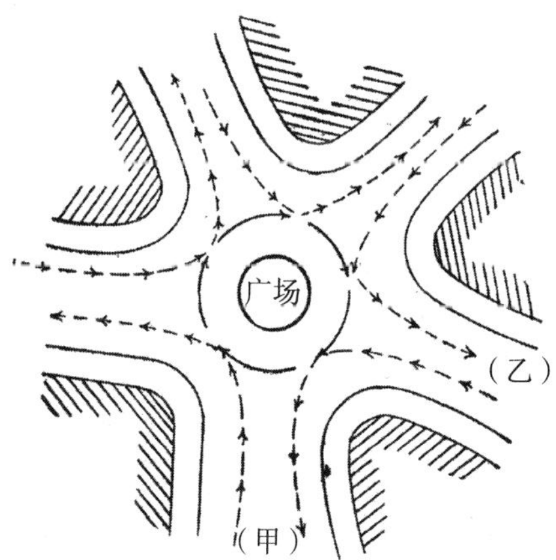

甲乙为表示车辆绕广场作大转弯行进式

(二)循环式　此法为补救断续式之缺点而起，欧、美各国多采用之。其法系使车辆在多数道路集汇之点，不断的循特设之环状空场而行进，以达其通行无阻之目的。实施此种方法，须道路幅员宽阔，在交叉之处辟为广动，周围以白色线、或树立标示柱，或用其他建筑方法，构成一大环形，另设矢形标志，以示进行之方向，交通者即遵此指示之方法循序前进。其式如下：

(三)折衷式　惟上述两种方案，各有利弊，采用断续式方法，虽极简单有效，但于遮断解除之后，车辆开始行进，容易惹起交通事故；而采循环式者，则一般徒步者在车辆继续不断的行进中，难得越过道路之机会。因此乃有折衷式之方案。折衷式者，即在循环状态之下，限于一定时间，中断一切之交通，而任许横过道路之徒步者得以通过。盖循环式中之断续法也。此种方式在我国实用者，尚不多见。附式如下：

图 9.4　(三)折衷式　(循环中之断续)

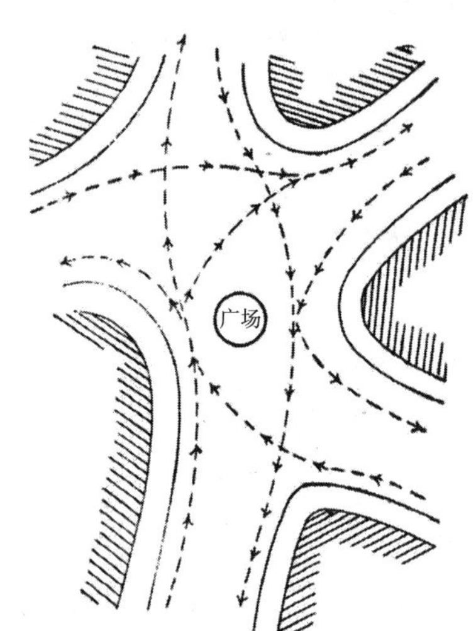

此图系以中央之安全地带为广场，车辆依之作环状而进；其矢形之交错处，则为允许横过而为中断之景象。

此外关于丁字路口及三叉路口之车辆交通秩序，与以上所述稍有异同之处，兹附图于下，以供参考：

甲　丁字路口之交通秩序

图 9.5　丁字路

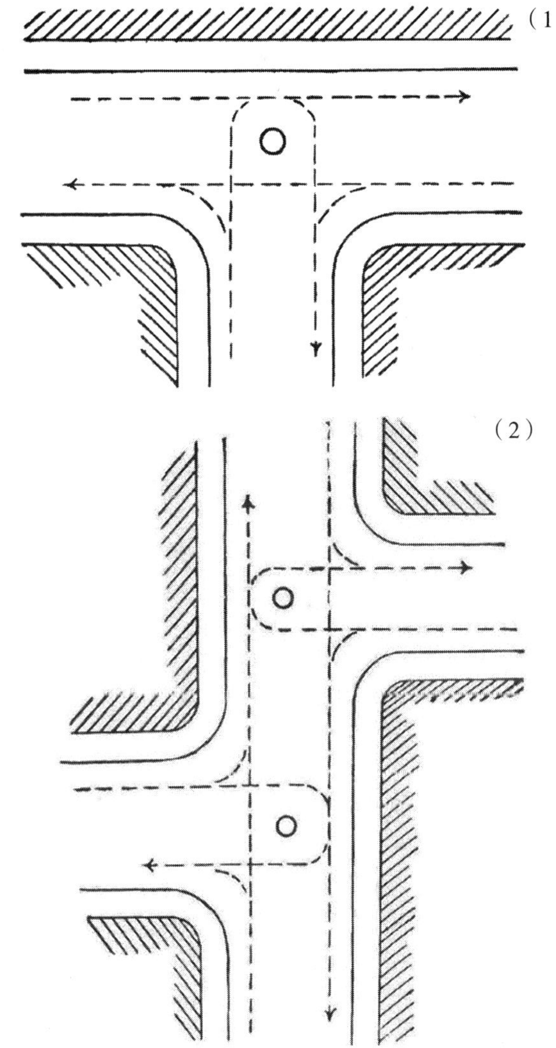

乙 三叉路口之交通秩序

图 9.6 三叉路口之交通秩序

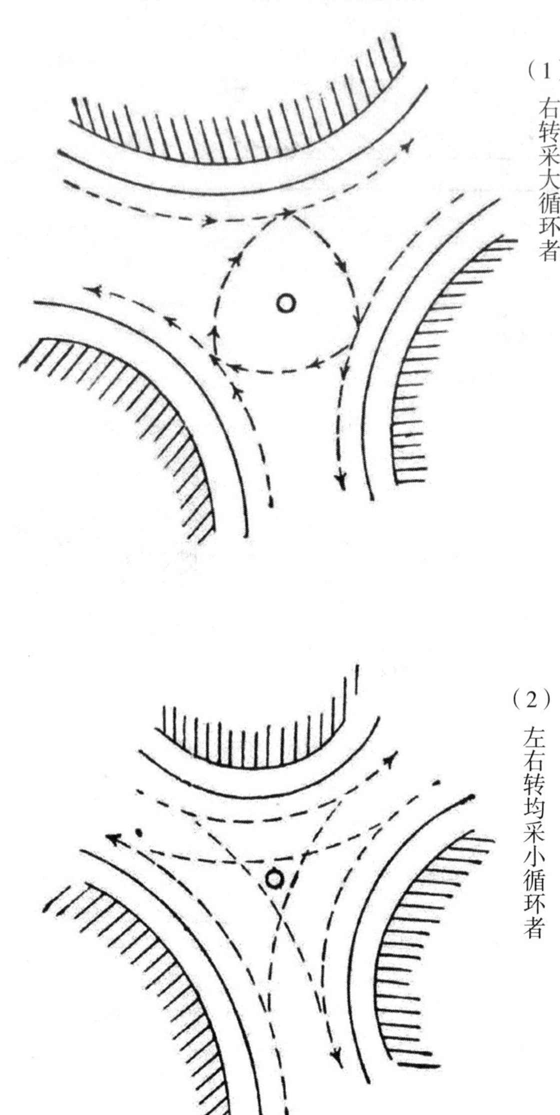

图 9.7　广州市西濠口丁字路口汽车由干路大转入支路之情形

第三目　交叉点以外道路的交通整理

交通警察机关为完成整理交通之目的，对于交叉点以外之道路，亦当大于交通流单纯化之原则，以研求其设施之方案。兹略举数端藉资引用。

（一）单向行进式　所谓单向式，即于特定之道路，只许一个方向前进之车马通过，其与此方向反对行进者，则绝对禁止通行，以免交通之混杂。采用此式，大抵多由于道路之狭窄，而欲图扩展又为事实所不许，故遂以此式为补救之方法。惟决定施用此种方式时，须其附近设有两条平行之路线，以一线为来向车辆通行路，以一线为去向车辆通行路，使车马之一往一来，犹如在一般道路上之此去而彼往，颇属便利易行。故若无平行路线或二线相距过远，则单向行进式殊不便于设置也。

（二）分路行进式　分路之目的，在消除交通混乱状态之发生，并预防冲突阻滞之危害，通常多按交通物体之种类速力以分别限制其通行之道路，即在某特定之道路，如非所允许之交通物体或不合于规定速率者均不得通行，而使其另由别一特定之道路行进之者也。

（三）分路单向式　比较上述二种方式又进一步，盖即合分路及单向两式而并用之者也。在道路交通极端繁杂之处所，如能采用此种方式从事于交通上之整理，则所谓交通流者，必益见其单纯化，而所谓交通事故，亦将愈见其减少矣。

第四目　畸形道路的交通整理

畸形道路，约有两种：一曰弯路，一曰坡路。市街之中，因地势之关系及环境之限制，此等处所，往往难免。对于此等处所之交通整理，不独与一般道路不同，即二者亦各有其差异。兹述于下：

（一）弯路　弯曲道路之整理方法，如遇道路狭窄者，为避免交通之冲突，以采单向行进式为宜。若附近并无平行路线不便设施时，则应另订适当之限制；其路面稍宽能供两车往还者，则于道路之中央设分道标或分道线，以画分路面，在交通繁盛处所，并须配置交通警察相机指挥。如在夜间则应特别设备路灯藉以照明。

（二）坡路　在一面坡之道路，因两方皆能互见，苟按交通规律靠左而行，危险尚不易发生，惟驼背式而又狭窄之坡路，既限于地势道路无法区分，又因两方不能互见，以致避让困难，于此场合则限制速度；设立警戒标志，或配置交通警察均属必要。

此外在弯而且坡或靠近山边之道路，其交通上之危险程度，尤驾前者而上之，负整理交通之任者，尤宜就道路之情势为切实之规定。上列两项整理方法，亦当兼筹并用，是固不待烦言者矣。

第四节　指挥方法

各种车辆通行道路，欲使其进退有序，纵横得当，而不致冲撞肇祸者，厥惟交通警察之指挥是赖。指挥之法，有用机械者，有用灯号者，交通最繁之市，且有特设信号塔者（我国除上海租界外尚无设置），普通则以使用手势为最普遍，我国尤然，兹将各市情形，分述于下，以见一斑。

一、首都

在交通冲繁之道路，使用红绿标灯，绿色示进，红色示止，未设标灯者则用手势。手势之规定于下：

一、停止手势将手向上高举。

二、放行手势将高举之手放下。

三、放右行手势将左手向左平抬。

四、放左行手势将右手向右平抬。

二、北平

交通警察指挥车马进止，并无标帜，完全使用手势。遇紧急事故时，则禁止或限制通行，对于车马急驶逆行，或行人老弱残废者，指挥均加注意。其指挥法如下：

一、停止后方来车时，左手及臂向左平伸，制止后方来车向前行驶。

二、停止前方来车时，右手直向上举，制止前方来车。

三、停止前后两方来车时，上项两种手势同时并用。

四、放行车辆时，交通警察面向路左，立正姿势，左手向左平伸，目光注视来车，右手向右速引立即放下，俟车辆经过岗位后，即将左手下垂股侧。

三、青岛

各长警在指挥交通，除用信号灯外，多用警棍，其手势如下：

一、欲使前方来车停止前进时，两足分立，出左足，成八字式，同时须将左手向上高举，右手下垂股侧，目光注视来车，示以停止之意。

二、闻汽车及各车鸣笛时，视察马路间无碍欲放过时，即两足分立，出右足，成八字式，右手向来车之右方伸直，高与肩齐，掌心向前，左手向左上方引导。

三、如在同一时刻,有两车纵横相值时,即以左手向上高举,出左足,掌心向前,暂时停止东西向者,同时即将右手向右平伸,高与肩齐,掌心向前,以让南北向者通过。但地势不同时,交通警士亦可随机应变。

四、如欲停止后方驶来之车辆,右手向右平伸,两足分立,出右足,如八字,左手下垂股侧,背向来车。

四、上海

该市交通警察指挥车马使用红绿灯,其未设红绿灯者则用手势,可分八种态样:

一、指挥对面开来之车辆停止时,右手向上直举,取立正姿势。

二、指挥对面停止之车辆开行时,右手向上举,高与头齐,手掌向后,前后拨摇,表示放行。

三、指挥背后开来之车辆停止时,用左手持警棍向左平伸。

四、指挥背后停止之车辆开行,将已伸出之左手向右前方速引,表示放行。

五、指挥对面及背后开来之车辆均须停止时,右手向上直举,左手持警棍向左平伸。

六、指挥背后之车辆停止,并使对面停止之车辆开行时,左手持警棍向左平伸,阻止背后来车;右手向上举,高与头齐,手掌向后,前后摇动,表示放行对面车辆。

七、指挥背后及右方之车辆均须停止,左手持警棍向左平伸,右手上举,高与头齐,手掌向右,目光注视右方来车。

八、指挥背后之车辆停止并使右方停止之车辆开行时,左手持警棍向左平伸,阻止背后来车,同时右手上举,高与头齐,手掌向左,目光注视右方停止之车辆,手掌左右摆动,表示放行。

五、天津

该市指挥车马之进止用手号,其方式有七:

一、停止前方驶来车辆之手号：右臂上伸，掌向前，五指并拢。

二、同时停止前后两方交通之手号：左臂向左平伸，掌向前，五指并拢。

三、同时停止前后两方之交通，对于前方之特定者，不许通过之手号：左臂向左平伸，右臂前举，掌向前。

四、同时停止前后两方之交通，对于前方之特定者，许可通过之手号：左臂向左平伸，右臂上举，掌向后，肘摇动。

五、同时停止前后两方之交通，对于右来之特定者，不许通过之手号：左臂向左平伸，右臂右举，掌向外。

六、同时停止前后两方之交通，对于右方之特定者，许其通过之手号：左臂向左平伸，右臂右举，掌向内肘摇动。

七、同时停止前后左右四方交通之手号：两臂左右平伸，掌向外，头左右看。

六、汉口

该市中山路、江汉路、市府路、汉景街、大智路、硚口路及三民路等，街道较宽，车辆通行亦便，交通警察指挥车马均用手势，指挥时其注意之事项为：

一、车马行人是否依照规定路线前进及靠左边走；

二、各种车辆赓续行进时，是否成 直线；

三、车辆已否领有牌照；

四、夜行车辆已否燃灯，他如车马装运重量以及长大物件是否有碍车身及行人，其将车马当街驰骤及停立街心者，均严加取缔。

七、广州

交通警察用交通棍以指挥车辆，每凡将指挥棍拦于路中，或将手高举，皆表示车辆应即停止；若将手摇拨，即表示车辆可以前进。

一、十字路交通警察指挥手势

1. 车辆在十字路东西互相来往直行时指挥手势　交通警察以左手持棍，横拦于左，指向东方；右手同时横拦于右，指向西方。则东西互相来往之车辆可以通过，而被拦之南北车辆应即停止，

2. 车辆在十字路南北互相来往直行时指挥手势　以左手持棍横拦于左，指向南方，右手同时横拦于右，指向北方，则南北互相来往之车辆可以通过，而被拦之东西车辆，应即停止。

3. 车辆在十字马路向右转弯时指挥手势　凡车辆向右时采大转弯，如由东往北转时，交通警察面向南方，左手持棍指向东方，横拦于南北之间，制止由北往南之车辆；复以右手高举，掌心向南，制止由南往北之车辆；同时再将右掌转向西方，制止由西往东之车辆，使三方面之车辆停止后，由东往北之车，可绕中央岗台通过。

4. 车辆在十字路向左转弯时指挥手势　车辆向左转时，采小转弯。如由东往南转时，交通警察面向南方，以左手持棍指向东方，横拦于南北之间，制止北往南之车辆；复以右手指向西方，制止由南往北之车辆，然后由东往南者可小转而过。

二、丁字路交通警察指挥手势　交通警察站立之岗位，应在直路之路口，不能在横路之路心。

1. 车辆在丁字路东西互相往来指挥手势　交通警察站立于路口之中央，以面向北，左手持棍指向西方，横拦于南北之间；复以右手横伸指向东方，即为停止南方所出之车辆。则东西两方之车辆，可以互相往来。

2. 车辆在丁字路转弯由西往南指挥手势　转弯时采大循环，交通警察以面向北，左手持棍指向西方，横拦于南北之间，即停止由南方所出之车辆；复以右手掌向东高举，即停止由东往西或往南之车辆，俟两方之车辆停止后，则由西往南之车辆可徐徐而转。

3. 车辆在丁字路由东往南指挥手势　转弯时采小循环，交通警察以面向北，左手持棍指向西方，横拦于南北之时，即停止由南所出之车

辆；同时屈起右手，用手掌向后摇拨，其高度略与头齐，即表示自东往南之车辆可以通过。

4. 车辆在丁字路由南往东采大循环由南往西采小循环　交通警察以面向西，右手持棍指向北方，横拦于东西之间，即停止东西互相来往车辆；复用左手横拦向南方，前后摇拨，即表示催促由南方所出之车辆前进。（每凡持棍，均应在左手，惟此特别场合，则许用右手）

附广州市交通指挥图

图 9.8　汽车直进时之情形

图 9.9　汽车右转弯时之情形

图 9.10　汽车左转弯时之情形

综上以观，可知交通警察之指挥方法，各地多属自行其是，杂然不一，而尤以手势为甚，其弊之所在，倘使甲市之车通行乙市，则必致因误会交通警察之手号，而发生意外之危险。因此，上次交通警察专员会议中，统一指挥交通手势，几为各地一致之愿望；如青岛、天津、广州、武昌，均有画一手势之请求。嗣经会议通过，由内政部订定统一办法，通令施行。就都市交通言，诚属有益之举。兹将内政部颁行之指挥交通手势图解附列于后，以明现制所采之方法。

（一）停止手势

图 9.11　停止手势

1.

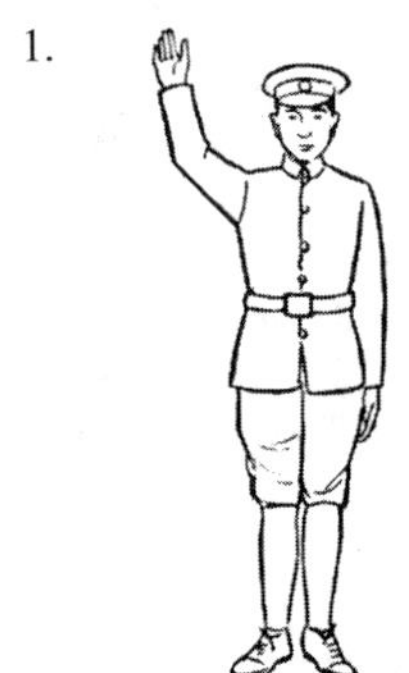

2.

3.

4.

1. 停止前方来车时，右臂向上举，掌心向前五指并拢。
2. 停止后方开来之车辆时，左手及臂向左平伸。
3. 停止前后两方来车时，上项两种手势同时举行。
4. 同时停止前后左右四方交通时，两臂左右平伸，掌心向外。

（二）放行手势

图 9.12　放行手势

1.

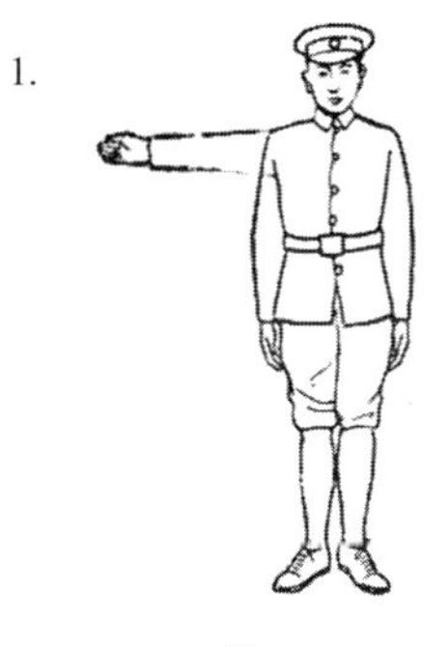

2.

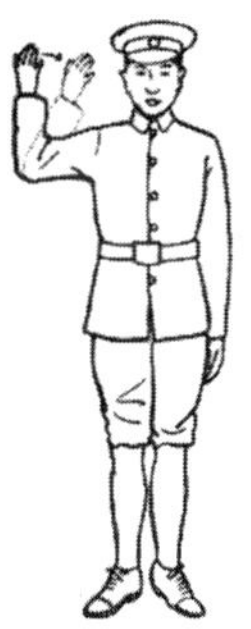

3.

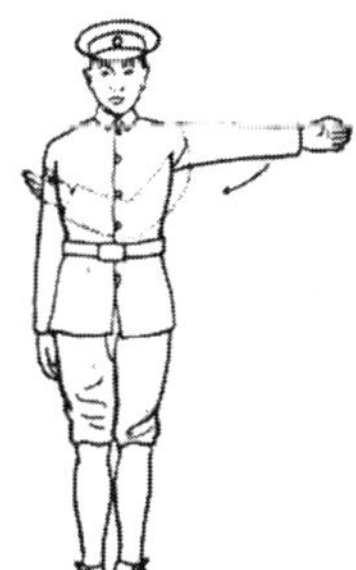

4.

1. 对于顺序车辆指挥通过时，右手由左向右速引，立即放行。

2. 放行对面停止之车辆时，右臂向右前方平伸，右肘向上，掌心向后，摇手放行。

3. 放行背后停止之车辆时，将业已平伸之左手向右方摆动，作令行状。

4. 指挥背后之车辆停止，使对面之车辆开行时，左手仍向左平伸，右臂向右前方平伸，右肘向上，掌心向后，摇手放行。

交通警察指挥手势，在使车马遵行以达交通之目的，前既言之。惟交通警察于手势未经发出之前。必须先行明瞭往来车马所欲行进之方向，然后方能着手实施。因此，凡属车辆——尤其是汽车，在转弯、停车或缓行之时，均应先由驾驶人向交通警察或其他车辆表示其意旨，此不特使警察便于指挥，亦可使他车预为避让也。其方式依《陆上交通管理规则》第五十七条，共有下述八种：

甲　停车：引臂上举，举掌向前。

乙　缓行：引臂向外平伸，手掌向下，上下摇动。

丙　左转：将左手向左平举，手掌向前。

丁　右转：将右手向右平举，手掌向前。

戊　前行：引右臂向前上伸，手掌向左，向前指示，引左臂者手掌向右。

己　车辆停止后欲开行时：应先鸣警号，然后按其行进方向，依前行或左右转手势行之。

庚　令后方车辆越过其前：无论司机在右侧或左侧，均引臂向外下伸，手掌向前，前后摇动。

辛　退后：鸣短促警号三声，引臂上举，手掌向后，前后摇动。

第十章　车辆管理

我国近日都市交通之车辆，品类繁杂，至不齐一，而易发生事故者，当推速度较高之汽车与电车，吾人试一翻阅交通事故统计，益觉信而有征。此二种车辆以有机械上及技术上之问题，允宜特别研究，俾得深切之了解。至其他各种车辆如马车、人力车、载重大车、手车等，虽亦各有特殊之性质，然以其在管理上较为容易，问题亦较简单，阅者当能举一反三，无待赘述矣。

第一节　汽车之管理

关于汽车应管理之事项甚多；要而言之，可分为下列诸端：

（一）车辆检查登记之机关　交通警察负维持交通整个之任务，则凡有关于交通之事项，宜使划归警察机关职掌，以期通盘筹划，计出万全；惟揆之事实，各地方对于车辆检查之权，多属于工务局或公用局，因此常发生弊端：

1. 车辆登记例须缴纳登记费并须按期缴纳车捐，公用局于车辆请求检查登记时，为经费之收入，对于机件之检查，有时或不严格执行，因此车辆开行时，往往因机件发生障碍而肇事端，警察机关虽欲于事前取缔，但以其业经登记领有牌照，且权非我属，遂无法干涉。

2. 检查车辆发给车牌如属于公用局办理，则汽车请求发给牌照时，该局只验其机件无缺，即便认为合格。不知营汽车业者，每故意取巧，有以甲车之机件移置乙车，以图检验合格者；或领得牌照后，有以数车而同用一车牌者，此种弊端，每于发生危险时，由警察发觉，如发给牌照及检验车辆事项统归警察机关办理，则交通警察可随时检验，取巧之技俩自无所施矣。

（二）司机人之考验与管理　现在各地方对于司机人之考验权，亦不属于警察机关，而赋予公用局，该局只考验其驾驶术果为纯熟，即饬觅店保缴相片，便可发给执照；而于司机领照后，是否照章履行其义务，既非随时考查，亦无能力顾及，故一旦肇事，司机可弃车而逃，迨警察机关执行办理，而追保缉逃又须与公用局经数日公文上往还之手续，其结果司机者远飏，店保亦藉端卸责。若考验司机发给执照由警察机关办理，因有警察随时可以检查，自不致以机旧而怠修，亦不敢以急行而肇事；且店保有无移动或倒闭，以有户籍可稽，则事前既不敢滥保，事后更不敢纵其逃逸。

惟司机人既经考验合格发给执照准许驾驶之后，难免仍有违章情事，是宜视情节之轻重加以处罚，并停止其执业，或吊销其执照。但狡黠之徒，在甲地被吊销执照不准执业时，多恃其技能，复至乙地报考领照，乙地因不知其曾在甲地所受之处分，遂受其朦蔽。欲贯澈【彻】[1]管理取缔之目的，对于违反交通警察法规之汽车驾驶人，经甲地予以停业或吊销执照者，应列具其事实，详载其姓名年籍，黏附相片，通函各省市使其不得易名报考，希图领照，此种办法在交通警察会议时广东省会公安局虽有提议，惜未实行耳。

检查车辆与考验司机，关系交通整理，至为重要，各地警察机关因鉴于年来事实上之不便，均感有画归警察官署办理之必要，交通警察会议时，湖北省会公安局、广东省会公安局、首都警察厅均有提案，请求画

① 澈，通“彻”。

归警察机关，嗣经大会决议："关于车辆登记管理及司机人员之考验，应归警察机关办理，惟车捐一项，仍由各该地方依照向例征收；但牌照手续费，则归警察机关收纳"，"司机人员非经考验合格发给执照后不准驾驶，领得执照一年后不执业者，须另行考验始得驾驶"。交通上之重大问题，至是乃得一解决。

警察机关对于车辆之检查登记及司机之考验管理，将如何措施乎？是则应加研究者也。兹就所知，条列于后。

(一)检查车辆应注意之事项：

1. 制动机之装置；

2. 车轮；

3. 车灯及方向针；

4. 发声器(应传闻至一百米远)；

5. 车棚；

6. 减声器；

7. 发动机速率表开闭器电汽等装置；

8. 发动机号数；

9. 汽缸数；

10. 马力；

11. 其他应行注意检查事项。

(二)车辆登记时应行填列之事项：

1. 车主之姓名籍贯职业住址或车行之名称地址；

2. 司机人之姓名年籍住址及司机执照之号数；

3. 车辆制造厂之名称；

4. 车内发动机之号数；

5. 汽缸数；

6. 车身颜色；

7. 车辆坐位数目；

8. 车类(篷车或轿式车)；

9. 空车重量；

10. 车之马力若干。

(三)考验司机人应注意之事项：通常规定，凡年在十八岁以上，五十岁以下，四肢健全耳目聪明无神经病者皆可应考。投考人应备具报考书，详具下列事项：

1. 姓名；

2. 年籍；

3. 训练经历；

4. 应试何种车辆；(轻便汽车、载重汽车、公共长途汽车、机器脚踏车)

5. 像片。

至考验之科目，则分为四大类：

1. 检验体格(包括试验耳目)；

2. 驾驶技能；

3. 交通规则；

4. 机械构造及功用。

此外对于汽车司机人之执照，在交通警察会议时，青岛市公安局曾提议规定统一之管理办法。其理由则以："现在各都市之汽车司机人，悉由所在地之主管机关考试发照，惟持甲地之照到乙地驾车时，仍须经乙地机关之重新考试。然以考试方法之不同及习惯关系；在甲地考取者，在乙地未必及格，遂使甲乙两地不能通行。吾国交通日渐发达，各都市将来均有相互密接之关系，而交通上有此极大扞格，实非所宜。"因此建议统一执照，其中规定：(一)司机人考试方法；(二)司机执照式样及有效期限；(三)司机执照上所载之交通规律；(四)已经考取领有执照之司机人，到国内任何都市驾车时，向所在地主管机关登记办法；（即所在地主管机关，经验明执照相符时，免予考试，饬令取保或迳免于取保，发给登记证，或换给正式执照，准予通行。）（五）主管考试发照之机关；（六）其他应行规定之事项。嗣经大会审查，以施行颇有窒碍，遂未能实现，然究不失从事交通警察者研讨之价值也。

第二节　电车之管理

交通警察机关对于电车之管理，其注意之程度，常不若汽车；盖以电车通行于轨道，有一定之路线，其机械亦不易损坏，无须时加检查故也。然都市中之设有电车者，伤人肇事亦时有所闻，推究其故，除对方之过失外，肇事之原因则多由于司机及售票生处理之不善。是以对于电车之管理，吾人应以司机及售票生为研究之对象。

司机生及售票生之训练管理，在我国设有电车之都市如平、津等处，均由电车公司负其责，警察机关对电车司机人并无须经考试之规定，仅对已执行业务者另订管理规则，以为整理交通之手段而已，其内容大致为：

1. 司机人及售票生于服务时，须着公司制服，并悬挂号牌，以资识别。

2. 对待乘客须态度和平，不得侮蔑讥诮。

3. 车辆开行时，司机人不得与乘客闲谈。

4. 车辆开行时车门均宜关闭，禁止乘客立于脚踏板上。

5. 除有特别事故外，中途不得停车。

6. 发现乘客有遗失物品时，应送招领。

7. 车辆开行时，劝阻乘客上下。

8. 乘客如有形迹可疑者，或车上发生事故时，应报告附近岗警。

9. 服从交通警察之指挥，并遵守交通规则。

第三节 各市实况

一、首都

对于汽车、机力脚踏车及载重汽车等行驶速度均有限制，交通物体避让及绕越亦有规定，兹分述之。

关于避让之限制如次：

（一）后车超越前车时，须俟前车闻警向左侧避让方可超过，并须行至相当距离始得复入原道。

（二）两车相遇于侧狭之道路，或有障碍物之地点时，应由靠较宽处之车辆停止让对方车辆先行。

（三）不得两车并行，前后须保持相当距离。

（四）支路与干路车相值时，应让干路车辆先行，但在同等之十字路或分支路相遇时，应由来自左面之车辆先行。

（五）对负有紧急事务之车辆应闻警避让。

关于绕越之限制如次：

（一）向左转时应紧靠路左缓行，向右转时除特殊情形外，应经过路中交叉点成大转弯前进。

（二）向后转时应在车辆或行人稀少之处，如为汽车，须先鸣警号。

（三）如遇火警应即折回绕道而行。

夜间悬灯之规定：汽车车前悬白光灯两盏，远射灯两盏，指挥灯一盏，车后悬红灯一盏，灯光之射出，不得妨害道路上其他交通，机力脚踏车前悬远射灯一盏，载重汽车除按照汽车悬挂外，其所载货物不得伸出车后红灯地位至四公尺以上，如在黑暗行驶，应于后部另挂红灯一盏，拖车最后方须悬挂红灯一盏，马车车前左右悬白光灯两盏，脚踏车车前悬白光灯一盏，车后装红色反光石一块，人力车至少须备白光灯一盏，悬于车辆踏板之右方。

二、北平

凡消防车、警备车、救护车及速度大者可优先行进，电车行驶速率，平时在四字八字之间，转弯及十字路口在零字及四字之间，汽车每小时不得超过十五哩，至其他车辆按交通情形适宜处理，并无特别限制。普通笨重车辆照习惯上应避让轻便车辆，其载重大车及粪车则须绕越不得在马路通行，至如交叉路口车辆放行先后之次序，由交通警体察情形指挥，夜间电车车头须装置白光电灯，车尾装有红光电灯，并备有危险灯两具，汽车车身两旁安电灯两支指挥灯一支，车后号牌旁应安红灯一支，其他车辆中亦须在车辆两旁分别装以电石煤油洋烛各类灯支。

三、青岛

汽车速度每小时不得超过二十四公里，骡马不得疾驰于道路，汽车不准在道路中间调头，车后禁止各项脚踏车尾随，数车在同一方向前行时，缓者须让速者先行。同类车辆连续进行，前后须有三公尺以上之距离，不得并行，对面行驶者互相避让，夜间皆须照章悬灯。

四、上海

行车速率各路皆有规定，救火车、救护车、警备车行驶时各种车辆均应让避，夜间机力车辆应有市灯野灯各一种（在繁盛区域不得使用野灯），后方应备红灯一种，其他车辆则应于车之右方或前方悬灯一盏。

五、天津

在市内繁杂之区，电车汽车每小时速度不得超过十五英里，此外可至二十英里，关于笨重车辆或装载长物体之车辆，有指定路线绕越，夜间有轨电车用前照灯，汽车前照灯后尾灯并用，其余以燃前照灯为多，冬季于晚五时燃灯，夏季于晚八时燃灯。

六、汉口

汽车速度每小时不得超过十五英里，其他尚无规定。凡车辆相向行驶经过狭窄街道或有障碍物之地点时，规定由靠近较宽处之车辆停止路侧或倒退让对方通过，夜间人力车均悬灯于车前。惟汽车除前面悬灯外，并于车后悬红灯一盏，以昭慎重。

七、广州

凡汽车速度每小时不得过十五英里，遇有慢车符号，每小时速度不得过十英里，遇有肃静符号，不得乱鸣警笛，如遇反对方向行进时，应各减少其速度，若在夜间，并须减小其前灯光力，转弯均须慢行及示警，不得争先急驰，遇消防车救护车则均应避让，干路车与直行车优先于支路与转弯者，同方向行进时，低速度者须让高速度之车先行，有遮断地带皆须绕避，夜间汽车头须备明暗灯，车尾红灯须在车牌之上，其余手车、货车、单车、马车等，车尾或车头均须悬挂小灯。

第十一章　公众交通知识之宣传

整理都市交通，以保障交通上的安全，增进交通上的福利，乃交通警察当然之任务，至其成绩之良否，固视交通警察之活动能力如何以为断，然公众程度低下，不守交通规律，不明交通警察活动的意义，纵使警察人员如何努力如何尽职，终难收到美满之效果。是以欲达交通整理之目的，警察组织健全，设备完善，措施得当，虽属切要之图，而公众交通知识之具备，与夫道德之修养，尤为根本问题。吾人知世界交通秩序最佳之国，当推英德，然英德之所以臻此，在表面上虽系由于警察技能之优秀，而实际则以英德人民均能严守纪律，尊重公共道德，为其主要之原因耳。我国一般民众，穷乡僻域之人固不知交通规律为何物，即久居都市中者，亦十九欠缺了解之观念，每见市街之中，车马行人，交错杂沓，秩序纷乱，不可名状，交通事故之所以日增月盛者，盖有由来矣，此实吾人所不可忽视而亟须图谋补救之者也。

如何能使交通知识普及于民众乎？着手之方，当以宣传为最要。宣传之目的，不外五端：

一、使公众了解交通警察的意义和作用。

二、养成公众尊重交通纪律的习惯。

三、提倡交通道德。

四、普及交通上的安全思想。

五、使知注意避让交通上的危险之方法。

然所谓宣传者，非仅以一般公众为对象，凡车辆之驾驶者，脚踏车之乘用者，以及幼年儿童等，尤应为宣传之特殊目标。

依于上定对象之不同，宣传之方法当然因之而异。兹分为二项述之于下：

第一，关于民众者：此又可分为下述二端：

甲　社会教育

此系对于一般民众而言。此种宣传，均以警察机关当其任；由警察机关将一般道路交通常识，依照下述之方式，按时向市区民众作普遍的宣传。

一、公告。

二、揭载于报纸。

三、张贴整齐划一之标语于通衢。

四、派员讲演。

五、委托中小学校代为宣传。

六、制成简明节要，委托本地电影院映放。

七、编印小册分散民众阅览。

八、由交通警察随时指导讲解。

九、举行交通安全周。

十、摄制道路交通影片向社会宣传。

乙　学校教育

此系对于小学学生而言，乃从根本上着手之办法也，其宣传机关应由学校负其责，将道路交通必要之常识，编入小学教材，作为正式功课，教授启迪之，此外在交通繁盛都市之小学校，并应于每日散学出校前，利用短少之时间，由担任训育之人员，举行交通常识训话，使之均知注意。

当交通宣传之任者，如由警察机关以外之团体（如学校及其他社会教化团体）担任之时，警察机关应极力加以援助或供给必要之资料，以期收得良好之效果。

第二，关于驾驶人者：车辆之驾驶人，普通称曰车夫，为交通事故之直接发生者，倘使其驾驶技能纯熟，且具有充分之交通知识，则交通事故自必因之而锐减。故东西各国对于汽车驾驶人大都定有考验训练办法，其关系之重要可知。我国对于车夫交通知识之宣传，过去均由各地斟酌办理，方法颇未一致，最近始由交通警察专员会议决定，由警察机关规定划一办法，选派人员切实训练，凡在各都市主管官署登记之公私营业各种车马夫，无论服务久暂，均须参加受训，授以下列简明课目：

一、交通警察大意。

二、交通警察指挥手势。

三、街道画分之意义，与车马通行限制一定道路之作用。

四、左侧通行之作用。

五、限制车马速度之作用。

六、车马避让及绕越之规定与限制。

七、红绿灯之作用。

八、各种交通标志之作用。

九、遵守交通章则之必要。

十、违反交通章则之弊害及处罚与作用。

十一、协助侦查匪犯之知识。

十二、其他交通上必要之事项。

惟各种车夫大都服有职务，故其训练日期，不宜使之过长，且须利用适当之时间，以免妨害其工作；但一方为预防规避训练起见，则须采取有效之强制办法，以期交通知识之彻底普及。交通警察专员会议对于训练车夫案，最后有“凡不受此项训练者，无论公私或营业车马人夫，一概不准其服务，违则处罚”之决定，即此意也。

附各国交通警察宣传图式于后

图 11.1 法国交警宣传图

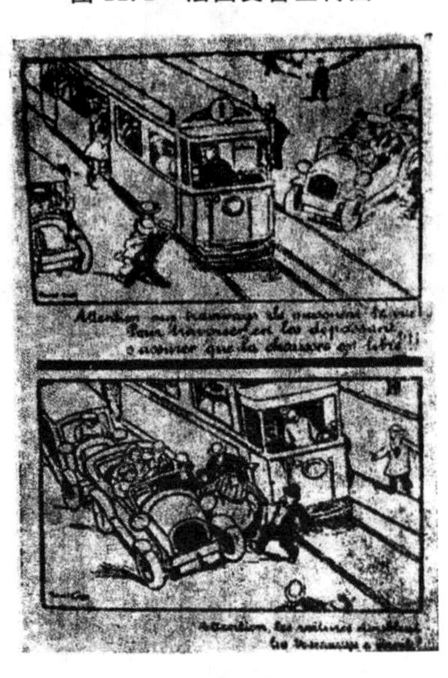

上图系法国所用，其意谓："注意电车遮断视线"，"横断车道时应先避让电车，查看道路上情形"，"一切车辆均系由电车右边通行，应加注意为要"。

图 11.2 丹麦交警宣传图

上图系丹麦国所用，其意谓："横断车道时须十分注意"，"不可在车道内游戏"。

图 11.3　德国交警宣传图

上图系德国所用，其意谓："儿童车道上应注意者：不可在轨道游戏；当各种车辆行驶之时不可游戏车道；不可攀附车后；不可在接近车辆之前后横断道路；不可遽然奔越轨道"，"且待车过去，切勿想争先"。

图 11.4　美国交警宣传图

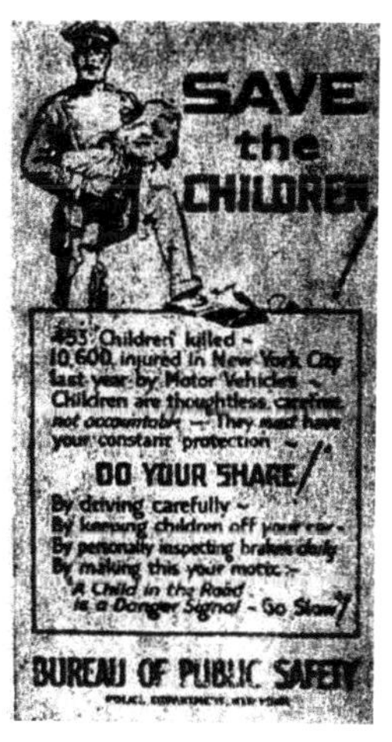

上图系美国所用，其意谓："去年一年之内纽约市因汽车而死之儿童四百五十三人，受伤之儿童一万零六百人"，"儿童之常识当然不足，所以不得不希望大家保护"。注意："驾驶不可稍忽"，"不靠近儿童身旁"，"每日将制动机加以检查"，"应以'儿童在车道时应视同危险信号而慢慢走过'作为标语"。

图 11.5 荷兰交警宣传图

上图系荷兰国所用,其意谓:"要不听交通警察指挥,就得请看护妇照料。"

第十二章　交通事故

第一节　交通事故之原因

交通事故发生之原因,以交通情态之不同而各异;苟一一而列举之,事实上既不可能,且有疏漏之弊。兹以研究所得,概括列之于后:

(一)主观的原因。

甲　心理的原因。

1.当事者不注意。

2.交通机械操作不如法或不熟练。

3.交通技术之不知。

4.交通规律观念之薄弱。

乙　生理的原因。

1.肉体上之缺陷。

2.精神上之缺陷。

3.疾病疲劳。

4.泥醉。

(二)客观的原因。

甲　交通状态。

1.交通量之增加。

2.交通质之变化。

3. 交通物体之缺陷。

乙　技术上之缺陷。

1. 都市及道路计画之缺陷。

2. 道路设施之缺陷。

3. 交通整理上设施之缺陷。

4. 交通整理方法之缺陷。

5. 交通法规之缺陷。

6. 交通整理员能力知识之缺陷。

第二节　交通事故统计之目的

统计之作用，在表现过去现在之事物实况，比较多种事实之关系，以推测将来之趋势，而据以为施政之方针者也。各国现行制度，凡交通上一经发生事故，均向警察机关报告，其情节重大者，则专案办理，比较的轻微事件，则汇[①]案呈送。各地方警察机关即根据此种交通事做报告，制成交通事故统计表，更依科学方法分析综合，以求发现其中之共同倾向，俾得据以树立适当的整理方策，交通统计之目的与价值即在于此。盖交通事故统计，其本质可谓为交通事故事实之总汇，故欲得正当结论以促进交通之安全，防止交通事故之发生，非可仅以单纯之交通事故为研究之对象，尤不能凭少数之事实而擅加论断，遂谓所发现者为共同的倾向也。

交通事故统计之目的，除上述外，尚有可认为副目的者，兹析别之于下：

一、利用统计以作处罚违反交通规则者之书类证据；

---

① 原文为“彙”(hui)，同“汇”。

二、利用统计以作民事上损害赔偿诉讼之调查笔录；

三、利用统计以作防止交通事故研究之资料。

前列三种目的，大体上均随交通警察之进步发达而示其变迁之迹。大抵在交通警察初创时期，系以处罚违反交通规则者为整理交通唯一之手段，故注意于审判证据材料上之搜集。[①] 迨后法律进步，被害者对加害者有要求损害赔偿之权利，于是根据交通事故统计以作调查笔录，乃为各地所采用。然此均不外属于过去事实之处理，属于消极的目的；至于今日，国家不独宜应付现在，且宜筹画未来，于是乃更进一步，实行积极的设施，以全力注意于交通事故之防止，而第三项之目的乃为最要。

第三节 交通事故报告书

交通事故报告书为当地值勤警察或其直接隶属机关所填制，为交通统计之源泉，亦即防止发生交通事故具体方策之基础也。其记载务以正确适当为要；故凡关于防止事故发生保障交通安全所必要之事项，均须不惮烦琐详为填列，毋使稍有遗漏。报告书之式样，宜使一律，尺度大小亦宜使画一，以期便于编辑保管。编制报告书时，应注意下述各点：

（一）记载虽以不畏烦琐为原则，但宜扼要简明，否则统计时必感不便，盖简明扼要之记载，足以促起警察官吏之注意也。

（二）编制报告书时，宜抛弃个人主观意见，完全出以客观态度，以免有不公平不合理之影响。

（三）凡可以预测之事项及其他不甚重要之事项，宜填于备考或附注栏内，以资明晰。

（四）发生事故之场所，应予注意，必要时可按照该场所地势，绘图

---

① 原文为“蒐集”，改为“搜集”。

说明。

报告书所采取之资料，应根据在场目睹事故发生之警察，或事故发生后最先莅场检视之警察官之报告。此外对于当事人之陈述及道旁观者之询问，亦可采用。

报告书中所应记载之事项，其标准约而言之，不外下之二种：

（一）对于发生事故之原因有直接关系者。事故发生之原因有主观客观之不同，有时主观客观之原因俱备，有时则缺其一——或主观或客观。报告书中则应就发生之事实，为扼要之填注，俾阅者能毫无犹疑，加以判定。

（二）可为预防政策之借镜者。欲发现共同之点，以为预防交通事故发生之对策，不能仅就个别之报告书，必由多数之报告比较研究，详为分析，然后方能得正当之结论。故交通警察机关于接到多数报告书后，应即排列整理，以便从事研究。

交通事故报告书之整理，极关重要，盖其主要之目的在便利研究，与防止散失，如整理不得其当，则利用之时，将发生困难也。整理的方法，在事实上约有下述各种：

（一）按报告书收到之先后顺序排列者；

（二）按被害者之姓名顺序排列者；

（三）按加害者之姓名顺序排列者；

（四）按事故发生场所之地名顺序排列者；

以上方法，第一项仅为时间上参考之便利，在整理者固能接时排列，毫无烦琐之苦，但研究者则有难觅端倪之憾，故不能谓为完善。第二、第三两项以被害者及加害者之姓名为排列之顺序，未审其意义及效用之所在，亦未可取法。第四项依事故发生场所顺序排列较为适宜。然此种方法亦仅限于各地方交通警察机关方能采用，若在中央机关则又失其价值，是则当以省市为区分矣。

以上所述之交通事故报告书，系指由警察或警察官所提出者而言，此外尚有汽车司机人及学校儿童所提出之事故报告书。

(一)汽车司机人之事故报告书

即由司机人负责提出之报告书也。其书宜由警察机关制定，使其画一，交由各分驻所或派出所转发备用，司机者随身携带，以为不时之需。事故发生后，随即依实填报当地警察机关；惟其时间皆有限制，通例不得逾二十四小时。警察机关对于逾限及虚伪不实之报告，均应予以相当之惩罚，至于记载方法与内容，大体与警察事故报告书相同，惟其效力仅可为警察机关参考之资料而已。

按新颁之《陆上交通管理规则》之所定，汽车司机人并无向警察机关提出事故报告书之职务。此非遗漏，盖以司机人大都无此能力，且缺乏勇于负责之道德心。如令其自动向警察官署提出报告书，事实上确属难能，故未有此项之规定。惟欧美各国及日本，均已盛行此种制度矣。

(二)学校儿童之事故报告书

儿童之交通事故报告书，系由学校搜集汇报于警察官署。施行此种制度之理由：第一警察机关可广集材料而资利用，第二对于儿童安全之教养保护有奇异之功效。欧美各国现已采用。我国与日本则尚未实行。

儿童事故报告书，应极力避免烦难，使能力不甚充足之人亦可为之。如不能自行填写者，可由学校负责代填，按期汇报警察机关；同时自将报告书统计，寻求事故发生之原因及地点，以为训育指导之材料。

儿童交通事故报告书应备之项目：

1.负伤儿童姓名；

2.事故发生地点；

3.事故发生时间；

4. 事故如何发生；

5. 伤害之情形；

6. 责任之归属；

7. 事后之救济。

第四节　交通事故月表年表

各种交通事故报告书，送达于警察监督机关后，监督机关应即将其整理，制成月表，然后汇集一年之十二个月份，再制成年表。此种月表及年表，既系依照各种交通事故报告书集合而成，苟能编制适当，则据此以推知某月份或某年份发生事故之趋势，自能一目了然矣。

月表与年表之编制，在外观之形式上固宜排列整齐，以期容易检查保管，而内容之编列倘能一致注意下列各点，并记载正确，则依此以树立防止之方策，尤能获得显著之功效。

1. 当事者之姓名、年龄、籍贯、职业；

2. 事故之种类；

3. 发生事故所用之交通物体；

4. 损害物件之价值；

5. 事故发生之日期时间；

6. 事故发生之季节气候；

7. 事故发生之原因；

8. 道路之状态；

9. 驾驶者之状态；

10. 肇事者之状态；

11. 被害者之状态。

第五节　交通事故统计表式

交通事故统计表,应如何规定,方能尽善,亦极堪注意研究之问题。按现制所适用者,多由各地方警察机关,自行单独规定各种表格。形式互异,详略各殊:此种统计表以之稽考一地之情势则可,若欲综合各地之情况而比较其消长,研究其趋势,则殊属难能,至于内政部所颁布之警察统计表式,虽可应用,然未独立科目,又嫌太略。故吾人以为亟应由中央制订一种式样画一内容完备之交通事故统计表式,使全国一致适用,以资便利。兹特提出以下各种表式,藉供参考。

(式一)民国　年份　交通物体统计比较　表 12.1

月别 交通物体	一月	二月	三月	四月	五月	六月	七月	八月	九月	十月	十一月	十二月	共计
自用汽车													
公用汽车													
营业汽车													
运货汽车													
电车													
机器脚踏车													
脚踏车													
马车													
人力车													
推挽车													
水车													
其他													
共计													

编造人签名盖章

(式二)民国　年份　车辆肇事统计　　表12.2

差别 月别	次数	肇事原因							车辆种类							伤忙人数		损毁物件		
		驾驶不慎	超越速度	违章行驶	不听指挥	载重逾限	停放不妥	其他	电车	汽车	马车	人力车	脚踏车	水车	推挽车	伤	亡	车辆	建筑	货物
一月份																				
二月份																				
三月份																				
四月份																				
五月份																				
六月份																				
七月份																				
八月份																				
九月份																				
十月份																				
十一月份																				
十二月份																				
共计																				

编造人签名盖章

(式三)车辆肇事月报　　表 12.3

肇事车辆、肇事原因、伤亡	汽车				马车				电车		人力车		脚踏车		推挽车		水车		其他		共计		
	乘用车		载货车		乘用车		载货车																
	伤	亡	伤	亡	伤	亡	伤	亡	伤	亡	伤	亡	伤	亡	伤	亡	伤	亡	伤	亡	伤	亡	合计
驾驶不慎																							
超越速度																							
违章行驶																							
不听指挥																							
载重逾限																							
停放不妥																							
其他																							
合计																							
备考																							

(式四)车辆肇事登记 表 12.4

肇事者姓名		
年龄		
籍贯		
住址		
肇事时间		年 月 日 午 时
肇事车辆种类		
肇事原因		
伤亡人数	伤	
	亡	
损毁物件		
处罚	拘留日数	
	罚金元数	
备考		

登记人签名盖章

(式五)民国 年份 交通违章统计 表 12.5

违章者职业别、处罚、月别	一月			二月			三月			四月			五月			六月			七月			八月			九月			十月			十一月			十二月			共计		
	拘留	罚金	合计	拘留	罚金	合计	拘留	罚金	合计	拘留	罚金	合计	拘留	罚金	合计	拘留	罚金	合计	拘留	罚金	合计	拘留	罚金	合计	拘留	罚金	合计	拘留	罚金	合计	拘留	罚金	合计	拘留	罚金	合计	拘留	罚金	合计
农业																																							
矿业																																							
工业																																							
商业																																							
学界																																							
交通业																																							
公务员																																							

续表

自由业																																							
家庭服务																																							
无业																																							
未详																																							
共计																																							
备考																																							

编造人签名盖章

(式六)交通违章统计月报　**表 12.6**

年龄别 / 处罚 / 违章者职业	十三至二十岁		二十一至三十岁		三十一至四十岁		四十一至五十岁		五十岁以上		未详		共计		
	拘留	罚金	拘留	罚金	拘留	罚金	拘留	罚金	拘留	罚金	拘留	罚金	拘留	罚金	合计
农业															
矿业															
工业															
商业															
学界															
交通业															
公务员															
自由业															
家庭服务															
无业															
未详															
共计															
备考															

编造人签名盖章

(式七)交通违章登记　　第　号　　表 12.7

违章者姓名			说明
年龄			(1)本表须预先印成空表，装订成册，违章者即决后，即按表列各栏登记。 (2)每表只登记一人。
籍贯			
住址			
职业			
违章时间		年　月　日　午　时	
违章地点			
违章所用之交通物体			
违犯条款			
处罚	拘留日数		
	罚金元数		
备考			

登记人签名盖章

附首都及各市交通事故统计表

一、首都

首都汽车肇事统计　二十二年(1933年)一至十二月份　表 12.8

类别/月份	次数	肇事原因			汽车种类		伤亡人数		损伤物件						
		驾驶不慎	超逾速度	违章行驶	自备	营业	伤	亡	人力车	自行车	马车	电杆	岗伞	房屋	其他
一月份	13	6	4	3	8	5	9		4	1			1		2
二月份	12	10	1	1	5	7	15			1					2
三月份	8	7	1		6	2	8								
四月份	9	8	1		5	4	10			1					
五月份	10	9	1		6	4	8	1	1			1	2		1
六月份	7	6	1		4	3	10		1	1					1
七月份	12	9	3		6	5	13	2							2
八月份	6	5	1		2	4	6	1							2
九月份	9	9			4	5	11	2	5	1					1
十月份	9	7	2		3	6	13			1					
十一月	17	13	4		9	7	17	2	1		1	1			3
十二月	8	8			3	7	8	1	2	1					1
总计	120	97	19	4	61	59	128	9	14	7	1	2	3		15

图 12.1　汽车肇事原因百分比较图　民国二十二年(1933 年)一至十二月份

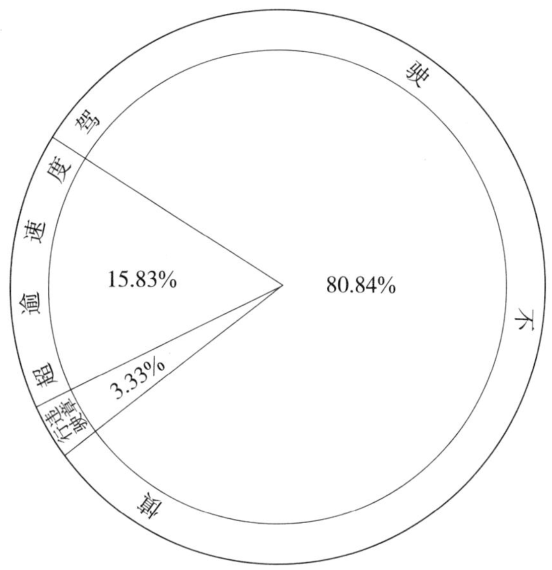

图 12.2　汽车肇事损伤物件百分比较图　民国二十二年(1933 年)一至十二月份

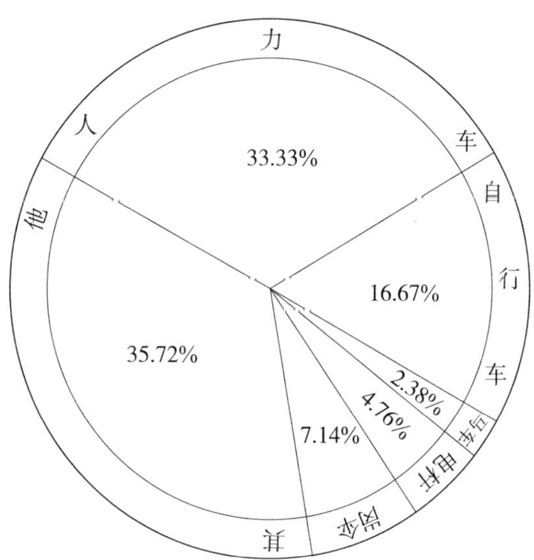

图 12.3 汽车肇事伤亡人数比较图 民国二十二年(1933 年)一至十二月份

图 12.4 肇事汽车种类百分比比较图 民国二十二年(1933 年)一至十二月份

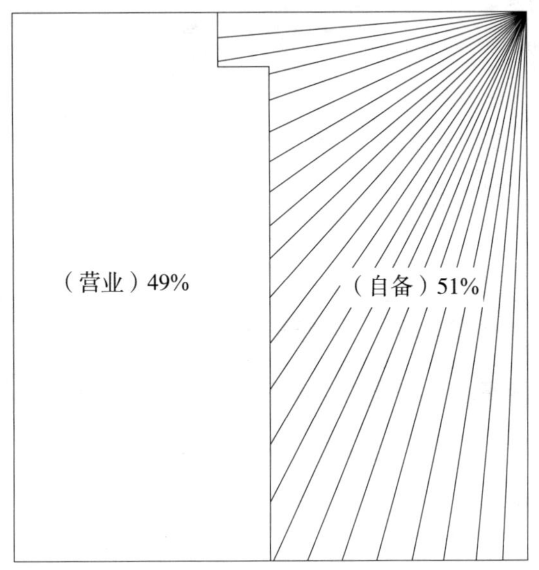

图 12.5 汽车肇事次数比较图 民国二十二年(1933 年)一至十二月份

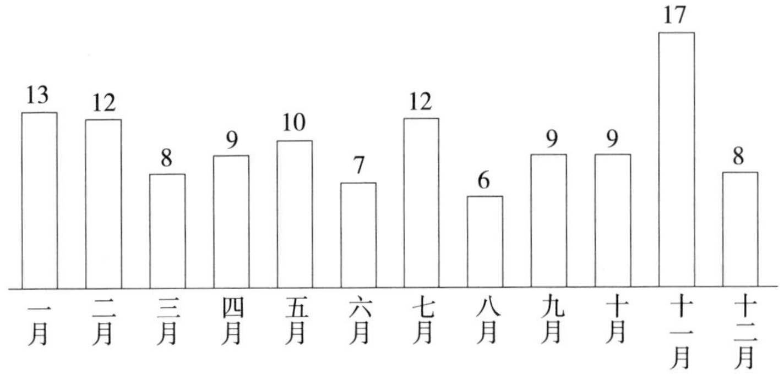

二、上海

上海市公安局汽车违章统计表(一)

二十一年(1932 年)下半年度(二十二年一月至六月)　　表 12.9

款别 区所别	无照行车	违章行车	妨碍交通	不听指挥	不燃灯火	撞伤行人	辗毙行人	其他	统计	备考
第一区	3	13	8	5					29	
第一区第一所		2	12	1		3		6	24	
第一区第二所	10	19	45	5				2	81	
第一区第三所										
第二区	17							3	20	
第二区第一所	3							1	4	
第二区第二所	5			1					6	
第三区										
第三区第一所										
第三区第二所										
第三区第三所										
第三区第四所										
第三区第五所										
第四区						7		2	9	
第四区第一所	6								6	
第四区第二所	1	5		1				1	8	
第四区第三所		1						2	3	
第五区	10					2			12	
第五区第一所	5								5	
第五区第二所	1					1	2		4	
第五区第三所	12						1	1	14	
第五区第四所		1						1	2	
第五期第五所	2	3	9	2		1		5	22	
第六区	6	6	3			7		1	23	
第六区第一所										
第六区第二所	1								1	
第六区第三所	14							32	46	
第七区			2					1	3	
第七区第一所										
第七区第二所	7							3	10	
合计	103	50	79	15		21	3	61	332	

上海市公安局汽车违章统计表(二)

二十二年(1933年)上半年度(二十二年七月至十二月) 表12.10

款别 区所别	无照行车	违章行车	妨碍交通	不听指挥	不燃灯火	撞伤行人	辗毙行人	其他	统计	备考
第一区	4	22	7	26	1				60	
第一区第一所			32	1		10	9		52	
第一区第二所	3	20	13	10				1	47	
第一区第三所	1						1		2	
第二区	33	1		4				5	43	
第二区第一所	6	4						4	14	
第二区第二所	5							1	6	
第三区										
第三区第一所										
第三区第二所										
第三区第三所										
第三区第四所										
第三区第五所										
第四区						3	1		4	
第四区第一所	16							1	17	
第四区第二所	1	6		1				2	10	
第四区第三所		1						1	2	
第五区	11					1	3	4	19	
第五区第一所	7								7	
第五区第二所	13					1			14	
第五区第三所	13							2	15	
第五区第四所	4	5	1	1				1	12	
第五区第五所	1	8	14					4	27	
第六区	14	8	1	3		2	3	1	32	
第六区第一所										
第六区第二所	13							1	14	
第六区第三所	2					2		6	10	
第七区					4		1	1	6①	
第七区第一所	1								1	
第七区第二所				2				1	3	
合计	148	75	68	48	5	19	18	36	417	

① 此处原文误写为“1”,更正为“6”。

三、广州

广东省会公安局汽车失慎调查月报　　表 12.11

失慎地点	汽车种类	伤毙人数						失慎原因	处理办法	备考
		微伤		重伤		毙命				
		男	女	男	女	男	女			

广州市历年汽车失慎次数及伤毙人数月报　　表 12.12

年次、次数及人数、月次			一月	二月	三月	四月	五月	六月	七月	八月	九月	十月	十一月	十二月	合计
民国十七年	失慎次数		11	12	8	18	18	22	21	25	24	18	13	16	206
	伤毙人数	伤	16	12	11	24	19	32	27	33	28	23	20	17	262
		毙		3					1			1	1	1	7
民国十八年	失慎次数		17	21	21	16	24	26	38	30	32	33	28	11	297
	伤毙人数	伤	18	29	27	16	27	39	40	30	40	30	39	10	335
		毙			2	2				1	4	3	1	2	15
民国十九年	失慎次数		16	26	27	18	28	38	32	41	44	39	27	29	454
	伤毙人数	伤	16	26	36	17	29	39	38	56	49	50	28	28	412
		毙	2	3		1		2	2	1	1	1	1	1	15
民国二十年	失慎次数		30	26	29	26	41	33	54	52	45	46	39	33	454
	伤毙人数	伤	32	31	29	25	45	35	51	48	51	39	41	46	473
		毙	1		1	1	1		3	7	1	9	4	3	31
民国二十一年	失慎次数		54	42	40	34	36	37	37	46	40	34	36	29	465
	伤毙人数	伤	58	43	45	40	39	39	47	48	41	32	35	38	505
		毙	3	3	1	2	4			1	2	4	3		23
民国二十二年	失慎次数		16	31	25	35	35	26	34	41	30	37	38	32	389
	伤毙人数	伤	19	27	24	33	35	33	45	41	31	38	40	32	398
		毙		4	4	3	1	2	2	1			1	1	16

广州市历年各种汽车失慎次数比较　　表 12.13

年次、次数及百分比、种类		营业	长途	公用	自用	运货	未详	合计
民国十九年	次数	222	82	19	16	21		360
	百分比	61.67	22.78	5.28	4.44	5.83		100.00
民国二十年	次数	20	107	83	32	32		465
	百分比	55.06	23.57	727	7.05	7.05		100.00
民国二十一年	次数	254	77	27	66	35	6	274
	百分比	54.62	16.56	5.81	14.19	7.53	1.29	100.00
民国二十二年	次数	227	62	21	47	23	9	389
	百分比	58.35	15.94	5.40	12.08	5.91	2.32	100.00

四、青岛

青岛市汽车肇事统计　二十三年(1934年)十二月份　　表 12.14

区别	本月肇事次数	肇事原因	撞伤人物数目	增减数目与上月比较	备考
第一分局	三	司机不慎	伤二人损汽车洋车各一辆小树二株	相同	减伤一人
第二分局	三	司机不慎	伤三人损洋车一辆	相同	相同
第三分局	无			减一次	减伤一人
第四分局	二	司机不慎	伤一人碰断电线一根	相同	相同
第五分局	三	躲避不及者一 司机不慎者二	伤一人死一人 碰断电线一根	增二次	增伤一人
第六分局	一	司机不慎	伤一人	增一次	增伤一人
统计	一二	躲避不及者一 司机不慎者十一	伤八人死一人撞损汽车一辆洋车二辆电线二根小树二株	增二次	相同
附记					

青岛市交通肇事次数及伤损人物统计　二十三年(1934年)十二月份

表 12.15

项目 区别	机力车辆		人力车辆		兽力车辆		其他事物		共计		与上月比较	
	肇事次数	伤损人物数目	肇事次数	伤损人物数目	肇事次数	伤损人物数目	肇事次数	伤损人物数目	肇事次数	伤损人物数目	肇事次数	伤损人物数目
第一区	三	伤二人损汽车洋车各一辆小树二株	九	损八人死一人损小树一株自行车一辆	无		无		一二	伤十人死一人损自行车洋车汽车各一辆小树三株	减三次	减伤一人
第二区	三	伤三人损洋车一辆	二	伤二人	无		无		五	伤五人损洋车一辆	减三次	减伤三人
第三区	无		二	伤二人	无		无		二	伤二人	相同	增伤一人
第四区	二	伤二人损电线一根	二	伤一人	一	损小树二株	无		六	伤三人损电线一根小树二株	相同	减伤二人

续表

第五区	三	伤一人死一人损电线一根	一	伤一人	无		无		四	伤二人死一人损电线一根	增二次	增伤一人
第六区	一	伤一人	无		一	伤一人	无		二	伤二人	增二次	增伤二人
统计	一二	伤八人死一人损汽车一辆洋车二辆电线二根小树二株	一六	伤十五人死一人损自行车一辆小树一株	三	伤一人损小树二株	无		三一	伤二十四人死二人损汽车自行车各一辆洋车二辆电线二根小树五株	减二次	减伤二人
附记												

青岛市货车(装载过量、不循石轨行驶)统计

二十三年(1934 年)十二月份　　表 12.16

区别	装载过量案件起数	不循石轨行驶案件起数	装载过重及不循石轨行驶之货车种类及辆数										与上月起数比较				备考
			载货汽车		载货单轮人力车		载货二轮人力车		载货二轮兽力车		载货四轮兽力车		装载过重		不循石轨行驶		
			装载过重	不循石轨行驶	装载过重	不循石轨行驶	装载过重	不循石轨行驶	装载过重	不循石轨行驶	装载过重	不循石轨行驶	增	减	增	减	
第一分局	无	五														一	
第二分局	无	无															
第三分局	无	无															
第四分局	三	无					二		三					一			
第五分局	无	三						六						一			
第六分局	无	无															
统计	三	三					二	六	三					二		一	
附记																	

青岛市货车轧毁路面统计

二十三年(1934 年)十二月份　　表 12.17

区别	本月共计轧毁路面面积	轧毁路面车辆种类及辆数					与上月轧毁路面面积比较		备考(面积以平方公尺为单位)
		载货汽车	载货单轮人力车	载货二轮人力车	载货二轮兽力车	载货四轮兽力车	增	减	
第一分局	无								
第二分局	无								
第三分局	无								
第四分局	无								
第五分局	九	三				九			
第六分局	无								
统计	九	三				九			
附记									

五、北平

北平市电车肇事月报　　表 12.18

类别		肇事次数	肇事原因			死亡人数				损坏物件												
			驾驶不慎	超逾速度	违章行驶	负伤		死亡		共值银元数	汽车		大车		军马		其他		先后两年负伤人数比		先后两年死亡人数比	
年月别						男	女	男	女		辆数	约值银元数	数辆	约值银元数	辆数	约值银元数			民国二十二年负伤人数	民国二十一年负伤人数	民国二十二年死亡人数	民国二十一年死亡人数
总计																						
民国二十二年	计																					
	七月																					
	八月																					
	九月																					
	十月																					
	十一月																					
	十二月																					

续表

民国二十三年	计																					
	一月																					
	二月																					
	三月																					
	四月																					
	五月																					
	六月																					

北平市汽车肇事月报　　表12.19

类别		肇事原因			汽车种类		死伤人数						损坏物件												先后两年负伤人数比		先后两年死亡人数比	
年月别	肇事次数	驾驶不慎	超逾速度	违章行驶	自用	营业	负伤			死亡			共值银元数	汽车		地排车		人力车		自行车		其他			民国二十二年负伤人数	民国二十一年负伤人数	民国二十二年死亡人数	民国二十一年死亡人数
							计	男	女	计	男	女		辆数	约值银元数	辆数	约值银元数	辆数	约值银元数	辆数	约值银元数	辆数	约值银元数					
总计																												

续表

民国二十二年	七月																											
	八月																											
	九月																											
	十月																											
	十一月																											
	十二月																											
	计																											
民国二十三年	一月																											
	二月																											
	三月																											
	四月																											
	五月																											
	六月																											

六、汉口

汉口市妨害交通人犯统计　　表 12.20

年月 性别 数目	二十一年（1932 年）			二十二年（1933 年）												合计
	十月	十一月	十二月	一月	二月	三月	四月	五月	六月	七月	八月	九月	十月	十一月	十二月	
男	95	260	243	97	193	189	161	153	178	164	135	156	142	198	268	2632
女	1	4	12	2	7	1	6	6	3	2	3	3	7	5	7	69

第十三章　交通警察依据之法规

关于陆上交通之保护与管理，各国均以法律规定之，我国亦然。我国现制与交通警察有关之各种法规，可分为中央与地方两种述之于下：

第一，中央公布者

(一)《违警罚法》

本法系民国十七年(1928年)七月二十一日国民政府所公布。其第六章均为妨害交通之规定；惟第四十条乃对于妨碍邮电者处罚之规定。与都市交通警察，无直接之关系，其余各条规定如下：

一、第四十一条　有下列各款行为之一者处五日以下之拘留或五元以下之罚金。

1. 于私有地界内当通行之处有沟井及坎穴等不设覆盖及防围者；

2. 于公众聚集之处及弯曲小巷驰骤车马或争道竞行不听阻止者；

3. 各种车辆不遵章设置铃号或违章设置者；

4. 未经公署准许于路旁河岸等处开设店棚者；

5. 毁损道路桥梁之题志及一切禁止通行或指引道路之标志等类者；

6. 渡船桥梁等曾经公署定有一定通行费额于定数之上私行浮收或故阻通行者。(本款浮收之金钱得没收之)。

二、第四十二条　有下列各款行为之一者处五元以下之罚金：

1. 于渡船桥梁等应给通行费之处不给定价强自通行者；

2. 于路旁罗列商品玩具及食物等类不听禁止者；

3. 滥系车马致损坏桥梁堤防者；

4. 于路旁横列车马或堆积木石薪炭及其他物品妨碍行人者；

5. 于道路溜饮车马或疏于牵系妨碍行人者；

6. 并行车马妨碍行人者；

7. 并航水路妨碍通船者；

8. 将冰雪尘芥瓦砾秽物等类投弃道路者；

9. 于道路游戏不听禁止者；

10. 受公署之督促不洒扫道路者；

11. 车马夜行不燃灯火者；

12. 消灭路灯者；

13. 于谕示禁止通行之处擅自通行者。

以上各条款，有以保护道路安全为目的者，有以维持交通秩序预防交通危害为目的者，凡此均为交通警察执行职务时之重要准据。

（二）《刑法》

本法国民政府前后公布两次：第一次为旧法案，即民国十七年（1928 年）三月十日公布者也；第二次为新法案，即民国二十四年（1935 年）一月一日公布同年七月一日施行者也。本文所述则为新法。下述各条均为保护交通之规定。

一、第一七三条　放火烧毁现供人使用之住宅，或现有人所在之建筑物、矿坑、火车、电车，或其他供水、陆、空公众运输之舟车航空机者，处无期徒刑或七年以上有期徒刑。失火烧毁前项之物者，处一年以下有期徒刑，拘役或五百元以下罚金。

第一项之未遂犯罚之。

预备犯第一项之罪者，处一年以下有期徒刑，拘役或三百元以下罚金。

二、第一七八条　决水浸害现供人使用之住宅或现有人所在之建筑物，矿坑或火车、电车者，处无期徒刑或五年以上有期徒刑。

因过失决水浸害前项之物者，处一年以下有期徒刑，拘役或五百元以下罚金。

第一项之未遂犯罚之。

三、第一八三条　倾覆或破坏现有人所在之火车电车或其他供水、陆、空公众运输之舟车航空机者，处无期徒刑或五年以上有期徒刑。

因过失犯前项之罪者，处一年以下有期徒刑拘役或三百元以下罚金。

从事业务之人，因业务上之过失犯第一项之罪者，处三年以下有期徒刑拘役或五百元以下罚金。

第一项之未遂犯罚之。

四、第一八四条　损坏轨道灯塔标识或以他法致生火车电车或其他供水陆空公众运输之舟车航空机往来之危险者，处三年以上十年以下有期徒刑。

因而致前项之舟车航空机倾覆或破坏者，依前条第一项之规定处断。

因过失犯第一项之罪者，处六月以下有期徒刑，拘役或三百元以下罚金。

从事业务之人，因业务上之过失犯第一项之罪者，处二年以下有期徒刑，拘役或五百元以下罚金。

第一项之未遂犯罚之。

五、第一八五条　损坏或壅塞陆路水路桥梁或其他公众往来之设备或以他法致生往来之危险者，处五年以下有期徒刑，拘役或五百元以下罚金。

因而致人于死者，处无期徒刑或十年以上有期徒刑。致重伤者，处三年以上十年以下有期徒刑。

第一项之未遂犯罚之。

上述各条款情形重大，与普通违警不同，交通警察遇有此种情事不能自行处理，须送由中枢机关解往法院究办。

（三）《陆上交通管理规则》

本规则系民国二十三年十二月内政部公布，内容共分十三章一百零三条，大都为交通上管理之规定，并无处罚办法，原文见附编，此处不赘。

（四）《警长警士服务规程》

本规程系十九年三月四日内政部公布，其与交通有关之条文如次：

一、第三十条　守望警士站立岗位，应在街面适中之地以便指挥车马行人，但道路窄狭之地遇车到时可立于一边，以便通过。

二、第四十七条　守望及巡逻警士不得无故妨碍行人或营业。

三、第四十八条　守望及巡逻警士遇有行人询问道路或他事时，苟非职务上所应拒绝者，应恳切告知。

四、第五十条　守望及巡逻警察见道路、桥梁、水道、电灯、电线、煤气管及其它公用之建筑物，破坏壅塞或有破坏壅塞之虞时，应速告知义务者修理。

第二，地方颁行者

前述之中央各种法规，在地方当然以一致遵行为原则。惟地方情形不同，对于交通上的管理保护，有非前述各种法规所能包括无余者，则应由地方警察机关或其他主管机关（如工务局）约订地方单行章程，以资适用，例如各种车辆之检验登记、管理、取缔、处罚等，均可由地方颁订，期于因地制宜。（各地方现行之各种单行交通章程详见附编）

附　编

陆上交通管理规则

民国二十三年(1934年)十二月内政部公布

要目

第一章　总则

第一条　为谋各地方交通秩序画一，并交通安全便利起见，制定《陆上交通管理规则》。

第二条　凡地方陆路交通事宜，除法令另有规定外，悉依照本规则处理之。

第二章　车辆

第一节　通则

第三条　凡行驶之车辆，除儿童坐卧游戏车及火车外，通称为车辆。

第四条　车辆之宽度，应有限制，其限制标准由各地方规定之。

第五条　各种车辆，均须先向警察机关或其他主管机关登记，经检验合格发给号牌及行车执照后，方准行驶，违者按车辆种类分别处罚。

第六条　旧车停用另换新车时，应另行登记检验，不得将原领号牌及行车执照顶替。

第七条　车辆所有权移转时，应向警察机关或其他主管机关呈请过户，车主迁移住址时，应于五日内报告，违者按车辆之种类，分别处罚。

第八条　号牌应悬挂或装钉于车身最显明及最适当之地位。

第九条　各车号牌不得互换，行车执照须随时携带备查，不得抗拒。

第十条　各种车辆不得装用声浪过异或与消防警备汽车相同之发音器。

第十一条　车辆不得载运形迹可疑及装载过多或无人跟随之物品。

第二节　汽车

第十二条　汽车行经繁盛处所，应受岗警之指挥，如遇道路有阻碍时，在未疏通前，不得行驶。

第十三条　汽车通过路口，应在五十公尺以外，表示行进方向，以便指挥。

第十四条 汽车行驶时,不得泄放常发巨响成含有烟雾恶臭之气体。

第十五条 汽车脚踏板不准站人。

第十六条 汽车行驶速度,应视当地情形加以限制,车辆前后至少距离三公尺。

第三节 电车

第十七条 电车行经交通繁盛或街道狭窄处所,应受岗警之指挥,如猝遇各种阻碍时,在未疏通前不得行驶。

第十八条 电车司机生遥望岗警指挥停驶时,应在距离岗位二十公尺以外即行停驶,但遇紧急必要时须立时停止。

第十九条 在交通冲繁之路口,应以电车或其他车辆到达之先后,为通过之顺序依次放行。

第二十条 电车司机生或售票生违背管理规则,或不服指挥者得扣留司机生或售票生号牌。情节重大至万不得已时,得径提局惩处。

第二十一条 电车开行时,任何人不得站立脚踏板上,并不得强行登车。

第四节 人力车

第二十二条 人力车须靠道路左边行走,不得在人行道通行。

第二十三条 一车不得兼载二人,但儿童不在此限。

第二十四条 车夫不得争拉座客,及有侮慢勒索情事。

第二十五条 人力车行经冲繁及转弯处所,不得以极高速度飞奔。

第二十六条 人力车在冲繁地方及戏场门外或公园等处候客时,应依照画定界线内及不妨碍交通处所挨次排列,不得越出界线,或挽车十街市冲要处往来揽客,致碍交通。并对于交通重要地点各码头及车站各地方应制定车价表。

第五节 脚踏车及机器脚踏车

第二十七条 脚踏车不准一车坐两人,但机器脚踏车不在此限。

第二十八条 脚踏车须靠道路左边行走,不得在人行道通行。

第二十九条 两车通行时前车与后车须有二公尺以上之距离。

第三十条 脚踏车不得在马路上急驰，及二人扶肩并行，或数车竞走。

第三十一条 脚踏车不得装设喇叭。

第三十二条 脚踏车载物，不得凸出车辐过宽，违者应取缔之。

第三十三条 机器脚踏车乘用人非技术娴熟不得行驶。

第六节 马车、大车及其他车辆

第三十四条 各车通行均须靠道路左侧。

第三十五条 马车停止时，车夫不得擅离，倘因事必要离开时，须将马匹拴系，以防马匹惊驶情事。

第三十六条 凡窄轮大车及其他载重车辆，均须受岗警指挥，依照指定道路通行。

第三章 车辆驾驶人

第三十七条 凡汽车电车司机人、马车驾驶人、推车人、拉车人，或用其他方法行驶车辆者，统称车辆驾驶人。

第三十八条 有下列情形之一者，不得驾驶或推拉车辆。

一、患有妨碍作业之疾病者；

二、年在五十岁以上或未满十八岁者；

三、精神失常者。

第三十九条 汽车司机人，均应登记，经考验合格，发给司机执照后，方取得司机资格，如查明无照者，应予处罚，司机人领得执照一年后不执业者，须另行考验始得驾驶。

第四十条 司机执照应随车携带，备受查验。

第四十一条 车辆驾驶人如在车上见有乘客遗物，应送交警察机关，以待认领，不得藏匿不报。

第四十二条 机器车辆之里数表速度表等，有损坏时，应即修理，如系驾驶人故意损坏者，经检查实在，应从严惩处，或并责令赔偿。

第四十三条 车辆乘客，如有疾病暴卒及其他非常事故或形迹可疑者，应立即报告岗警。

第四章 行车

第四十四条 行车时应注意一切交通标志，并服从岗警指挥，岗警指挥车辆手势另定之。

第四十五条 车辆将转弯时，应先减低速度，向左转时，应紧靠路左缓行，向右转时，除有特别情形不容大转弯者外，应经过路中交叉点成大转弯前进。

第四十六条 车辆行近下列各处时，均应减低速度，必要时并应暂时停止行驶：一、桥梁，二、下坡，三、交叉路，四、狭窄街道，五、繁盛处所。

第四十七条 凡行车欲越过前方之车辆，除前车为电车外，一律须行经前车之右侧，但须先自认其在超越时之安全，超过后并须行至适当之距离，始得复入原道行驶。

第四十八条 各种车辆遇有特别优先权之消防车、警备车、卫生救护车、工程救险车、监犯车，同向行驶时，均须让避，使其先行。

第四十九条 有优先交通权之车辆，得使用特别信号。

第五十条 凡车辆相对行驶，经过狭窄之街道，或有障碍物之地点时，应由靠近较宽处之车辆停止或倒退让对方车辆先行。

第五十一条 由小路或支路驶出之车辆与干路之车辆相遇时，须让干路之车先行。

第五十二条 凡值电车停驶乘客上下之际，车辆均须缓行。

第五十三条 任何同种车辆，不得相并而行，相对行驶时，均应让出相当之间隔。

第五十四条 车辆掉头时，须在有警察指挥或行人稀少之处。

第五十五条　凡车辆在日出之前，日入之后，或遇大雾时，一律应备灯火，机力车辆，前方应备市灯（即小光）野灯（即大光）各一种，后方应备红灯一种，映照号牌，但在繁盛区域，不得使用野灯。

第五十六条　使用拖车者，以一辆为限，被拖车之后方，须悬一与前车同一号牌之磁牌，及红色灯一盏。

第五十七条　凡汽车在停车缓行或转弯时，应用下列方式通知其他车辆或岗警。

甲　停车：引臂上举，举掌向前。

乙　缓行：引臂向外平伸，手掌向下，上下摇动。

丙　左转：将左手向左平举，手掌向前。

丁　右转：将右手向右平举，手掌向前。

戊　前行：引右臂向前上伸，手掌向左，向前指示，引左臂者手掌向右。以上丙丁戊三项，装有指挥针或指挥灯者，依针向为转移。

己　车辆停止后欲开行时：应先鸣警号，然后按其行进方向，依前行或左右转手势行之。

庚　令后方车辆越过其前：无论司机在右侧或左侧，均引臂向外下伸，手掌向前，前后摇动。

辛　退后：鸣短促警号三响，引臂上举，手掌向后，前后摇动。

第五十八条　车上喇叭警铃，非于必要时，不得频用。

第五章　停车

第五十九条　车辆停放，应在指定地点，或停车场，转弯处或狭窄之街道上，均不得停放。

第六十条　停放时，应顺序排列，不得错杂紊乱。

第六十一条　凡遇狭窄道路，其宽度不及十公尺者，车辆不得在其相对之两侧停放。

第六十二条 车辆停放地点，应注意下列各项之限制。

一、距离人行道侧石，不得过十分之一公尺。

二、距离交叉口转角或桥梁等，不得在五公尺以内。

三、距离火警机关消防龙头等，不得在三公尺以内。

四、距离电车站，不得在二十公尺以内。

第六十三条 凡车辆如欲向路之右侧停歇时应用警告手势，并应在车辆或行人稀少时，斜驶路右。

第六十四条 任何车辆，不得久停于大商店公共场所门前交叉口，或繁盛街市；但设有停车处者，不在此限。

第六十五条 空车应速向停车场或其他指定地点停放，不得在道路上盘桓。

第六十六条 凡车辆在途，突生障碍，不能继续行驶时，应立刻先将车辆推靠路旁。

第六十七条 停放车辆，除确系在安全之地位，不致发生危险者外，驾驶人不准离开其所驾之车辆。

第六章 车辆载重

第六十八条 各车载重不得超过本车应有之限度，亦不得超过行经各处道路桥梁任重之限度。

第六十九条 载重四公吨以上之车辆，应于车前装置直径十五公分之红色圆形重车标志一具，并于前灯漆一直径五公分之圆形红记，此项车辆遇立有禁止重车往来标志之桥梁，不得通行。

第七十条 车辆载客不得超过限定之数额，并搭坐于不相当及危险之位置。

第七十一条 载运货物须收拾整齐不得拖曳车外，下列各物应加以包裹覆盖，或用其他适当之装置。

一、容易渗漏者；

二、容易飞散者；

三、有恶臭气味发泄者；

四、有宏大声音震动者。

第七十二条 载货高度如超过人之视线行驶时，须有一人在旁防护。

第七十三条 载货不得伸出左右两侧边围之外，亦不得伸出车后红灯地位至四公尺以上，如在黑暗时，应另挂红色灯一盏。

第七十四条 装载货物不得有碍驾驶人耳目及动作。

第七十五条 凡汽车本身长逾九公尺以上者，不得使用拖车。

第七章 车辆肇事

第七十六条 车辆肇事，应即停驶，并赶速报告附近岗警，不得隐匿，非得许可，不得开行。

第七十七条 途中发生事变，任何车辆，均应听警察指挥，不得抗拒。

第七十八条 车辆撞毁他人物件或伤害他人身体时，如系事出意外，得酌令抚恤赔偿，但对于情节重大者，虽事出意外，仍应送法院究办。

第七十九条 凡因违犯本规则或故意而致伤他人生命或财产者，除令抚恤或赔偿外并撤销该驾驶人之执照，移送法院究办。

第八十条 车辆肇事不得开车逃去，违者岗警应认明车牌号数，并详记当时情形，报告主管长官核办。

第八十一条 车辆违犯本规则或肇祸后，岗警应依情节之轻重，认明车牌号数，或将号牌扣留，令其到局处理，非至必要时，应极力避免扣留其车辆。

第八章 道路

第八十二条 凡铺筑道路两旁之便道，专供行人往来及其他街巷其宽度不容车辆之通行者，均称为人行道。

第八十三条 凡可通行车辆之马路街巷，均称为道路。

第八十四条 道路区分甚为明显者，禁止马车人力车等冲入汽车道以防危险。

第八十五条 凡毁损道路桥梁标志或有其他危害行人车辆安全之行为者，均应加以处罚。

第八十六条 凡军队及民众团体或婚丧仪仗结队而行者，其间应留相当距离，并应靠道路左侧通行。

第八十七条 行众候车应立于适当地点或在指定之区界以内，不得阻碍道路交通。

第九章 道路标志

第八十八条 修筑道路不能通行时，除设禁止通行牌外，夜间应设红灯。

第八十九条 道路应视情形于适宜地点设置道标，以为整理交通之补助。

第九十条 道标分牌道标、线道标、灯道标三种。

第九十一条 牌道标有禁止标志、警告标志、指示标志，其图解另订之。

第九十二条 线道标分停止线、停车线、分道线、慢车线、横过步道线，以铁订构成，其图解另订之。

第九十三条 灯道标以绿色示进红色示止。

第十章 牲畜

第九十四条 牵引牲畜在日出之前，日入之后者，应携带灯火。

第九十五条 牵引牲畜之人，应在牲畜之右侧。

第九十六条 牵引牲畜应将缰绳执握于一公尺以内。

第九十七条 牲畜不得任意拴系于人行道树木或电杆之上，或有约束不完全之情形。

第九十八条 任何牲畜不得在冲盛街市中疾驰。

第九十九条 凡牲畜有疾病伤痛时不得令其负重或驾车。

第十一章 附则

第一百条 各项处罚及各种实施办法，应由各地警察机关或其他主管机关订定后，分别呈咨内政部查核备案。

第一百零一条 各地方车辆互通办法，得由各该主管机关会商订定，但均须报由内政部备案。

第一百零二条 本规则如有未尽事宜，得由内政部修正之。

第一百零三条 本规则自呈准公布之日施行。

南京市陆上交通管理规则

要目

第一章　总则
第二章　人行道及道路
第三章　车辆
　第一节　通则
　第二节　登记及检验
　第三节　牌照及钢印
　第四节　行驶及驾驶
　第五节　停放
　第六节　汽车及机力脚踏车
　第七节　马车
　第八节　运货板车
　第九节　脚踏车
　第十节　人力车
　第十一节　水车
　第十二节　货箱车与手车
　第十三节　车辆肇事
第四章　附则

第一章　总则

第一条　凡在本市区域内一切陆上交通事项，除别有规定外，悉依本规则之规定管理之。

第二条　同时违犯本规则二条以上者分别处罚。

第三条　违犯本规则六个月内再犯者，加本罚二分之一，三犯者加倍处罚；但处罚金额不得超过二十元。

第四条　罚金判定后，限五日以内缴纳，如逾期不缴者，得扣留其车辆变价抵偿，有余时发还原主具领；但其行为触犯违警罚法时，得依违警罚法处理之。

第二章　人行道及道路

第五条　凡铺筑于道路两旁之便道专供行人往来及其他内街小巷其宽度不容车辆之通行者，均称为人行道。

第六条　凡可通行人与车马之马路街巷，均称为道路。

第七条　违犯下列各款之一者，处一元以上五元以下之罚金。

一、于人行道或道路上堆积货物罗列摊担或横街晒衣支搭席棚者。

二、商店招牌柜台货橱栏杆等伸至人行道者。

三、于人行道或附近电杆上装设商标广告或物品价目牌者。

四、于门面外悬挂商号或广告之旗帜者。

五、于人行道或道路上嬉调斗殴不听禁止致碍交通者。

六、于人行道或道路上洗刷训练或放散马匹及其他牲畜者。

七、除市场或指定时间内在道路上贩卖马匹及其他牲畜者。

八、于路旁作商品展览或公共娱乐聚集观众致碍交通者。

九、于人行道或道路上屠宰或医治牲畜者。

十、于人行道或道路上制造或修理车辆之任何部分者。

十一、将冰雪、尘芥、瓦砾、秽物抛弃道路中，或任使污臭物体自屋宇内流至路面者。

十二、拴系马匹及其他牲畜于路旁不加看护者。

十三、于人行道上从事工作致碍交通者。

第八条 违犯下列各款之一者，除赔偿外，并处五元以上十元以下之罚金。

一、于人行道或道路上施放任何类枪弹或投掷砖瓦石片等物，致危害行人或车辆之安全者。

二、毁坏路面或挖掘道路两旁泥土或损坏其他保护道路用之屏障物，致危及道路之安全者。

三、毁损道路桥梁之题志及一切指挥交通用之标记者。

四、毁灭路灯者。

第九条 违犯下列各款之一者自岗警随时纠正之。

一、行人往来不靠左边行走及有人行道之道路不在人行道上行走者。

二、婚丧仪仗或团体队伍行经窄狭道路时不靠左边行走者。

三、行众候车不立在路中之适当地点或立在指定区界以外者。

第三章 车辆

第一节 通则

第十条 凡在本市行驶之各种车辆，除儿童玩用车、电车、火车另有规定外通称车辆。

第十一条 违犯本章各条款之规定者，如有逃亡或藉故规避情事，均由车主负责。

第十二条 车辆宽度不得逾二公尺半，长度不得逾十公尺。

第十三条 自用车辆不得出租或私自营业，违者依下列规定处罚。

一、汽车与机力脚踏车处十元以上二十元以下之罚金。

二、马车处五元以上十元以下之罚金。

三、脚踏车处三元以上五元以下之罚金。

四、人力车处三元以上五元以下之罚金。

第十四条 车辆乘客如有疾病暴死及其它非常事故或形迹可疑携带违禁物品者,应随时报告岗警依法办理。

第十五条 乘客遗物应即报告岗警或送交附近警察局所处理,违者以侵占论送司法机关惩办。

第十六条 违犯本规则之车辆,应将其执照或号牌扣留,必要时并得扣留其车辆,待处罚完竣后再行发还。

第二节 登记及检验

第十七条 凡在本市行驶之车辆,须先向市政府工务局登记,违者按车辆之种类分别处罚。

登记规则由市政府工务局另定之。

一、各种汽车:处十元以上二十元以下之罚金。

二、各种机力脚踏车:处五元以上十元以下之罚金。

三、马车:处四元以上十元以下之罚金。

四、各种运货板车:处二元以上五元以下之罚金。

五、脚踏车:处二元以上五元以下之罚金。

六、人力车:处二元以上五元以下之罚金。

七、水车:处一元以上三元以下之罚金。

八、货箱车与手车:处一元以上三元以下之罚金。

第十八条 车辆所有权有移转时应先向市政府工务局呈请过户,违者接车辆之种类分别处罚。

一、各种汽车:处五元以上十元以下之罚金。

二、各种机力脚踏车:处三元以上六元以下之罚金。

三、马车:处二元以上四元以下之罚金。

四、各种运货板车:处一元以上三元以下之罚金。

五、脚踏车:处一元以上二元以下之罚金。

六、人力车:处半元以上一元以下之罚金。

七、水车:处半元以上一元以下之罚金。

八、货箱车与手车:处半元以上一元以下之罚金。

第十九条 车主迁移住址应于五日内报告市政府工务局,违者按车辆之种类分别处罚。

一、各种汽车:处五元以上十元以下之罚金。

二、各种机力脚踏车:处三元以上六元以下之罚金。

三、马车:处二元以上四元以下之罚金。

四、各种运货板车:处一元以上三元以下之罚金。

五、脚踏车:处一元以上二元以下之罚金。

六、人力车:处半元以上一元以下之罚金。

七、水车:处半元以上一元以下之罚金。

八、货箱车与手车:处半元以上一元以下之罚金。

第二十条 各种车辆应按期至市政府工务局检验,违者按车辆之种类分别处罚。

检验规则由市政府工务局另订之。

一、各种汽车:处十元以上二十元以下之罚金。

二、各种机力脚踏车:处五元以上十元以下之罚金。

三、马车:处三元以上五元以下之罚金。

四、各种运货板车:处二元以上四元以下之罚金。

五、脚踏车:处一元以上二元以下之罚金。

六、人力车:处一元以上二元以下之罚金。

七、水车:处一元以上二元以下之罚金。

八、货箱车与手车:处一元以上二元以下之罚金。

第三节　牌照及钢印

第二十一条　凡无号牌捐牌钢印及行车执照之车辆不得使用,违者按车辆之种类分别处罚,其借用他车之牌照者,除将牌照吊销外,并照无牌照处罚。

一、各种汽车:处十元以上二十元以下之罚金。

二、各种机力脚踏车:处五元以上十元以下之罚金。

三、马车:处五元以上十元以下之罚金。

四、各种运货板车:处三元以上五元以下之罚金。

五、脚踏车:处一元以上三元以下之罚金。

六、人力车:处一元以上三元以下之罚金。

七、水车:处一元以上三元以下之罚金。

八、货箱车与手车:处一元以上三元以下之罚金。

第二十二条　凡已领号牌或捐牌而未悬挂之车辆不得行驶,违者按车辆之种类分别处罚。

一、汽车

甲　未挂车前号牌者:处四元之罚金。

乙　未挂车后号牌者:处八元之罚金。

丙　未挂捐牌者:处四元之罚金。

二、机力脚踏车

甲　未挂车前号牌者:处二元之罚金。

乙　未挂车后号牌者:处三元之罚金。

三、马车:处二元之罚金。

四、各种运货板车

甲　一等板车:处三元之罚金。

乙　二等板车:处二元之罚金。

丙　三等板车:处一元之罚金。

五、脚踏车:处一元之罚金。

六、人力车:处半元之罚金。

七、水车:处半元之罚金。

八、货箱车与手车:处半元之罚金。

第二十三条　牌照或钢印如有损毁致字迹不辨时,应向市政府工务局更换,违者按车辆之种类分别处罚。

一、各种汽车:处三元以上六元以下之罚金。

二、各种机力脚踏车:处一元半以上三元以下之罚金。

三、马车:处半元以上一元以下之罚金。

四、各种运货板车:处半元以上一元以下之罚金。

五、脚踏车:处半元以上一元以下之罚金。

六、人力车:处半元以上一元以下之罚金。

七、水车:处半元以上一元以下之罚金。

八、货箱车与手车:处半元以上一元以下之罚金。

第二十四条　行车执照或捐牌应与车辆之牌号相符,违者按车辆之种类分别处罚。

一、各种汽车:处六元之罚金。

二、各种机力脚踏车:处三元之罚金。

三、马车:处二元之罚金。

四、各种运货板车:处一元之罚金。

五、脚踏车:处一元之罚金。

六、人力车:处一元之罚金。

七、水车:处半元之罚金。

八、货箱车与手车:处半元之罚金。

第二十五条　车辆行驶时应携带行车执照以备查验,违者按车辆之种类分别处罚。

一、各种汽车:处三元之罚金。

二、各种机力脚踏车:处二元之罚金。

三、马车:处一元之罚金。

四、各种运货板车:处一元之罚金。

五、脚踏车:处一元之罚金。

六、人力车:处一元之罚金。

七、水车:处半元之罚金。

八、货箱车与手车:处半元之罚金。

第二十六条 车辆之号牌、执照、钢印,均由市政府工务局制办,如有使用伪造牌照或私打钢印时,除按照第二十一条各款之规定处罚外,并将车主及伪造人连同伪造之牌照或私打之钢印送司法机关究办。

第二十七条 车辆号牌应装钉于指定之位置,违者按车辆之种类分别处罚。

一、各种汽车(号牌两块,一在车前正中处,一在车后红灯所在处):处四元之罚金。

二、各种机力脚踏车(号牌两块,一在车前易见处,一在车后红灯所在处):处二元之罚金。

三、马车(号牌一块,应在车后规定之地位):处一元之罚金。

四、各种运货板车(号牌一块,应在车身右边易见处):处半元之罚金。

五、脚踏车(号牌一块,应在座垫下规定之地位):处半元之罚金。

六、人力车(号牌一块,应在右手叶子板上指定之地位):处半元之罚金。

七、水车(号牌一块,应在车箱出水孔上):处半元之罚金。

八、货箱车(号牌一块,应在车身右边易见处):处半元之罚金。

九、手车(号牌一块,应在车前横木规定之地位):处半元之罚金。

第四节 行驶及驾驶

第二十八条 车辆行驶应注意下列各款,违下列各款之一者,处一元以上二元以下之罚金。

一、车辆行驶时应靠近道路之左侧行驶,愈慢应距左侧愈近。

二、行驶时应注意一切交通标志并服从岗警指挥。

交通标志及岗警指挥车辆手势图解另定之。

三、凡车辆行驶于将转弯时应先减低速度,其向左转时应紧靠路左缓行,向右转弯时除有特别情形之街口不容大转弯者外,应经过路中交叉点成大转弯前进。

四、凡车辆行近下列各处时,均应减低速度,必要时并应停止行驶:桥梁、下坡、十字街、分支路口、窄狭街道、人众稠密处。

五、凡车辆在将转弯或超过交叉口时,应先鸣警号或用手势示知车辆行人或岗警。

六、凡后行车辆欲超越前行车辆时,须先自认定其在超越时之安全,同时俟前车闻声向左侧避让后方可实行超过,超过后并须行至适当之距离,始得复入原道行驶。

七、凡两车相遇于侧狭之街道或有障碍物之地点时,应由靠近较宽处之车辆停止让对方车辆先行。

八、凡车辆向后转时,应在车辆或行人稀少之处,如为汽车并须先鸣警号。

九、任何车辆不得两车并行。

十、车辆鱼贯行驶时,后车对于前车须保持适当之距离。

十一、行驶时车上喇叭、警铃非必要时不得频用。

十二、车辆行驶时如遇前面发生火警,应即折回绕道而行。

十三、凡在小路或支路之车辆如与干路之车辆相值时,应让干路车辆先行，但在同等之十字路或分支路相遇时，应由来自左面之车辆先行。

十四、车辆于日落后及黎明前行驶应燃灯火。

第二十九条 车辆行驶时不得于车外攀人附物，违者处一元以上十元以下之罚金。

第三十条 凡车辆行至途中如遇警备车、消防车、医务车或电气工程车负有紧急任务时，应闻警避让，其不避让致生事故者，除由车主负责赔偿外，其驾驶人视肇祸情节轻重依法处理。

第三十一条 有下列情形之一者，不得驾驶或推拉车辆，违者处一元以上十元以下之罚金，但违犯下列第一、第三两款之一者并勒令改业。

一、身体不健康者；

二、酒醉者；

三、年龄在十七岁以下六十岁以上者。

第三十二条 车辆驾驶人不得赤足露体，如有规定之号服时，并须佩着号服，违者处一元以上二元以下之罚金。

第三十三条 有下列情形之一者除处十元以上二十元以下罚金外，并永远吊销其驾驶汽车执照。

一、酒醉后驾驶汽车犯规者。

二、驾驶未经检验登记之汽车者。

第五节　停放

第三十四条 停放车辆应注意下列各款，违犯下列各款之一者，处一元以上五元以下之罚金。

一、车辆停放应在指定地点或停车场以内，不得在他处任意停放。

二、车辆在指定停车场停放时，应顺序排列不得错杂紊乱。

三、凡遇窄狭道路其宽度不及十公尺者，车辆不得在其相对之两侧停放。

四、停放之车辆距离人行道路侧沿应在十分之一公尺以内。

五、车辆之停放其距离交叉口转弯处桥梁或公共汽车站应在五公尺以外。

六、车辆停放在救火机关及消防龙头其距离应在三公尺以外。

七、乘客如在下列各处下车者，须俟其下车后即将车辆驶去，不得久停：大商店门前、公共场所门前、交叉路口、繁盛街市。

八、空车应速向停车场或其它指定地点停放，不得在道路上盘桓。

九、凡车辆在途中突生障碍不能继续行驶时，应立刻先将车辆推靠路旁。

十、无论何时车辆不得在人行道上停放。

十一、停放车辆除确系在安全之地位不致发生危险者外，驾驶人不得离开其所驾之车辆。

第六节　汽车与机力脚踏车

第三十五条　汽车内之制造厂厂名及发动机号码不得故意毁除，违者除追究其原因及补打钢印外，并按下列情形分别处罚。

一、故使模糊不清者处五元以上十五元以下之罚金。

二、有故意铲除之痕迹者处十元以上二十元以下之罚金。

第三十六条　汽车内之制造厂牌号如与登记书不合时，处十元以上二十元以下之罚金。

第三十七条　车内制动器应常调准，违者按下列两款分别处罚。

一、未调准脚踏制动器：处十元之罚金。

二、未调准手制动器：处八元之罚金。

第三十八条　车上方向器须坚固准确，如不调准时，处五元以上十元以下之罚金。

第三十九条　汽车于日落后黎明前行驶应备下列四种灯光。

一、车前白光灯两盏，每缺一盏处二元之罚金。

二、车前远射灯两盏，每缺一盏处十元之罚金。

前项远射灯其光力须足以照至一百公尺以外之距离,如不及此限度处五元之罚金。灯光之射出不得妨害道路上其它交通,在繁盛及有明亮灯光之街道中,并不得使用此强猛之远射灯光,违者处五元以上十元以下之罚金。

三、车后红灯一盏,缺者处八元之罚金,其灯光微弱致不能照明车后瓷牌者,处四元之罚金。

四、指挥灯一盏,缺者处五元之罚金。

第四十条 机力脚踏车于日落后黎明前行驶应备下列两种灯光。

一、车前远射灯一盏,缺者处八元之罚金。

二、车后红灯一盏,缺者处六元之罚金。

第四十一条 汽车及机力脚踏车应备具警号,违者处八元之罚金,但不得装置声浪怪异或过高之发音器,违者处一元以上五元以下之罚金。

第四十二条 汽车于晚间停留道旁时,须燃前后灯以免危险,违者处一元以上五元以下之罚金。

第四十三条 汽车与机力脚踏车行驶速度,除别有规定外,应依下列规定,违者处五元以上十元以下之罚金。

一、五公尺至八公尺之街道,每小时之速度不得过十六公里(合十英里)。

二、八公尺至十公尺之街道,每小时之速度不得过三十二公里(合二十英里)。

三、十公尺以上之公路,每小时之速度不得过四十公里(合二十五英里)。

第四十四条 悬挂试车牌号之汽车不得为载客装货之用,违者处十元以上二十元以下之罚金。

第四十五条 凡领用临时执照之汽车,应于期满时连同瓷牌执照缴回市政府工务局,逾期不缴者按捐率加倍处罚。

第四十六条 运货汽车其载重在二吨以上者，于驾驶人前应备反照镜一面，备驾驶人察看车后情形，违者处一元以上五元以下之罚金。

第四十七条 汽车应装置减声器，不得直接放气，违者处五元之罚金。

第四十八条 汽车机件应求完整清洁，不得于行驶时有令车油飞溅及任意放出烟气等情事，违者处二元以上五元以下之罚金。

第四十九条 汽车颜色不得全部漆用红色，违者除令其改漆外，并处以五元之罚金。

第五十条 汽车及机力脚踏车之驾驶人应先向市政府工务局登记，经考验合格领有执照后方准驾驶，违者处二十元之罚金，考验规则由市政府工务局另订之。

第五十一条 携有苏浙皖沪省市之驾驶执照在本市区内充当驾驶人应赴市政府工务局登记，其它省市之驾驶执照须经审验合格换领新照，违者除处以十五元之罚金外，并禁止其驾驶。

第五十二条 汽车与机力脚踏车之驾驶人应将驾驶执照随身携带以备稽查，违者处六元之罚金。

第五十三条 汽车与机力脚踏车之驾驶人就业时应报请市政府工务局签字，违者处一元以上五元以下之罚金。

第五十四条 汽车与机力脚踏车之驾驶人应按期将执照送请市政府工务局审验，违者处五元以上十元以下之罚金。

第五十五条 汽车与机力脚踏车之驾驶人违章至三次以上者，得斟酌情形扣留其执照或取销其执照，但扣留期限以一个月至六个月为限。

第五十六条 公共汽车及营业汽车搭载乘客应遵守下列各款，违下列各款之一者公共汽车处五元以上十元以下之罚金，营业汽车处一元以上五元以下之罚金。

一、搭客人数应按照规定数目不得逾额；

二、行车时应将车门关闭不得任乘客自由上下；

三、公共汽车沿途有指定之停车地点，不得中途兜揽乘客，营业汽车不得于妨碍交通处兜揽乘客。

第五十七条　公共汽车于行车时前后应各悬路牌一块，缺少前后路牌之一者处二十元之罚金。

第五十八条　公共汽车应遵照市政府工务局会商首都警察厅核定之路线行驶，违者分下列两种情形处罚。

一、责在驾驶人处十元之罚金。

二、责在公司处二十元之罚金。

第五十九条　公共汽车应遵照市政府工务局批准之各车座位数目表、各站价目表、行车时刻表办理，并悬挂于车内易见之处，违者处五元以上十元以下之罚金。

第六十条　营业汽车应遵照市政府工务局核定之价目表办理，违者处一元以上五元以下之罚金。

第六十一条　驾驶人开车时，不得与乘客及他人谈话，违者处五元之罚金。

第六十二条　公共汽车应遵照市政府工务局会商首都警察厅核定之地点停放，违者处五元之罚金。

第六十三条　载重汽车应将本身重量及载重表钉于车身前部易见处，违者处两元之罚金。

第六十四条　载重汽车其载重量不得超过下列限度，违者处五元以上十元以下之罚金。

一、四轮车：不得超过八吨。

二、六轮车：不得超过十吨。

三、六轮以上车：不得超过十二吨。

第六十五条　载重汽车速度在十公尺宽以上之道路行驶，应遵照下表所规定：在八公尺以上十公尺以下及五公尺以上八公尺以下之道路行驶，应遵照下表规定再各降低速度五分之一及五分之三，违者处五元以上十元以下之罚金。

种类	汽车本身及载重总量	每点钟速度			
		橡皮气胎		橡皮实心胎	
		运人	运货	运人	运货
第一类	三〇〇〇至四五〇〇公斤	三五公里	三〇公里	三〇公里	二〇公里
第二类	四五〇一至八〇〇〇公斤	三〇公里	二五公里	二〇公里	一八公里
第三类	八〇〇〇至一一〇〇〇公斤	二〇公里	一八公里	一〇公里	一〇公里
第四类	一一〇〇〇公斤以上	一〇公里	八公里	八公里	五公里

第六十六条 轻重汽车行驶时，如遇竖有禁止通行标记处应绕他道行驶，违者处五元之罚金。

第六十七条 货物伸出车外之限度，应遵照下列规定，违下列规定之一者，除处以五元以上十元以下之罚金外，并禁止其行驶。

一、不得伸出车后红灯地位至四公尺以上，如在黑暗时行驶，应于后部另挂红色灯一盏。

二、不得伸出左右两侧边围以外。

三、凡运输货物超过前列两款规定时，须先呈明市政府工务局领有许可证后始得运输。

第六十八条 凡汽车本身长逾九公尺以上者不得使用拖车，违者处十元之罚金。

第六十九条 汽车与拖车运载货物之总重量不得逾十二吨，违者处十元之罚金。

第七十条 摩托拖车后之被拖车，须按照下列情形办理，违者处十元之罚金。

一、装载货物时以一辆为限；

二、空车以二辆为限；

三、最后被拖车之后方须悬一与车前同一号码之瓷牌及红色灯一盏，其它汽车后使用拖车概以一辆为限。

第七节　马车

第七十一条　马车车轮应用胶皮，不得用铁，违者除处以五元之罚金外，并禁止其行驶。

第七十二条　马车应遵照下列各款，违下列各款之一者，处一元以上五元以下之罚金。

一、车轴必须坚固不得有松动倾斜等情形，车盘轮轴并须完全。

二、车前应装置脚铃。

三、车夫待遇马匹应求良善，不得加以虐待。

四、驾驶人不得擅自离开本车，倘因事离开时，须将马匹拴系以防意外。

五、于日落后黎明前行驶须燃左右灯。

第七十三条　营业马车应遵照布政府工务局核定之价目表(及座位数)办理，违者处一元以上五元以下之罚金。

第八节　运货板车

第七十四条　运货板车应遵守下列各款，违下列各款之一者，处一元以上五元以下之罚金。

一、载运货物须收拾整齐不得拖曳车外；

二、载货高度如超过人之视线行驶时，至少须有一人在车旁防护；

三、车前拖绳长度不得过四公尺；

四、应在规定之道路及时间内行驶；

五、行经繁盛街市不得停歇。

第七十五条　车身之长阔，应遵照下列规定，违者处一元以上五元以下之罚金。

一、一等板车：长三·八〇公尺、宽一·〇〇公尺。

二、二等板车：长三·五〇公尺、宽〇·九〇公尺。

三、三等板车：长三·〇〇公尺、宽〇·七六公尺。

第七十六条 板车载重应遵照下列规定，违者处一元以上五元以下之罚金。

一、一等板车：载重不得逾一千三百公斤。

二、二等板车：载重不得逾九百公斤。

三、三等板车：载重不得逾五百公斤。

第七十七条 运货板车或兽拉运货车其轮边宽度应遵照下列规定，不及下列规定者，按车辆之种类加倍征收月捐。

一、一等板车：轮边宽度至少为七公分半。

二、二等板车：轮边宽度至少为七公分。

三、三等板车：轮边宽度至少为六公分半。

四、兽拉板车：轮边宽度至少为六公分半。

第七十八条 推拉货车所用人数或牲畜规定于下，违者处一元以上五元以下之罚金。

一、一等板车：共容四人推拉（前拉三人后推一人）。

二、二等板车：共容三人推拉（前拉二人后推一人）。

三、三等板车：共容二人推拉（前拉一人后推一人）。

四、兽拉板车：只准用兽二头拖拉。

第九节 脚踏车

第七十九条 脚踏车应遵照下列各款，违下列各款之一者，处一元以上五元以下之罚金。

一、车件应求完备；

二、车上应安置手铃；

三、一车不准两人共乘；

四、前后轮至少须装设一制动器，其制动力以能于车下坡时，足制止车之下行为标准；

五、于日落后黎明前行驶须于车前悬白光灯一盏，车后装置红色反光石一块。

第十节　人力车

第八十条　人力车车轮应用胶皮不得用铁，违者除处以五元之罚金外，并禁止其行驶。

第八十一条　人力车应遵照下列各款，违下列各款之一者，处一元以上五元以下之罚金。

一、车上只许装置手铃；

二、载人应以一人为限；但年在十岁以内者不在此限；

三、车夫送客应至言明地点为止，非因特别事故不得半途歇下；

四、车夫与乘客讲明价钱后不得额外需索；

五、不准争拉坐客或有侮慢情事；

六、于日落后黎明前行驶至少须备白光灯一盏悬挂车辆踏板之右方。

第八十二条　车辆应时求整洁，违者按下列两种情形分别处罚。

一、重要部分如车身、车辆钢板等之朽破而仍旧行驶者处一元之罚金。

二、次要部分如叶子板、车篷、车垫等之破旧污秽或厚度不足者处半元之罚金。

第十一节　水车

第八十三条　水车应遵照下列各款，违下列各款之一者，处半元以上一元以下之罚金。

一、载水车箱不得过于笨大。

二、载水箱制造务求严密，不得有渗漏溅水情形。

三、交通繁盛及规定不准行驶之道路不得行驶。

第八十四条 轮边之宽度至少为五公分，不及此规定者加倍征收月捐。

第十二节 货箱车与手车

第八十五条 货箱车与手车载运货物时，应遵照下列各款，违者处半元以上一元以下之罚金。

一、货箱车之货箱及手车载货面积不得逾一·五公尺。

二、重量不得逾二百公斤。

三、载货入市应在规定之时间以内。

四、装卸货物应停靠路旁，动作务求敏捷。

第八十六条 轮边之宽度至少为五公分，不及此规定者加倍征收月捐。

第十三节 车辆肇事

第八十七条 凡车辆肇事后应立即停驶，听候岗警查究，不得加快速度希图逃避，违者处二十元之罚金，并吊销该驾驶人之执照。

第八十八条 车辆肇事地点如距离岗警较远不及前来查究时，应即报告就近警察局所或岗警，不得隐匿，违者一经查获，除按肇祸情形照本规则办理外，并吊销该驾驶人之执照一年。

第八十九条 凡车辆行驶未违犯本规则任何条款确系事出意外致伤害他人之生命或财产者，得依照下列各款办理。

一、伤人不致残废者，赔偿一百元以下之医药费。

二、伤人致残废者，赔偿医药费外并须出三百元以下之抚恤金。

三、伤害致命者，除赔偿医药费外并须出五百元以下之棺殓费。

四、毁坏他人物品或辗毙牲畜者，应照价赔偿并负掩埋之责。

第九十条 凡因违犯本规则之规定而致伤害他人生命或财产者，除依照前条办理外，并吊销该驾驶人之执照移送法院究办。

第九十一条 凡车辆肇事其情形轻微者，得由岗警抄记号码报请传案处理之。

第九十二条 汽车于途中肇祸后岗警得向驾驶人索取车照及驾驶执照,必要时并得将驾驶人或公共汽车售票人带至局所候讯。

第九十三条 使用牲畜应遵照下列各款,违下列各款之一者,处一元之罚金。

一、牵行牲畜者应在牲畜之右侧。

二、牵行牲畜应将缰绳执握于一公尺以内。

三、在黑暗时牵行牲畜应携带灯火。

第九十四条 任何牲畜应严加约束不得任意拴放,违者处一元之罚金。

第九十五条 任何牲畜于通过繁盛街市时,应注意车辆及行人之安全不得疾驰,违者处二元之罚金。

第九十六条 凡牲畜有老弱疾病伤痛时,不得令其再行负重或驾车,违者处一元之罚金并禁止其使用。

第四章 附则

第九十七条 本规则公布后,凡以前由南京市政府颁行之各种车辆取缔规则及其处罚细则并车辆交通罚则、整顿人行道规则、取缔中山路通行车辆暂行规则、汽车行驶速率规则、取缔损坏马路章程,均废止之。

第九十八条 本规则由南京市政府、首都警察厅会订之。

第九十九条 本规则如有未尽事宜,得由南京市政府首都警察厅随时会同修改之。

第一百条 本规则由南京市政府公布之日施行。

首都警察厅取缔车行营业规则

第一条 凡在首都以汽车、马车、脚踏车及人力车设行租售或修理为营业者，均须遵守本规则之规定。

第二条 凡营前项车行业者，须取具殷实铺保二家附登记费洋一元，呈由该管警察局转呈本厅核准登记发给许可证后方许开业。

第三条 凡车行申请登记时，须依照下列各项填具申请书(申请书式样另定之)，其已经开业者，亦须一律补请登记。

一、营业种类。

二、铺东车主或经理人姓名、年籍、住址(如系合股者应将各股东姓名、年籍、住址一并注明)。

三、行名及所在地。

四、车辆种类及数目(如系马车行应添马匹数目)。

五、铺伙雇工及车夫人数。

六、制造厂厂名。

七、引擎号码。

八、车身号码。

九、司机人姓名、年籍、住址及执照号码。

十、工务局登记号数。

第四条 凡设行营业者，须有停车房屋，以能容纳为限，屋外不准停放及修理。

第五条 凡开设马车行者，应另搭盖马棚寄养，不得接近街衢任意拴系。

第六条 凡开设汽车行者，须设备消防灭火器具。

第七条 凡汽车行兼营汽油业者，并须遵守本厅取缔煤油汽油业规则之规定。

第八条 凡设备不完全之车辆不准在外行驶。

第九条 凡车行增添车辆，应报告该管警察局转呈本厅备查。

第十条 凡营车行业者，有迁移改组转租或变更店号时，须将许可证缴销，并按照本规则第二、第三两条之规定另行声请登记。

第十一条 许可证不得转让或转借，如歇业时应缴由该管警察局转呈本厅核销。

第十二条 违犯本规则者按照违警罚法分别处罚。

第十三条 本规则呈奉内政部核准施行，如有未尽事宜得呈请修正之。

北平市行人车马行走马路规则

第一条　凡行人、汽车、马车、轿车、人力车、脚踏车及其它车辆(除窄轮大车外)通行马路均应遵照本规则办理。

第二条　汽车、马车应由马路中部,其它车辆应向马路两旁,均分上下辙行走。

第三条　凡车辆行走如后车欲越过前面车辆,须择宽阔处所并鸣铃扬声使前车避让以免危险,不得于繁要之处争先恐后任意驰骋。

第四条　无论何种车辆均不得两车并行。

第五条　无论何种车辆夜晚行走均须燃点灯烛。

第六条　单身行人一律行走人行便道,如无便道之处,应靠马路两边行走。

第七条　行人在人行便道欲经过马路者,须避让往来车辆先行以免碰撞。

第八条　无论行人或车辆均不准在马路盘旋。

第九条　地排手车等重载者不得通行马路,其空行者推车人亦不准任意推行驰奔,以免肇生事端。

第十条　脚踏车后端携挂笨重物品者,于繁盛街衢须推扶行走不得乘骑通行。

第十一条　载重或长途汽车于繁盛街衢拐角处所,须特别注意缓行通过。

第十二条　脚踏车及驼驮等不得在人行便道行驶或行走。

第十三条　身膺残疾（如瞽者、跛者类）或老弱行人通过马路时，该处岗警应特别加以注意保护。

第十四条　如违反本规则之规定经岗警制止不服者，应分别情节轻重处以一元以下五角以上之罚金，倘肇生事端其损害部分并应责令赔偿。

第十五条　本规则如有未尽事宜得随时修正之。

第十六条　本规则自呈准公布之日起施行。

北平市公安局巡守长警指挥电车规则

第一条 电车行驶应由沿路巡守长警遵照本规则指挥之。

第二条 指挥电车之手势如下：

一、手上举：停止。

二、手平伸：放行。

第三条 巡守长警在下列地点指挥电车应特别注意。

一、交通繁盛处所。应指挥行人车马循车轨两旁行走，猝遇有障碍不获让开时，须饬电车停止，俟障碍疏通后分别指挥依次进行。

二、街道狭窄处所。遇有重载大车或其它笨重物件阻碍交通时，应查酌情形指挥电车暂行停止速为疏通。

三、道路交叉处所。应以电车或其它车辆到达先后为通过之顺序，依次放行。

第四条 停止电车行驶应于距离三丈以外预为指挥，但遇紧急时得立即令其停止。

第五条 巡守长警发见电车行驶速率超过《电车行驶规则》第二条规定者，应即加以制止。

第六条 电车行驶有下列情事之一者，应扣留司机人号牌。

一、违背第五条所定速率不听制止者；

二、非遇意外事故或未经指挥任意在路中停止者；

三、电流阻断时并不取出危险灯应用者。

第七条 电车行驶有下列情事之一者，应扣留售票人号牌。

一、乘客站立踏板并不劝令进入车内者；

二、车行时不将前后栅门关闭者；

三、乘客已满并不悬挂客满标志者。

第八条　电车行驶有下列情形之一者，应扣留司机人或售票人号牌。

一、电车到站不俟乘客上下完毕即行开驶者；

二、非定备车或因损毁拖回厂中修理之车辆并不按站停止者。

第九条　前列第六、第七、第八各条事项，应于扣留号牌后即将车辆放行，一面将号牌送交区署核办。

第十条　电车开驶伤害人或毁损物品者，应查酌当时情节，分别轻重，依照取缔电车行驶规则各条处理之。

第十一条　电车开驶伤害人或毁损物品者，应禁止闲人围观，到站时并应禁止人力车夫拥挤揽坐。

第十二条　巡守长警有不遵本规则执行者应照章惩罚。

第十三条　本规则未尽事宜得随时呈请修正。

第十四条　本规则自呈奉市政府核准之日施行。

北平市管理重载大车规则

第一条 凡车辆其轮箍宽度不及一公寸而在下列各种情形内者均名曰大车。

甲、无论载重或空车用任何牲口拖行者；

乙、重载用二人或二人以上推挽者。

车身车轮之间介以弹簧者不在此限。

第二条 重载大车之容积其限制如下：但装运单件整物不能拆分者不在此限。

甲、高不得过六尺以车箱为起算点；

乙、前后左右之出幅均不得过一尺。

第三条 重载大车不得通行马路，应按照工务局规定大车路线通行，但于无可绕越处所得准通行之。

第四条 重载大车于无便道之马路，因交通之必要禁止通行时，非经特别许可领有执照者，亦不得行走。

第五条 重载大车于道路交叉及冲繁拐弯处所不得故意停搁，亦不得争先开车。

第六条 重载大车因交通之必要限定时间通行之地点，非经特别许可领有执照者，不得于限定时间外通行。

第七条 重载大车其载重至多不得过一千六百斤。

第八条 不得两车排列并行。

第九条 繁盛冲要之处，重载大车之卸货限于每日上午九时以前，过时不得沿路停放。

如有土道或石板道者，应限在土道或石板道以内停放。

第十条　因商业上之必要经特别许可于上午九时以后卸货者，每车限定三十分钟，卸净不得久停。

第十一条　车夫应随时听从巡警指挥。

第十二条　凡违犯本规则者以交通违警论照章罚办。

第十三条　本规则如有未尽事宜得随时呈明修正之。

第十四条　本规则自呈准公布之日施行。

北平市公安局巡守长警指挥汽车规则

第一条 在本市内行驶之汽车，巡守长警应依照本规则指挥之。

第二条 巡守长警对于汽车行驶应特别注意之处所及指挥之方能如下：

一、交通繁盛处所，应指挥往来车马行人速为避让。

二、道路有阻碍处所，应即速为疏通，如疏通不及应令汽车暂行停止。

三、街巷弯折或窄狭处所，应指挥往来车马行人速避，过于狭小处所并应指挥汽车禁止通行。

四、道路交叉处所，应指挥汽车缓行，必要时并应指挥别项车马暂行停止，如遇两汽车纵横相值，应指挥东西向者暂停，南北向者通过。

第三条 普通街巷巡守长警对于汽车通行亦应负指挥之责。

第四条 汽车司机人表示进行方向，巡守长警应以手势指示其进止。

第五条 指挥之手势如下：

一、手上举，停止。

二、手平伸，放行。

第六条 巡守长警欲使汽车缓行或停止，应于距离十五尺外速即指示。

第七条 守望巡警应站立街心指挥，但遇有必须让避时，得暂退至路旁指挥之。

第八条 汽车停放地点不适宜时，应令司机人移停他处并指示其地点。

第九条 停放汽车非宽敞处所不得两车并列，并应禁止闲人围观。

第十条 汽车如发生事故或违反汽车管理规则第三章各条之规定，应将原车执照及司机人执照一并令其呈缴，送交区署传案讯办。其案情较重者，应即将司机人或跟车人带区讯办。

第十一条 依前条之规定司机人不受指挥或不停止开车逸去者，应认明车牌号数并详记当时发生情形，报告本管区署核办。

第十二条 巡守长警如见汽车后有骑脚踏车尾追者应即禁止。

第十三条 巡守长警不遵本规则执行或发生错误者应照章惩罚。

第十四条 本规则未尽事宜得随时呈请修正。

第十五条 本规则自呈奉市政府核准之日施行。

北平市公安局取缔长途汽车规则

第一条 在本市区域内行驶之长途汽车，应依照本规则取缔之。

第二条 汽车行驶以宽度十公尺以上之公路为限，但冲繁公路得禁止通行。

前项所指冲繁公路以另表定之。

第三条 自午后十时越至午前五时止，禁止汽车在本市郊区内通行。

第四条 汽车应在公站停放，不得随地作站任客上下。

第五条 乘客及跟车人均应坐在车内，并不得令乘客在车旁及车篷上坐立。

第六条 司机人应服从巡守长警之指挥检查。

第七条 违背第二条至第六条规定者，处以一元以上十元以下之罚金。

第八条 行车中伤害人或毁损物品者，应分别情节轻重由局或送法院办理，司机人脱逃时即由车行负责。

第九条 本规则未经规定之事项，应依照《北平市汽车管理规则》办理。

第十条 本规则未尽事宜得随时呈请修正。

第十一条 本规则自呈奉市政府核准之日施行。

北平市政府公安局修正取缔电车行驶规则

第一条 本市电车之行驶，依本规则取缔之。

第二条 电车行驶率速须在八字与四字之间，如遇冲繁地方或交叉路及转湾处，开至〇字与四字之间。

前项行驶速率应由电车公司负责人员随时稽查纠正。

第三条 电车行驶遇有车马或行人不及避让时，应即用电闸停止以免危险。

第四条 电车行驶须认定标记按站停止，但定备车及因损坏回厂修理之车辆不在此限。

第五条 电车非遇意外事故或经警察指挥，不得在中途停止。

第六条 电车到站停止之时间应以乘客上下完毕为限，售票生并须下车照料，不得在车上任意鸣笛开行。

第七条 在同一轨道相距五十公尺以内，两车不得同时行驶。

第八条 电车非将前后栅门关闭不得行驶。

第九条 电车车头须装置白光电灯，车尾须装置红光电灯，在日落后日出前一律燃放，并应备有危险灯两具。于电流阻断时取出应用以资识别。

第十条 电车须装置易于识别之号码及号灯。

第十一条 电车须装置警铃凡行驶在交叉路口及转湾处或与其它车马行人接近时，司机生应踏铃警告以便避让。

第十二条 乘客如携带行李及体积较大物品登车，售票生及司机生应加劝阻，以免妨碍他人座位。

第十三条 电车行驶时如有乘客强行登车或跳下时，应由售票生司机生迅即劝示阻止。

第十四条 车上捡拾乘客遗失物件，应送交公司登报招领，逾一月后无人认领转送公安局核办。

第十五条 电车司机生及售票生于服务时须着公司制服，并悬挂号牌以资识别。

第十六条 电车司机生及售票生对待乘客须持平和态度，不得陵蔑讥诮致生事端。

第十七条 车中乘客已满五十人时，须于车上悬挂客满标志。

第十八条 遇有火警消防队将消防器具停放或通过轨道时应立即停车。

第十九条 遇有下列情事应即停车，报告附近警察办理。

一、车上发生意外事故或乘客形迹可疑者；

二、轨道旁堆置物件易生危险或妨碍行车者。

第二十条 公司应考查本市情形，因时因地配置车辆，以免乘客拥挤致生危险。

第二十一条 电车司机生或售票生违反第二条至第十九条规定者，分别情形处一角以上五元以下之罚金。

第二十二条 电车行驶中如因不慎致伤害他人或毁损物品者，巡守长警应分别轻重将司机生带案或扣留其号牌送交区署办理；但司机生号牌被扣留后又肇生事端者，得扣留售票生号牌送案作证。

第二十三条 司机生或售票生抗不交出号牌者，应带案讯办。

第二十四条 司机生带案时，应由巡守长警电知公司派人接替开驶。

第二十五条 司机生及售票生被处罚金或因玩忽业务伤害人及毁损物

品所应负担之赔偿等费，公安局得令电车公司代行催索，司机生售票生不能照缴时，应由公司扣薪代缴。

第二十六条　本规则未尽事宜得随时修正。

第二十七条　本规则自呈奉市政府核准公布之日施行。

北平市汽车管理规则

民国十七年(1928年)十一月六日公布

要目

第一章　登记

第一条　凡在本市区域内行驶之汽车及机器脚踏车，均应遵照本规则赴公用局登记。

第二条　登记事项如下：

一、车主之姓名、籍贯、职业、住址或车行之名称地址。

二、司机人之姓名、籍贯、住址及司机执照之号数。

三、车辆制造厂之名称。

四、车内发动机之号数。

五、汽缸数。

六、车身颜色。

七、车辆座位之数目(车夫座位在内)。

八、车类(篷车或轿式车)。

九、空车重量。

十、车之马力若干。

第三条 车辆由车主或车行按照前条规定赴公用局登记，随交登记费一元。

第四条 车辆转让时，应由让受人赴公用局声明重新登记，仍依照前条规定缴费。

第五条 车辆于变更第二条所列各款时，应于五日内赴公用局声明。

第六条 在制造厂内新出试行车辆或自外埠购来预备在本市行驶之车辆未经登记而须驶经某项路线者，应赴公用局领取临时通行牌二面，并缴纳试车牌费每日五角。

第二章 检验

第七条 车辆经登记后由公用局指定日期地点施以检验。

第八条 检验事项如下：

一、应与登记各项相符。

二、制动装置、方向装置应随时调准。

三、车辆设备应按照本规则第十八条规定办理。

四、发声器应传闻至百米远之距离。

五、车棚各部应完备坚实清洁。

六、汽管放出之气应经过减声器。

七、发动机、速率箱、开合器、电气装置等应无损坏。

第九条 车辆经检验合格后，公用局稽查员或警察认为必要时，得随时随地检查之。

第十条 运货汽车之本身重量及其载重量，应由车主自制木牌一面，分别载明，悬挂车上，其载重不得超过所定数量。

第十一条 公共汽车应悬挂乘客座位数目牌一面，其载客不得超过所定位数。

第十二条 汽车经检验后认为并无违背第八条各款规定及无其它机械上设备不完全时，即由公用局在该车内钉打钢印，并发给验车证、行车执照及号牌。

验车证收费一元，行车执照收费四元，号牌每面收押牌费二元。

汽车应领号牌二面，机器脚踏车应领号牌一面，钉在公用局所指定之部位。

号牌缴回时，如无损坏仍将押牌费退还。

第十三条 车辆经检验合格后，每届六个月应赴公用局重受检验一次，其检验费仍依照前条规定征收之。

第十四条 行车执照以一年为有效期间，满期后应赴公用局换领新照，仍照章交费。

第十五条 行车执照或号牌遗失时，应即赴公用局补领并须照章缴费。

第三章 行驶

第十六条 司机人非经公用局考验合格发给司机执照后不准驾驶。

第十七条 车辆行驶应随带司机执照、行车执照、财政局捐照，遇有公用局及财政局稽查员或警察查验时，即将各照呈验。

第十八条 汽车号灯应依下列规定办理。

一、四轮汽车前面应置号灯二盏，三轮或二轮汽车应置号灯一盏。

二、汽车后面应挂红白色特制灯，其白光须射照车后号牌。

三、晚间行驶必须燃灯，在繁盛地方行驶应将灯光缩小，并不得使用探远灯。

四、晚间停留道旁应留前后灯光。

第十九条 繁盛地方行车速度每小时不得过十六公里或十英里；但救火车及病院车不在此限。

第二十条 车辆应靠左侧行，转湾及在交叉处所行驶应鸣警号并不准快行，下列各符号应特别注意。

甲 慢车：如遇慢车等符号，行车速率每小时不得过十公里或六英里。

乙 肃静：遇有肃静符号不得乱鸣警号及开放汽管。

丙 不准行驶：遇有不准行驶符号时，汽车宜改道通行。

丁 单向路：遇有马路狭小钉有下列牌号时，车辆只准向指定方向行驶。

第二十一条 车辆行驶时应服从警察指挥。

第二十二条 途中遇有火警应即折回或向别路行驶。

第二十三条 在繁盛地方或狭小道路上不准久停。

第二十四条 两车不准并行，如欲越过前车，应先鸣警号，循前车右方驶过；但在狭路或繁盛地方不准超越前车。

第二十五条 乘客有非常事故（如急病暴死之类）或形迹可疑及携带违禁物品者，应随时告知警察。

第二十六条 乘客遗留物件，应即送交警察保存招领。

第四章 罚则

第二十七条 汽车及机器脚踏车罚则如下：

一、未经登记私在本市区域内行驶者，自用车处罚金二十元，营业车处罚金三十元。

二、未经检验私在本市区域内行驶者，自用车处罚金十五元，营业车处罚金二十元。

三、车辆行驶时违反第八条各款规定者，处以五元以上三十元以下之罚金。

四、已有号牌而未钉挂者，自用车处罚金十元，营业车处罚金十五元。

五、车头不挂号牌者，自用车处罚金二元，营业车处罚金三元。

六、车尾不挂号牌者，自用车处罚金四元，营业车处罚金六元。

七、有司机执照、行车执照及财政局捐照而未携带者，自用车处罚金三元，营业车处罚金四元。

八、号牌与行车执照号数不符者，自用车处罚金六元，营业车处罚金八元。

九、车内钢印号码故意使之模糊者，自用车处罚金四元，营业车处罚金六元。

十、车内钢印有故意铲除痕迹者，自用车处罚金八元，营业车处罚金十二元。

十一、车内钢印号码与行车执照号牌不符者，自用车处罚金六元，营业车处罚金八元。

十二、车内无钢印号码而有行车执照及号牌者，除将该行车执照及号牌追销外，自用车处罚金二十元，营业车处罚金三十元。

十三、伪造司机执照、行车执照、财政局捐照或私打钢印者，除将原车没收外，应送交法院办理。

十四、违背第四条至第六条或第十三条至第十五条规定者，处以十元以上三十元以下之罚金。

十五、违背第十六条规定者，处以十元以上二十元以下之罚金。

十六、违背第十条、第十一条或第十七条至第二十一条规定者，处以一元以上二十元以下之罚金。

十七、违背第二十二条至第二十四条规定者，处一元以上十元以下之罚金。

十八、违背第二十五条或第二十六条规定者送交法院办理。

第二十八条　前条规定之罚金，经公安局查觉者，由公安局执行之，经财政局或公用局稽查员查觉者，由财政局或公用局执行之。

第二十九条 依本规则受罚金之处分抗不交纳者，得改易拘留由公安局执行之。

第五章 司机人之考验

第三十条 凡年在二十岁以上，四肢健全、耳目聪明、无神经病者，得应汽车驾驶考验。

第三十一条 投考人应交本人最近四寸半身像片三张，考验费一元，取录与否，概不退还。

第三十二条 应考验驾驶之车辆分为下列四种：

一、二轮机器脚踏车。

二、轻便汽车。

三、运货汽车。

四、公共汽车。

报名时须注明应驾驶何种车辆之考验。

第三十三条 考验时间由公用局随时指定之，考验不及格者，非逾一月后不得再行投考。

第三十四条 考验事项由公用局委派专员办理之。

第三十五条 考验范围分为下列三种：

一、驾驶技能。

二、行驶规则。

三、机械构造及其功用。

前项第一款应实地考验，第二款、第三款得以口试行之。

第三十六条 学习驾驶汽车时，应由领有司机执照者伴随指导，并不得在繁盛地方行驶。

第三十七条 考验合格者应取具殷实商店保单或缴纳保证金一百元，

由本局发给司机执照并收照费四元。

前项保证金如司机人中途缀业或死亡得请求发还，但应同时缴回司机执照。

第三十八条 本规则施行前，在北平该管官署曾领有司机执照者，应赴公用局换领新照，仍依前条规定征收照费。

第三十九条 司机执照不得转借。

第四十条 投考人领到某种汽车司机执照后，如续应驾驶他种车辆之考验者，仍应缴考验费一元，但考验合格后司机执照费准予免缴。

第四十一条 领有公共汽车或运货汽车司机执照者，准予驾驶轻便汽车，并得免考验。

第四十二条 司机人执有本市以外各官署所发给之司机执照而欲在本市内驾驶者，应先赴公用局呈验执照并缴验照费二元，经公用局认为合格时，于原照上加盖戳记准予驾驶。

第四十三条 司机人遗失司机执照时，应赴公用局声请补发新照，仍依第三十七条规定缴纳照费。

第四十四条 司机人违犯行驶规则时，应依情节轻重，暂行扣留或注销其司机执照。

第六章　附则

第四十五条 本规则如有未尽事宜，由市政会议议决修正或补充之。

第四十六条 本规则经市政会议议决，市长公布之日施行。

北平市马车管理规则

要目

第一章　登记

第一条　凡在本市区域内行驶之马车，均应遵照本规则赴公用局登记。

第二条　登记事项如下：

一、车主之姓名、籍贯、职业、住址或车行名称地址。

二、车夫之姓名、籍贯、住址。

三、车辆制造厂之名称地址。

四、车类（篷车或轿式车）。

五、马之数目。

六、马之年齿。

七、车身颜色。

八、车辆座位之数目。

第三条　马车由车主或车行按照前条规定赴公用局登记，应缴登记费五角。

第四条 车辆转让时，应由让受人赴公用局声明重新登记，仍依照前条规定缴费。

第五条 马车变更前二条所列各款，应于五日内赴公用局声明。

第二章 检验

第六条 马车经登记后由公用局指定日期地点施以检验。

第七条 检验事项如下：

一、应与登记各项相符。

二、车身各部应完备坚实清洁。

三、马匹应无疾病。

四、车夫应年在十八岁以上并熟习驾驶术。

五、车上应置警号。

六、车上应置车灯。

七、笼头缰绳及其它必要物件应设置完整。

第八条 马车经检验合格后，公用局稽查员或警察认为必要时，得随时随地检查之。

第九条 马车经检验合格后，认为并无违背第七条各款规定时，即由公用局在车内钉打钢印并发给验车证、行车执照及号牌。

验车证收费五角，行车执照收费二元，号牌每面收押牌费一元。

号牌应钉在公用局指定之部位。

号牌缴回时如无损坏仍将押牌费退还。

第十条 马车经检验合格后，每年应重受检验一次，其检验费仍依照前条规定征收之。

第十一条 行车执照以一年为有效期间，满期后应赴公用局换领新照仍照章缴费。

第十二条 行车执照或号牌遗失时，应即赴公用局补领并须照章缴费。

第三章 行驶

第十三条 行驶之取缔事项如下：

一、马车行驶时，应随带行车执照及财政局捐照。

二、应服从警察指挥。

三、往来通行应靠街道左侧。

四、两车不准并行，如欲越过前车时，应先鸣警号循前车右方驶过，但在狭路或繁盛地方不准超越前车。

五、冲繁地方转湾处及河岸桥梁交叉地点务须缓行。

六、遇有火警应即折回或向别路行驶。

七、空车应停放本局指定之停车场，不准在冲衢要路停留。

八、晚间非燃灯火不准通行。

九、不准向坐客额外讹索。

十、车夫不准擅离马车，倘因事离开应将马匹拴系。

十一、不准虐待马匹。

十二、不准逾额搭客乘客。

十三、不准赤背御车。

十四、乘客有非常事故（如急病暴死之类）或形迹可疑及携带违禁物品者，应随时报告警察。

十五、乘客遗留物件应送交警察保存招领。

第四章 罚则

一、未经登记私在本市区域内行驶者处罚金十元。

二、未经检验私在本市区域内行驶者处罚金八元。

三、马车行驶时违背第七条各款规定者，处以一元以上五元以下之罚金。

四、已有号牌而未钉用者处罚金二元。

五、行车执照与号牌号数不符者处罚金三元。

六、行车执照或号牌与钢印号数不符者处罚金三元。

七、伪造行车执照号牌及财政局捐照或私打钢印者,除将原车没收外,应送交法院办理。

八、违背第四条第五条或第十条至第十二条规定者,处以三元以上十元以下之罚金。

九、违背第十三条第一款至第十三款规定者,处以一元以上五元以下之罚金。

十、违背第十三条第十四款或第十五款规定者,送交法院办理。

第十五条 前条规定之罚金,经公安局查觉者,由公安局执行之,经财政局或公用局稽查员查觉者,由财政局或公用局执行之。

第十六条 依本规则受罚金之处分,抗不缴纳者,得改易拘留由公安局执行之。

第五章 附则

第十七条 本规则如有未尽事宜,得由市政会议议决修正或补充之。

第十八条 本规则经市政会议议决,市长公布之日施行。

北平市人力车管理规则

要目

第一章　登记

第二章　检验

第三章　通行

第四章　罚则

第五章　附则

第一章　登记

第一条　凡在本市区域内通行之人力车，均应遵照本规则赴公用局登记。

第二条　登记事项如下：

一、车主之姓名、籍贯、职业、住址或车厂之名称地址。

二、制造厂之名称。

三、车身颜色。

四、车之外形(圆箱、方箱或多棱箱)。

五、自用或营业。

第三条　人力车由车主或车厂按照前条规定赴公用局登记，随缴登记费五分。

第四条　人力车转让时，应由让受人赴公用局声明重新登记，仍依照前条规定缴费。

第五条 人力车变更第二条所列各款时，应于五日内赴公用局声明。

第二章 检验

第六条 人力车经登记后，由公用局指定日期、地点施以检验。

第七条 检验事项如下：

一、应与登记各项相符。

二、车身各部及车篷、车垫应完备、坚实、清洁。

三、车上应置车灯。

四、车上应置警号。

第八条 人力车经检验合格后，公用局稽查员或警察认为必要时得随时随地检验之。

第九条 人力车经检验后，认为并无违背第七条各款规定时，即由公用局在车内钉打钢印并发给验车证、行车执照及号牌。

验车证收费五分，行车执照自用车收费四角，营业车收费二角，号牌每面自用车收押牌费四角，营业车收押牌费二角，号牌应钉在本局所指定之部位，号牌缴回时，如无损坏仍将押牌费发还。

第十条 人力车经检验合格后，每年应重受检验一次，其检验费仍依照前条规定征收之。

第十一条 行车执照以一年为有效期间，满期后应赴公用局换领新照，仍应照章缴费。

第十二条 通行执照或号牌遗失时，应即赴公用局补领并须照章缴费。

第三章 通行

第十三条 通行之取缔事项如下：

一、人力车通行时，应随带行车执照及财政局捐照。

二、应服从警察指挥。

三、年龄在十八岁以下或五十岁以上者不准拉车。

四、身体羸弱及患病者不准拉车。

五、凡赤背、赤足及未剪发或衣服不蔽体者不准拉车。

六、行车须靠左边并不准在人行便道通行。

七、转弯及繁盛地方不准快行及两车并行。

八、后车欲越过前车应鸣警号。

九、无必要时不准乱鸣警号。

十、救火车、病院车经过时须让其先行。

十一、晚间行车必须燃灯。

十二、空车不准在冲衢久停。

十三、在停车场中应顺序排列。

十四、一车不准载乘两人,但十岁以下幼童不在此限。

十五、车夫不准争拉座客及有侮慢讹索情事。

十六、乘客有非常事故(如急病暴死之类)或形迹可疑及携带违禁物品者,应即告知警察。

十七、乘客遗留物件,应即送交警察保存招领。

第四章　罚则

第十四条　罚则规定如下:

一、未经登记私在本市区域内通行者,处以三元以上五元以下之罚金。

二、未经检验私在本市区域内通行者,处以一元以上三元以下之罚金。

三、人力车通行违反第七条各款规定者,处以一角以上一元以下之罚金。

四、有号牌而未钉用者处罚金一元。

五、通行执照及号牌号数不符者处罚金二元。

六、通行执照及号牌与钢印号码不符者处罚金二元。

七、伪造通行执照号牌及财政局捐照或私打钢印者，除将原车没收外，应送交法院办理。

八、违背第四条、第五条或第十条至第十二条规定者，处以一元以上五元以下之罚金。

九、违背前条第一款至第十五款规定者，处以一角以上五元以下之罚金。

十、违背前条第十六款或第十七款规定者，应送交法院办理。

第十五条 前条规定之罚金，经公安局查觉者由公安局执行之，经财政局或公用局稽查员查觉者由财政局或本局执行之。

第十六条 依本规则受罚金之处分抗不缴纳者，得改易拘留，由公安局执行之。

第五章 附则

第十七条 本规则如有未尽事宜，得由市政会议议决修正或补充之。

第十八条 本规则经市政会议议决，市长公布之日施行。

北平市轿车、大车、排车、手车管理规则

第一条　凡在本市区域内以兽力或人力载运乘客货之下列车辆，均应遵照本规则赴工务局登记。

一、轿车。

二、大车。

三、排子车。

四、手车。

五、未经特别规定之其它各种车辆。

第二条　登记事项如下：

一、车主之姓名、籍贯、职业、住址或车厂之名称地址。

二、车夫之姓名、年龄、籍贯、住址。

三、车类(轿车、大车、排子车、手车或其它车辆)。

四、载客或运货物。

第三条　车辆由车主或车厂按照前条规定赴工务局登记，并应依照下列规定缴费。

一、轿车、大车：二角(但改良车轮之大车收一角)。

二、排子车：一角。

三、手推车：五分。

四、其它各种车辆应视车身大小及制造形状，准用前三款规定办理。

第四条　车辆转让时，应由让受人赴工务局声明重新登记，仍依照前条规定缴费。

第五条 车辆登记后经本局检验认为并无不堪行驶及妨碍交通时，即予发给行车执照及号牌，行车执照大车收费一元，轿车收费五角，排子车收费四角，手推车收费二角，改良车轮之大车免收押牌费，大车、轿车每面各收银五角，排子车、手推车每面收银二角，改良车轮之大车收银二角。

号牌应钉工务局所指定之部位。

号牌缴还时如无损坏仍将押牌费退还。

但号牌损坏不能辨认号数，应即赴工务局换领减半收费。

第六条 行车执照以一年为有效期间，满期后应赴工务局换领新照，仍照章缴费。

第七条 行车执照或号牌遗失时，应即赴工务局补领，并须照章缴费。

第八条 关于车辆之取缔事项如下：

一、车辆通行时，应随带行车执照及财政局捐照。

二、应服从警察指挥。

三、往来通行均须靠马路左侧。

四、夜晚不燃灯火者不准通行。

五、不准向雇客额外讹索。

六、兽力车之车夫不准擅离车辆，倘因事离开须将牲畜拴系。

七、兽力车之牲畜不准施以虐待。

八、车夫不准赤背。

九、装载货物车辆，自车箱起算高不得逾一公尺九公寸（六尺），左右伸出不得逾三十二公分（一尺），前后伸出不得逾六十四公分（二尺）。

十、载运粪便及其它腐臭物品之车辆，应用特别器具严密装载并不准在繁盛街市通行。

十一、乘客有非常事故（如急病暴死之类）或行迹可疑及所运货物有违禁物品者，应随时报告警察。

十二、雇客遗留物件，应送交警察保存招领。

第九条 关于各种车辆之罚则如下：

一、未经登记私在本布区域内行驶者，轿车、大车处罚金五元，其它车辆处罚金二元。

二、违背第四条或第六条、第七条规定者，处以五角以上五元以下之罚金。

三、违背第五条第三项、第四项规定者，处以一角以上二元以下之罚金。

四、违背前条第一款至第十款规定者，处以一角以上一元以下之罚金。

五、违背前条第十一款或第十二款规定者，应送交法院办理。

第十条 前条规定之罚金，经公安局查觉者，由公安局执行之，经财政局或工务局稽查员查觉者，由财政局或工务局执行之。

第十一条 依本规则应受罚金之处分，得先扣留其车辆，经通知限期缴纳，逾三个月不缴者，准将拘留车辆标卖抵充罚金。

前项抵充罚金，如有余额应通知原车主限期领取并公布之，逾期不领，一并充公。

第十二条 本规则如有未尽事宜，由市政会议议决修正或补充之。

第十三条 本规则经市政会议议决，市长公布之日施行。

青岛市汽车管理规则

民国二十一年(1932年)十二月□日修正公布

第一二七次市政会议通过

第一条 凡在本市以汽车自用或营业者,除他种汽车别有规定者外,均须遵守本规则之规定。

第二条 凡在本市开设营业汽车行者,须觅有资本在二千元以上之殷实铺保三家,填具保结并开具下列各项,呈报公安局核准立案发给立案执照后,方得请领车辆牌照营业。

一、车行名称地址。

二、经理姓名、年龄、籍贯。

三、资本金额及车辆数目。

立案执照如遗失时须呈请补领。

车行保结纸由公安局制发。

第三条 汽车行遇有变更第二条所列各项时,须依照下列各项之规定办理之。

一、变更车行名称者,须换具保结,将变更事由呈请备案换给立案执照。

二、如更换经理者,须由新旧经理具呈声明,并由新经理换具保结声请备案,换给立案执照。

三、如变更地址及增减车辆时,须呈请核准备案由公安局将呈准事项添注立案执照。

第四条　汽车行领得立案执照后，须在两个月内依照第六条之规定请领汽车号牌执照开市营业，逾期不开市营业者，即取消其呈准原案，并调销立案执照。

第五条　无论何项汽车均须领得车辆号牌执照后方准行驶。

第六条　汽车请领牌照时，须先领填声请书，自用汽车并须填具商号保结，连同车辆送经公安局检验合格后，照章缴纳牌照费，先给予执照，持赴财政局呈验，照章缴纳捐款，领取捐牌，再赴公安局呈验领取号牌。

第七条　各项汽车及汽车行缴纳各项牌照费时，须遵照下列规定之数目。

种类	缴费数目	备考
立案执照	一元	补领、换领收费数目与新领同
汽车执照	一元	同前
汽车号牌	三元	同前
脚踏汽车执照	一元	同前
脚踏汽车号牌	一元	同前
短期试车执照	一元	号牌于期满缴回时，经审查完好者押牌费如数发还，如有损坏，全数没收
短期试车号牌	押牌费三元	
汽车临时执照	一元	补领、换领收费数目与新领同

第八条　汽车领得牌照后如遇变更申请书内任何一项者，须填具申请书附同车辆执照，请求公安局换给新照；但营业汽车变更车主时，须将牌照缴销不得径行声请过户（将原车连同号牌一并让与他人，请求准予移转者为过户）。其自用车过户者，须由新旧车主签名盖章并由新车主另具保结、换给执照，不收号牌费，其换车者（仍用原号牌，另换用他车者曰换车）须填具声请书，连同所换车辆送请检验。

第九条　汽车执照有效期限为一年，期满须填具声请书，连同原车送请公安局覆验换给新照。

第十条 试行汽车须依照下列之规定请领试车牌照。

一、长期试车须填具声请书并车辆保结，请求公安局发给牌照，并依第七条之规定缴纳牌照费，其执照有效期限为一年，期满如欲继续使用者，须填具声请书附同旧照，请求公安局换给新照。

二、短期试车须填具声请书并车辆保结，请求公安局发给牌照，并依第七条之规定缴纳押牌及执照费，其牌照有效期限为三天，期满缴还。

长期试车牌照除以下列各款之一为业务者外，不得领用。

1.经营汽车买卖者。

2.制造汽车之行厂。

3.修理汽车之行厂。

第十一条 汽车领得牌照后，如有损坏修理需时，拟以另一无照汽车代替使用者，须填具声请书请求公安局发给临时执照，其原有执照须缴存公安局。

第十二条 汽车临时执照有效期限为二十天，期满后即须缴还，同时并将修复车辆送公安局覆验，如认为妥善时即将临时执照注销发还原照。

如临时执照期满原车不及修理完竣者，得持照报请展期。

第十三条 汽车停止使用时，须将应纳捐款缴足，并填具声请书，连同执照号牌呈缴公安局注销，由公安局通知财政局停止征捐。

第十四条 执照号牌如有遗失，须先登报声明作废，然后依照下列手续请求公安局补发。

一、遗失执照者须填具声请书缴验号牌，并附所登报纸，请求公安局补发。

二、遗失号牌者须填具声请书缴呈执照并附所登报纸，请求公安局补发，公安局于发给新牌照时，并通知财政局换给同号新捐牌。

三、如执照号牌悉数遗失者，须取具妥保证明，呈报公安局接照新领手续请领。

第十五条 自用汽车不得营业。

第十六条 试行汽车除试车外,不得乘客及营业。

第十七条 汽车执照号牌不得转借于他人,亦不得使用于他车。

第十八条 汽车车体及其附属品之限制如下:

一、车体须坚固整齐,机器须良好完备。

二、车上须装置指向灯及手压喇叭,其喇叭不得故为特别之声音。

三、汽车前方应装置前灯二个,后方应装置红色尾灯,其号牌须悬于车灯照明之处。

四、车上须装置速度表电流表。

五、汽车制动机须坚固完备。

六、汽车车身不得绘画广告。

第十九条 汽车执照须随身携带,号牌应订于车盘前后方,捐牌应钉于车盘前方号牌之上。

第二十条 汽车经过交叉路口及岗警所在地,司机人须先鸣喇叭并以手势或指向灯示警察以行车方向。

第二十一条 汽车速度每小时不得过二十四公里(约合十五英里)。

第二十二条 汽车停放须在指定停车地点或不碍交通处所。

第二十三条 汽车除乘客上下时须将车门关闭。

第二十四条 汽车车灯须与路灯同时燃亮。

第二十五条 乘答如有遗漏物件时,司机人应捡送就近警察区所,不得隐匿。

第二十六条 汽车如有遇险情事,司机人应立即报告就近守望警察,并须服从其指挥。

第二十七条 汽车不得装载突出车体以外之长大物品。

第二十八条 营业汽车须将车体及坐位随时收拾清洁,不得稍有污秽,并于下列各项不得乘载。

一、认为有容易传染之疾病者。

二、危险物品。

三、容易污染车体或遗留恶臭之物品。

四、其它经官厅禁止乘载之物品。

第二十九条 凡违犯本规则者，依照下列各款之规定处罚。

一、违反第二、第三、第五各条者，除勒令照章办理外，并处以三十元以上五十元以下之罚金。

二、违反第八、第九各条者，除勒令照章办理外，并处以五元以上二十元以下之罚金。

三、违反第十、第十一、第十二、第十四各条者，除将应补手续勒令遵办外，并处以二元以上五元以下之罚金。

四、违反第十五、第十六、第十七、第十九各条者，处以五元以上十五元以下之罚金。

五、违反第十八条各款之一者，除勒令修理或设置完备后送公安局复验外，处以二元以上五元以下之罚金，同时涉及二款以上者分别处罚。

六、违反第二十至第二十四条及二十六条者，处以五元以上十五元以下之罚金，再犯者得扣销其司机执照。

七、违反第二十五条者，除追缴原物外，处以五元以上十五元以下之罚金，情重者扣销司机执照移送法院讯办。

八、违反第二十七、第二十八各条者，处以五元以下之罚金。

九、伪造及使用伪造各种汽车牌照者，除处以一百元之罚金外，并移送法院究办。

第三十条 自用及营业汽车违反本规则屡罚不悛或查有其它舞弊情事者，公安局得追销其牌照或勒令停业。

第三十一条　凡汽车除遵守本规则外，须遵守《青岛市陆上交通管理规则》。

第三十二条　本规则如有未尽事宜，得提出市政会议修正之。

第三十三条　本规则自公布之日施行。

青岛市人力车管理规则

民国二十年(1931年)五月□日公布

第八十九次市政会议通过

第一条 凡在本市备人力车自用或营业者,均须遵守本规则之规定。

第二条 凡在本市开设营业人力车行者,须觅有资本在一千元以上之殷实铺保二家,填具保结,并开具下列各项呈报公安局核准立案,发给立案执照,并遵照第六条之规定,领得车辆牌照后方准营业。

一、车行名称地点。

二、经理姓名、年龄、籍贯。

三、资本金额及车辆数目。

立案执照如遗失时须呈请补给。

车行保结纸由公安局制发。

第三条 人力车行如变更第二条所列各项时,须依照下列各项规定办理之。

一、变更车行名称者,须换具保结,将变更事由呈请备案换给立案执照。

二、如变更经理者须由新旧经理具呈声明,并由新经理换具保结声请备案,换给立案执照。

三、如变更地址及增减车辆时,须呈请公安局核准,于立案执照上分别注明。

第四条 人力车行车额最少须在五辆以上。

第五条 人力车须领得车辆牌照后方准行驶。

第六条 人力车请领车辆牌照时，须先领填声请书，自用人力车并须填具商号保结，连同车辆送经公安局检验合格后，缴纳牌照费，先给予执照，持赴财政局呈验，照章缴纳捐款，领取捐牌，再赴公安局呈验领取号牌。

第七条 人力车执照有效期间为一年，期满须换领新照，自用人力车换照时并须将车辆送验，营业人力车定每年春季检验一次。

第八条 人力车请领牌照须依照下列规定缴纳牌照费。

一、执照费五角。

二、号牌费五角。

三、立案执照费一元。

换领补领立案执照及车辆牌照时，缴费数目与新领同。

第九条 人力车领得牌照后，如遇变更声请书内任何一项者，须填具声请书附同旧照，请求公安局换给新照。其自用人力车过户者(将原车连同号牌一并让与他人者为过户)，须由新旧车主签名盖章，新车主并须填具保结，其换车者(仍用原号牌换用他车者曰换车)须将所换车辆送请检验。

第十条 人力车停止使用时，须将应纳捐费缴足，并填具声请书连同号牌执照呈缴公安局注销，由公安局通知财政局停止征捐。

第十一条 执照号牌如有遗失须先登报声明作废，然后依照下列手续，声请公安局补发。

一、遗失执照者，须填具声请书缴验号牌，并附所登报纸，请求公安局补发。

二、遗失号牌者，须填具声请书缴呈执照并附所登报纸，请求公安局补发。公安局发给牌照时，并通知财政局换给同号捐牌。

三、如执照号牌悉数遗失者，须连同所登报纸取具妥保证明，向公安局声明按照新领手续请领。

第十二条 自用人力车不得营业。

第十三条 营业人力车辆额数公安局社会局得会同体察市面需要情形，呈请市政府限制或开放之。

第十四条 营业人力车之车租及乘车价目，由社会局斟酌市面情形规定之。

第十五条 营业人力车夫年龄须在十八岁以上五十岁以下，身体强健无疾病者。

第十六条 营业人力车夫所著雨号衣，须由车主备置之，不得向车夫收费。

第十七条 人力车车体及附属品均须完固整洁。

第十八条 人力车须装置灯铃。

第十九条 人力车车灯与路灯同时燃亮。

第二十条 营业人力车夫遇乘客有非常事故（如疾病暴亡）或形迹可疑时，须立即报告就近岗警。

第二十一条 营业人力车夫如发见乘客遗漏物件于车上时，须送交就近区所或岗警保存招领，不得藏匿。

第二十二条 营业人力车夫营业时，须携带乘车价目表以备索阅。

第二十三条 营业人力车夫不得于定价外任意勒索。

第二十四条 执照须随车携带，号牌自用者须钉于车背上，营业者须钉于车右边遮泥饭上。

第二十五条 执照号牌不得借于他人，并不得转用于他车。

第二十六条 人力车不得乘载二人，但不满十二岁之幼童不在此限。

第二十七条 人力车不得拉载下列各项物品：

一、认为易于传染疾病者；

二、突出车外之长大物品；

三、危险物品。

第二十八条 违反本规则者,依照下列各项规定处罚之:

一、违反本规则第二、三、五、七、九、十一、十七、十八、十九各条之规定者,除勒令遵办应办手续外,并处二元以上二十元以下之罚金。

二、违反第十二、十五、二十、二十二、二十三、二十四、二十五、二十六、二十七各条之规定者,处二元以上二十元以下之罚金。

三、违反第二十一条之规定者,除追缴原物外,并处二元以上十元以下之罚金。

四、同时违反本规则在二条以上者,得并科处罚之。

五、伪造及使用伪造牌照者,处二十元以上六十元以下之罚金,并移送法院依法究办。

六、违反本规则屡罚不悛者,或查有其它舞弊情事者,公安局得加倍处罚或停止其营业及扣销牌照。

第二十九条 人力车除遵守本规则外,并须遵守《青岛市陆上交通管理规则》。

第三十条 本规则如有未尽事宜,提出市政会议修正之。

第三十一条 本规则自公布之日施行。

青岛市货车管理规则

民国二十年(1931年)五月□日公布

第九十次市政会议通过

第一条 凡在本市备置货车自用或营业者,均须遵守本规则之规定。

第二条 本规则所称货车之种类如下:

一、载货汽车;

二、载货单轮人力车;

三、载货二轮人力车;

四、载货二轮兽力车;

五、载货四轮兽力车。

第三条 货车均须领得车辆载重牌及执照后方准行驶,运货汽车仍须遵照《青岛市汽车管理规则》请领车辆牌照。

第四条 请领货车载重牌及执照,须先领填声请书连同车辆,送经公安局检验合格后,缴纳牌照费给予牌照,持赴财政局照章纳捐领取捐牌。

第五条 货车执照有效期间为一年,期满须填具声请书,连同原车送请公安局复验,换给新照。

第六条 市区外货车驶入市区内者,须向公安局领取临时执照,有效期间为三天,其照费载货汽车一元,双轮人力车及双轮四轮兽力车三角,一轮车一角,不另征捐费。

第七条 货车装载绝对不能分离之物件致令过重时,须用车轮宽大之车辆或用两轮以上车辆负载之,如对于上项办法事实确难照办者,须声请公安局会同工务局分别审核办理，如对于所经道路不至有压损情事时，即由公安局发给过重许可证，此证有效期限为二天，载货汽车收证费一元，载货人力车及载货兽力车收证费四角。

第八条　货车请领载重牌及执照时，须遵照本规则附表一之规定缴纳牌照费。

第九条　货车领得牌照后，如遇变更声请书内任何一项者，须填具声请书附同旧照请求公安局换给新照，其自用车过户者（将原车连同号牌一并让与他人者为过户），须由新旧车主签名盖章换给执照，其换车者（仍用原号牌换用他车者曰换车）须将所换车辆送请检验。

第十条　货车停止使用时，须将应纳捐款缴足，并填具声请书连同载重牌及执照，呈缴公安局注销，由公安局通知财政局停止征捐。

第十一条　自用货车不得营业。

第十二条　运输公司之运货车辆以营业论。

第十三条　执照载重牌如有遗失，须先登报声明作废，然后依照下列手续声请公安局补发。

一、遗失执照者须填具声请书缴验号牌，并附所登报纸，声请公安局补发。

二、遗失载重牌者须填具申请书缴呈执照，并附所登报纸，声请公安局补给，公安局于发给牌照时，通知财政局换给同号捐牌。

三、执照载重牌悉数遗失者，须取具妥保证明，申请公安局按照新领手续请领。

第十四条　载货汽车体载共重不得过四千四百公斤，兽力车不得过四千二百公斤，人力车不得过二千一百公斤。

第十五条　货车载重须依照本规则附表二之规定。

第十六条　载重牌须依照本规则附表一之规定钉挂之。

第十七条　执照须随车携带以备查验。

第十八条 载重牌及执照不得借用于他人，并不得转用于他车。

第十九条 货车须遵照下列之限制：

一、除汽车外，其车轮边宽与两轮中距均须遵照本市制定运货车辆车轮构造图样，向本市登记合格之制造货车商号购置。

二、车身须坚固完整。

三、轮辋除汽车外，须用平滑之铁材。

四、不得使用有响声之一轮车。

第二十条 货车载货离地高不得超过三公尺（约九呎九吋），宽不得过车身外三十公分（约一呎），但装载绝对不能分离之物件不在此限。

第二十一条 货车装载货物离地高至三公尺（约九呎九吋）时，须捆缚牢固，并须于车前后日间各悬一呎见方之红旗，夜间另加挂红灯。

第二十二条 货车载重如沿途警察或工务局员工认为过载时，得令驶至公安局车辆载重检验处受验。

第二十三条 牵挽货车须遵守下列之规定：

一、未满十六岁之幼童不得挽驭车辆。

二、有狂性或行将分娩之牲畜不得挽车。

三、一车不得用二匹以上之牲畜挽拉，并不准两辆以上之车辆连串行驶。

四、驭车者离开车辆时，须将挽车牲畜拴系妥当。

第二十四条 凡货车除汽车外，在有车轨石之道路行驶时，须循车轨石行驶。

第二十五条 凡货车在同方向行驶时，须按序前进，后车不得超越前车。

第二十六条 凡货车除装卸货物外，不得沿途停放，并不得停放人行道上。

第二十七条 货车违犯本规则之规定时，依照下列各项办法处罚之。载货汽车得加倍处罚。

一、违犯第三、五、六、七、九、十、十三、二十一各条规定之一者，除勒令办理应办手续外，并处以五角以上十元以下之罚金。

二、违反第十一、十八各条规定之一者，处一元以上十元以下之罚金。

三、违反第十六、十七、二十、二十三各条规定之一者，处五角以上十元以下之罚金。

四、违反第二十四、二十五、二十六各条规定之一者，处一元以上十元以下之罚金。

五、违反第十九条第一项之规定者，除将车辆没收外，并处一元至二十元之罚金。

六、违反第十九条之二、三、四项规定之一者，处一元以上十元以下之罚金。

七、违反第十四、十五各条规定之一者，除勒令减轻载重至不过重外，并处一元以上十元以下之罚金，如压损公物者，仍须照价赔偿。

八、同时违反本规则二条以上者，得并科处罚之。

九、伪造或使用伪造牌照者，除载货汽车依照汽车规则处罚外，其余货车酌量情形分别处以五元以上二十元以下之罚金，并送法院依法究办。

十、违反本规则屡罚不悛，或查有其它舞弊情事者，公安局得追销其牌照或勒令停止营业。

第二十八条 货车除遵守本规则外，并须遵守《青岛市陆上交通管理规则》。

第二十九条 载货汽车除遵守本规则外，凡汽车规则与本规则不抵触者均须遵守之。

第三十条 本规则如有未尽事宜，得提出市政会议修正之。

第三十一条 本规则自公布之日施行。

附表一

车别	载重牌费	执照费	载重牌装定处	备考
载货汽车	八角	二角	车前头左侧	补领换领收费数目与新领同
载货单轮人力车	一角	一角	车前头	同前
载货二轮人力车	三角	二角	车前头左侧	同前
载货二轮兽力车	三角	二角	车前头左侧	同前
载货四轮兽力车	四角	二角	车前头	同前

附表二

一、人力兽力货车轮边阔度及应载体载共重公斤数目表

轮边宽度	一轮准载重量	二轮准载重量	四轮准载重量
八公分	五六〇公斤	一一二〇公斤	二二四〇公斤
九公分	六三〇	一二六〇	二五二〇
十公分	七〇〇	一四〇〇	二八〇〇
十一公分	七七〇	一五四〇	三〇八〇
十二公分	八四〇	一六八〇	三三六〇
十三公分	九一〇	一八二〇	三六四〇
十四公分	九八〇	一九六〇	三九二〇
十五公分	一〇五〇	二一〇〇	四二〇〇

附注一　轮边宽度最窄不得少于八公分

附注二　车轮中距应为一·二〇公尺

二、机力货车轮边宽度及应载体载共重公斤数目表

轮边宽度	每轮准载重量	二轮准载重量	四轮准载重量
六公分	五二五公斤	一〇五〇公斤	二一〇〇公斤
七公分	六一〇	一二二〇	二四四〇
八公分	七〇〇	一四〇〇	二八〇〇
九公分	七八三	一五七〇	三一四〇
十公分	八七五	一七五〇	三五〇〇
十一公分	九六〇	一九二〇	三八四〇
十二公分	一一〇〇	二二〇〇	四四〇〇

青岛市马车管理规则

民国二十年(1931年)五月□日公布

第八十九次市政会议通过

第一条 凡在本市区内备马车载客营业或自用者,均须遵守本规则之规定。

第二条 马车均须领得车辆号牌执照后方准行驶。

第三条 请领马车牌照须先领填声请书,并填具商号保结,连同车辆送经公安局检验合格后,照章缴纳牌照费,给予执照持赴财政局呈验,照章纳捐领取捐牌,转赴公安局呈验再行给予号牌。

第四条 马车执照有效期限为一年,期满须填具声请书连同马车送请公安局复验换给新照。

第五条 请领马车牌照须依下列之规定缴费。

一、号牌费八角。

二、执照费八角。

换领及补领缴费数目与新领同。

第六条 马车领得牌照后,如变更声请书内任何一项者,须填具声请书附同旧照声请公安局换给执照,其过户者(将原车连同号牌一并让与他人者为过户)须由新旧车主签名盖章,其换车者(仍用原号牌换用他车者曰换车)须将所换车辆填同声请书送请检验。

第七条 马车停止使用时,须将应纳捐款赴财政局缴足,并填具声请书连同号牌执照呈缴公安局注销,由公安局通知财政局停止征捐。

第八条 执照号牌如有遗失，须先登记声明作废，然后依照下列手续声请公安局补发。

一、遗失执照者须填具声请书缴验号牌，并附所登报纸声请公安局补给。

二、遗失号牌者须填具声请书缴呈执照，并附所登报纸声请公安局补给。公安局即将原号注销，另给新牌照，同时并通知财政局换给同号捐牌。

三、如执照号牌悉数遗失者，须取具妥保证明，声请公安局按照新领手续请领。

第九条 营业马车车额，公安局社会局得依本市需要情形，呈准市政府限制或增减之。

第十条 订定或增减营业马车乘租价目时，须由各营业车户拟议，呈由公安局社会局核定之，核定后印册交各营业马车夫随车携带以资标准。

第十一条 自用马车不得营业。

旅店客栈所备迎送旅客之马车以营业论。

第十二条 马车号牌捐牌，须钉于车身后方，号牌在左，捐牌在右。

第十三条 马车执照须随车携带以备查验。

第十四条 执照号牌不得转用于他车。

第十五条 马车不得逾额载坐。

第十六条 马车夫须在二十岁以上五十岁以下，身体强壮听视觉灵敏者。

第十七条 骡马有下列各款之一者不得驾车：

一、狂病暴性及训练未熟者。

二、体力不强壮或有疾病者。

三、牝马妊孕行将分娩者。

第十八条 车体及附属品须完固整洁。

第十九条 马车须装置亮灯两盏及手压喇叭。

第二十条 马车车灯须与路灯同时燃亮。

第二十一条 营业马车夫遇乘客有非常事故（如疾病暴亡等）或形迹可疑者，须立即报告就近岗警。

第二十二条 乘客如遗漏物件于车上时，车夫须将物件交送就近区所收存出示招领，不得隐匿。

第二十三条 车夫如离开车辆时，须将驾车牲畜拴系妥当。

第二十四条 违反本规则者，依照下列各项规定处罚之。

一、违犯第二、四、六、七、八各条规定之一者，除勒令办理应办手续外，并处二元以上二十元以下之罚金。

二、违犯第十一、十二、十三、十四、十五、十六、十七、十八、十九、二十、二十一、二十三各条之规定者，处二元以上二十元以下之罚金。

三、违犯第二十二条之规定者，除追缴原物外，并处二元以上十元以下之罚金。

四、同时违犯本规则在二条以上者，得并科处罚。

五、伪造及使用伪造牌照者，处二十元以上六十元以下之罚金，并移送法院依法究办。

六、违犯本规则屡罚不悛或查有其它舞弊情事者，公安局得加倍处罚或扣销其牌照。

第二十五条 马车除遵守本规则外，并须遵守《青岛市陆上交通管理规则》。

第二十六条 本规则如有未尽事宜，得提出市政会议修正之。

第二十七条 本规则自公布之日施行。

青岛市脚踏车管理规则

民国二十二年(1933年)二月□日修正公布

第一百八十二次市政会议通过

第一条 凡在本市以脚踏车自用或营业者,均须遵守本规则之规定。

第二条 凡在本市开设脚踏车行租赁、贩卖或修理脚踏车者,须觅有资本在五百元以上之殷实铺保三家,填具保结,并开具下列各项,呈报公安局核准立案,发给立案执照后,方得请领牌照营业。

一、车行名称、地址及经理人姓名、籍贯。

二、资本金额及营业种类。

立案执照收照费一元,遗失时须呈请补给,照费与新领同,车行保结由公安局制备。

第三条 脚踏车行如有变更第二条所列各项时,依照下列各项规定办理之。

一、变更车行名称者,须换具保结,将变更事由呈报公安局备案,换给立案执照。

二、更换经理者须由新经理换具保结,与前经理共同具名,呈报公安局备案,换给立案执照。

三、变更车行地址及营业种类者,须于事先呈报公安局备案,由公安局将呈准事项填注立案执照。

第四条 脚踏车行领得立案执照后,须于三十日内开始营业,否则撤销其呈准原案,并注销立案执照。

第五条 脚踏车均须领得车辆号牌执照后方准行驶。

第六条 请领脚踏车牌照须先领填声请书，自用脚踏车并须填具商号保结，连同车辆送经公安局检验合格后，照章缴纳牌照费，先给予执照，持赴财政局呈验照章纳捐领取捐牌，再赴公安局呈验领取号牌。

第七条 脚踏车执照有效期限为一年，期满须填具声请书连同车辆送请公安局复验换给新照。

第八条 请领脚踏车执照号牌，须依下列之规定缴费。

一、号牌费四角。

二、执照费四角。

换领及补领缴费数目与新领同。

第九条 脚踏车领得牌照后，如变更声请书内任何一项者，须填具声请书附同旧照申请公安局换给执照，其过户者（将原车连同号牌一并让与他人者为过户）须由新旧车主签名盖章，新车主如系自用车，并须填具保结，其换车者（仍用原号牌换用他车者为换车）须将所换车辆填同声请书送请检验。

第十条 脚踏车停止使用时，须将应纳捐费缴足，并填具声请书连同号牌执照，呈缴公安局注销，由公安局通知财政局停止征捐。

第十一条 号牌执照如有遗失须先登报声明作废，然后依照下列手续声请公安局补发。

一、遗失牌照者须填具声请书缴验号牌，并附所登报纸声请公安局补给。

二、遗失号牌者须填具声请书缴呈执照，并附所登报纸声请公安局补给。公安局于发给牌照时，并通知财政局换给同号新捐牌。

三、如执照号牌悉数遗失者，须取具妥保证明声请公安局按照新领手续请领。

第十二条 脚踏车号牌须挂于车前柱横柱交叉处，执照须随车携带以备查验。

第十三条 执照号牌不得借用于他车。

第十四条 脚踏车不得乘坐二人。

第十五条 乘车人两手不得同时脱离车把。

第十六条 脚踏车车体及零件须完固整洁。

第十七条 脚踏车须装置铃灯及手制动器或脚制动器。

第十八条 脚踏车车灯须与路灯同时点亮。

第十九条 违犯本规则者,依照下列各项处罚之:

一、违犯第二、三、五、七、九、十、十一各条规定之一者,除勒令办理应办手续外,并处一元以上十五元以下之罚金。

二、违犯第十二、十三、十四、十五、十六、十七、十八各条规定之一者,处一元以上十五元以下之罚金。

三、同时违犯本规则在二条以上者得并科处罚。

四、伪造及使用伪造牌照者,处十元以上五十元以下之罚金,并移送法院究办。

五、违犯本规则屡罚不悛者,公安局得加倍处罚或扣销其牌照。

第二十条 脚踏车除遵守本规则外,并须遵守《青岛市陆上交通管理规则》。

第二十一条 本规则如有未尽事宜,得提出市政会议修正之。

第二十二条 本规则自公布之日施行。

青岛市管理公共及长途汽车规则

民国二十年(1931年)五月□日公布

第八十九次市政会议通过

第一条 凡在本市经营公共及长途汽车业者,须遵守本规则之规定。

第二条 凡欲在本市开设公共汽车行者,须觅有资本在二千元以上之殷实铺保三家,填具保结,并开具下列各项,呈请公安局核准,发给立案执照,收照费五十元。

一、商号名称、地址及经理人姓名、年岁、籍贯。

二、客车及货车辆数。

三、车辆图式。

四、行驶路线及停车站。

五、每日营业时间及来往次数。

六、载客运货详细价目表。

第三条 公共汽车公司遇有变更立案事项时,须将变更事项呈请公安局换给立案执照或添注执照,换照收手续费一元。

第四条 公共汽车公司于停车站及其行车路线上有必要之设备时,须备具图说呈请公安局核准,其由公安局查明认为有必要之设备者,得饬令照办。

第五条 公共汽车须于车身上标明公司之名称。

第六条 公共汽车司机人坐位须与乘客隔离。

第七条 公共汽车轮流行驶车辆及乘客之数额,须遵照公安局之规定办理。

第八条 公共汽车对于规定之路线，不得任意变更或停止。

第九条 公共汽车须依照规定之车站停车，不得任意停止。

第十条 公共汽车须遵照规定路线悬挂路线牌，不得随意更换，其路线牌由车商遵照公安局所定式样制备，送由公安局加盖火印。

第十一条 公共汽车公司无力经营时，应于歇业前呈请公安局核准并缴销牌照。

第十二条 长途汽车公司其行驶路线之一部分在本区内者，除遵照行政院颁布长途汽车公司条例办理外，所有请领车辆牌照及关于应行遵守各事项，须依照青岛市《汽车管理规则》、《陆上交通管理规则》及本规则之规定办理之，长途汽车请领牌照须填具车辆保结。

第十三条 长途汽车每次行车必须出境，不得乘机在区内作类似公共汽车之营业。

第十四条 公共及长途汽车一车不得兼挂两种号牌。

第十五条 公共汽车除遵守本规则外，须遵守《青岛市陆上交通管理规则》及《青岛市汽车管理规则》。

第十六条 违犯本规则者，依照下列各款之规定处罚。

一、违犯第二、第三各条者，依照《青岛市汽车管理规则》之规定处罚。

二、违犯第五、第六、第十一各条者，处以二十元以下之罚金。

三、违犯第七、第八、第九、第十、第十三各条者，处以五十元以下之罚金。

四、其余一切违章事项，均依照《青岛市汽车管理规则》办理之。

五、六个月以内违犯本条第三款至二次以上者，得令其停业，至三次以上者，得追销牌照勒令歇业。

第十七条 本规则如有未尽事宜，得提出市政会议修正之。

第十八条 本规则自公布之日施行。

青岛市取缔制造货车规则

民国二十年(1931年)五月□日公布

第九十次市政会议通过

第一条 凡在本市以制造运货车辆为营业之商店,应遵照本规则向公安局呈请登记。

第二条 呈请登记时,须填具登记声请书并附具铺保。

第三条 经公安局审查准予登记之商店,应缴凭照费一元,印花费五角,领取登记凭证暨本市制定之运货车辆车轮构造图样。

第四条 凡未经登记之商店,在本市内不得制造运货车辆。

第五条 凡登记合格之商店,制造车辆须依照本市制定之运货车辆车轮构造图样,但图样中未及备载者听其自便。

第六条 凡登记合格之商店所造运货车辆,须加烙印,载明号牌地址,烙印地位须在车轮上不易磨损而便察看之处。

第七条 登记人自领凭照之日起,每满一年应将登记凭证呈验一次,由公安局盖印发还,概不收费,逾期不呈验者,得吊销凭照,勒令重行登记。

第八条 登记人自行停止营业或迁移地址时,须向公安局呈报缴销凭照或备案。

第九条 登记人如遗失凭证,应即登报声明,并呈请公安局补发新凭证,随缴手续费、印花费各五角。

第十条 凡有下列情形之一者,公安局得酌量情形处以五元至五十元之罚金,或暂予注销其登记,时间以三个月至一年为限。

一、以登记号数或所领凭证冒名顶替者。

二、制造不合格之车辆行销市内者。

三、承修不合格车辆者。

四、违犯规则屡戒不悛者。

第十一条 本规则如有未尽事宜,得提出市政会议修正之。

第十二条 本规则自公布之日施行。

青岛市陆上交通管理规则

民国二十年(1931 年)□月□日公布

第八十五次市政会议通过

要目

第一章　总则

第一条　凡在本市区内陆上往来行人车辆等,除遵守各特定规则外,均须遵守本规则之规定。

第二条　本市区内往来通行者,均须遵守一切交通标志之揭示及警察之指挥。

第二章　道路

第三条　本市马路专为车马往来之用,两旁人行道专为行人往来之用。

第四条　马路中间除婚丧仪仗及团体游行外,不准数人并肩同行。

第五条 马路及人行道上不准堆存货物或其它器具。

第六条 马路中不准小孩嬉戏，违者处罚其家长。

第七条 小孩坐卧之游戏车等，不准行驶于马路中。

第八条 凡火警暨建筑地及一切禁止通行之马路，均须遵守警察之指挥绕道而行。

第三章 行人

第九条 行人除负荷重大物品者可顺马路之右侧前进外，其余徒手人等均须步行于人行道上。

第十条 行人须让避一切车辆。

第十一条 行人欲越过马路或经过交叉路口时，须注意左右行车不可冲过。

第十二条 行人不得停聚于任何路上致碍交通。

第四章 车辆

第十三条 各种车辆行驶于马路中者，均须有牌照方准通行，否则警察得随时取缔照章处罚。

第十四条 车辆乘客及载重不得超过各该车辆规定之限制。

第十五条 各种车辆均须停于公安局所指定之停车处。

第五章 车辆之行驶

第十六条 行车将近交叉路口或转角处，须鸣号缓行。

第十七条 数车在同一方向前行时，缓者须让速者先行。

第十八条 同类车辆连续进行，前车与后车须有三公尺以上之距离，不得相并而行。

第十九条 凡对面行驶之车辆须互相让避，凡右侧空车须让实车先行。

第二十条 两车连续进行前欲停止时，应将车辆驶近路之右侧，同时鸣号通知后车。

第二十一条 行驶之车辆欲在路之左侧停车时，须先以手势知会其它车辆及行人，徐徐斜驶左侧。

第二十二条 凡后车欲越过前车，须先鸣号知会前车让近右侧，然后从其左方越过。

第二十三条 凡车辆欲回转时应在空旷之处，并须鸣警告行人及来往车辆。

第二十四条 由小路或支路驶出之车辆与干路之车辆相遇时，须让干路之车先行。

第二十五条 车辆行驶时，如遇警察将右手向前平举，即须停车，须俟警察手放下然后前行。

第二十六条 汽车行至交叉路口欲前进或转弯时，须以手势指明路向如下：

一、前进：司机人将手臂向前平举；

二、左转：司机人将左手向左平举；

三、右转：司机人将右手向右平举。

夜间行车方向以指向灯表示之。

第二十七条 一切车辆夜间行驶均须有灯光。

第二十八条 凡救火车及教护车行驶较快，一切车辆均须让避。

第二十九条 车辆行驶中途发生事故，应立即停车报告就近警察听候指挥。

第三十条 车辆撞坏他人物件或伤害他人身体时，驾车人或车主应负赔偿及医疗之责。

第三十一条 一切车辆不准在马路上练习驾驶。

第六章 车辆装载之限制

第三十二条 货车装载货物须稳固齐整,不得妨碍交通。

第三十三条 货车卸货后,不得久停于马路上致碍交通。

第三十四条 货车装载不能分离之物件,如重量过大须先声请公安局发给许可证。

第三十五条 货车载重如查车员及警察认为越过限度,得令驶至公安局车辆检验处检验,如有过重即照章处罚。

第七章 罚则

第三十六条 违反本规则各条之规定者,除各种车辆有特别规定外,均以妨碍交通论处一元以上五元以下之罚金。

第三十七条 本规则如有未尽事宜,得提出市政会议修正之。

第三十八条 本规则自公布之日施行。

青岛市公安局交通警察简则

第一条 为整理本市交通设立交通警察组,其服务依照本简则办理。

第二条 交通警察组之编成如下:

组长一由主管科或督察处遴员兼任。

警长八由第一保安队轮流充任。

警士四十由第二保安队轮流充任。

第三条 组长承局长之命,依照《陆上交通管理规则》指挥所属长警,管理交通一切事宜。

第四条 交通警察组之勤务区分如下:

(一)固定勤务:凡配置于道路一定场所执行交通取缔者均属之,此项勤务由交通组酌量交通混杂时间及场所临时派遣之。

(二)移动勤务:凡巡察道路整理交通及追办违反交通事件一切取缔均属之,此项勤务由交通组规定一定时间行之。

第五条 各分局不得因设有交通警察即解除交通整理之责任,仍应由派出所执行守望及巡逻之长警,照常兼任交通警察勤务。

第六条 交通警察组及派出所关于交通违反事件之处理,权限如下:

一、交通警察组发觉者,除通知该管区所外,由该组报请主管科处理。

二、派出所发觉者,依照旧章报请所管分局处理。

第七条 各分局分驻所派出所倘有交通警察组请求协助时,应即与以切实之协助,不得推诿。

第八条 交通警察组附设在主管科，认有必要时，由局长遴选办事员书记各一人兼助其事务。

第九条 交通警察组人员执行勤务时，应于左臂佩带识别章。

第十条 交通警察组执行勤务认有必要时，得呈明局长配属脚踏车、自动车或马匹，以资应用。

第十一条 本简则自呈奉核准之日施行。

青岛市汽车司机人管理规则

民国二十二年(1931 年)七月□日修正公布

第二一四次市政会议通过

第一条 凡在本市区内驾驶汽车之司机人,均依本规则管理之。

第二条 凡欲在本市区内驾驶汽车者,须向公安局分别领取司机执照。

第三条 司机执照分下列四种:

一、业务司机执照。

二、车主司机执照。

三、学习司机执照。

四、特种司机执照。

第四条 凡以汽车司机为业务者,须领业务司机执照。

第五条 凡车主自行司机者,须领车主司机执照。

第六条 凡欲学习司机者,须领学习司机执照。

第七条 凡请领特种司机执照者,须具有驾驶各种汽车之技术,并有以下列各款之一为业务而经本人服务之行厂书面证明者:

一、以经营汽车买卖为业务者。

二、以介绍汽车买卖为业务者。

三、在出品汽车之行厂服务者。

四、以修理汽车为职业者。

第八条 凡请领司机执照者,须向公安局领取声请书依式填写,连同最近二寸半身照片二张,送由公安局审查考验,其合格者取具市内妥实铺店保结，分别缴纳照费、领取执照方准驾驶汽车。至司机人担保简则，由公安局另定之。

第九条 凡在他处已经领有执照，仍欲在本市领照司机者，须将执照向公安局呈验，照章考试及格后发给执照。

第十条 司机人在考验前须检验目力及听力，其有公安局认可之医院书面证明者，亦得认为有效。

第十一条 凡司机人须具有下列资格：

一、年龄在十八岁以上者；

二、身体健全而无疾病者。

第十二条 司机执照每张应缴执照费如下：

一、业务司机执照二元。

二、车主司机执照三元。

三、学习司机执照一元。

四、特种司机执照四元。

换领或补领执照其缴费数目与新领同。

第十三条 司机人或车主迁移地址时，须于三日内向公安局声明。

第十四条 凡领有业务及特种司机执照之司机人就业或易主时，应向公安局呈验执照声请注册并须缴注册费五角。

第十五条 司机人除领有特种司机执照者外，于更换车辆时，应于三日内向公安局声明。

第十六条 汽车司机执照除学习者外，其余有效期间为二年，期满须换领新照，在有效期间内每满一年须送公安局审验一次。

第十七条 学习司机执照之期限为六个月，期满后即缴验执照，照章考试，及格者即换给愿领之执照，不及格者得酌量展期学习，届期复试，其有学习进步迅速者，得在学习期内提前考试。

第十八条 学习驾驶汽车须在公安局指定之路线。

第十九家　学习驾驶时，应有已领执照之司机人在旁指示。

第二十条　司机人须随身携带执照，以备警察及管理人员查验。

第二十一条　司机执照不得转借与他人。

第二十二条　执照遗失或损坏时，须即分别声请公安局补给，并照第十二条之规定缴纳照费。

第二十三条　凡司机人在本市区内停止司机职业或离市他去时，应将执照缴存公安局换取收据，俟复业或返市时，可持据向公安局领还原照，其审验手续仍依照本规则第十六条之规定办理。

第二十四条　汽车行或汽车车主不得雇用无公安局司机执照之司机人。

第二十五条　司机人不得以车主自用之汽车营业。

第二十六条　汽车司机人于驾驶时，须遵守警察及交通信号之指示。

第二十七条　司机人于酒醉时不得司机。

第二十八条　凡司机人届满五十岁以上之年龄时，须将执照即行缴还公安局，如经公安局审查认为尚有驾驶能力者，得展予相当之年限。

第二十九条　凡司机人遇有公安局传询事项，应立即来局不得迟延。

第三十条　凡司机人不得利用汽车干犯一切法纪。

第三十一条　凡司机人除遵守本规则外，并须遵守本市《汽车管理规则》及《陆上交通管理规则》。

第三十二条　司机人须谨守规则不得玩忽业务致人于危险。

第三十三条　违反本规则者，依下列规定处罚之，并于司机执照上填明违反事由。

一、违反第二条、第八条、第九条者，除责令至公安局受验领照外，处以五十元以下十元以上之罚金。

二、违反第四条至第七条者，处以二十元以下五元以上之罚金，并仍责令至公安局受验领照。

三、违反第十三条至第十五条及二十三条者，各处以五元以下一元以上之罚金。

四、违反第十六条之规定逾期一月以上者，追销执照。

五、违反第十八条、第十九条者，处以五元以下一元以上之罚金，并追销其执照。

六、违反第二十条、第二十五条至第二十七条者，处十元以下三元以上之罚金。

七、违反第二十一条者，除将执照追销外，各处以十五元以下五元以上之罚金。

八、违反第二十二条者，除责令补领或换领外，并处以五元以下一元以上之罚金。

九、违反第二十四条者，处车行或车主以五十元以下三十元以上之罚金。

十、违反第二十八条者，除追缴执照外，处以十元以下五元以上之罚金。

十一、违反第二十九条逾期十日者，罚银五元，逾期一月以上者，追销执照。

十二、违反第三十二条伤害人或致人于死者，除将案移送法院办理外，并扣押或追销其执照；其未达伤害程度者，处十元以下二元以上之罚金，情节重者并得扣押或追销其执照。

第三十四条 违反本规则屡罚不悛至二次以上者，得斟酌情形扣押或追销其执照。

第三十五条 扣押执照之期限为一年以下一个月以上，按其情节轻重定之。

第三十六条 执照追销后不得重新请领。

第三十七条 本规则如有未尽事宜，得提出市政会议修正之。

第三十八条 本规则自公布之日施行。

青岛市公安局汽车司机人担保简则

民国二十年(1931年)五月修正呈奉市政府
第三〇八八号指令核准

第一条 凡在市区内之殷实商铺资本在五百元以上者,皆得为汽车司机人之担保者。

第二条 凡为汽车司机人之担保者,应负该司机人随传随到之责。

第三条 司机人违反规则不受处罚时,担保者应负完全责任。

第四条 司机人倘因玩忽业务发生事故而无力担负其必须赔偿之费用时,担保者应负责代缴,如司机人畏罪逃匿,担保者并须负责交案。

第五条 本简则如有未尽事宜得随时呈请修正之。

第六条 本简则自呈奉核准之日施行。

青岛市营业人力车夫管理规则

民国二十年(1931年)四月□日公布

第八十六次市政会议通过

第一条 凡在本市充营业人力车夫者,除遵守《青岛市人力车管理暨征收车捐规则》外,遵守本规则之规定。

第二条 凡欲在本市充营业人力车夫者,须遵照下列之规定,向公安局领取执照。

一、领照人须报由人力车公会填具申请书送请公安局检验,领照人须备具本人二寸半身相片三张,以一张存公会,二张随同申请书送局备查。

二、公安局检验后,合格与否,随时填书通知公会。

三、公会接到前项通知,如属合格,即令车夫觅具保结送交公会。

四、公会审查保结完备即填具请发执照申请书,连同保结,送请公安局填发执照。

第三条 执照费二角,照费及照相费均由车行或车主担负。

第四条 执照有效期间为二年,届期换领新照。

换照费二角,其换照费及照相费仍由车行或车主担负。

第五条 车夫如遗失执照时,须报由人力车公会填具申请书,送请公安局补发执照,其照费及照相费由车夫担负,补发执照时,仍须备具相片三张,以一张存公会,二张缴局。

第六条 车夫更换车行或车主时,须持照赴人力车公会声明,并由该会在执照上面注明现租车辆号数车行及车主姓名加盖戳记。

第七条　凡营业人力车行或车主，不得租车与无执照之车夫，及违反第六条之规定者。

第八条　车夫执行业务时，须穿着号衣携带执照，以备岗警及查车人员随时查验。

第九条　车夫执照不得转借与他人。

第十条　车夫歇业时，须将执照缴由人力车公会转呈公安局注销。

第十一条　车夫停车候客时，须依照本局指定之停车场及不碍交通处所挨次排列，不得任意停放，并不得换车于街市冲要处所往来盘旋致碍交通。

第十二条　车夫候客时，非经乘客之招呼不得争前兜揽或尾随喊叫，并不得在娱乐场所及商店住户门前任意停车。

第十三条　凡车夫中有拾金不昧及遇有形迹可疑之乘客报告警察因而破案者，经公安局查明即分别给奖。其奖例如下：

一、普通奖给予大洋一元至三元。

二、特别奖除按照前项规定给予奖银外，并颁给奖章。

第十四条　车行车主或公会发现车夫行为有合于第十三条之规定时，须由公会报由公安局核明办理，不得擅自处置

第十五条　凡违犯本规则者，依照下列各款之规定处罚。

一、违犯第二条者，处以一元之罚金并停止其营业。

二、违犯第四条者，除勒令换领新照外，并处车行或车主五元以下二元以上之罚金，车夫一元之罚金。

三、违犯第五条或第六条者，除勒令补领执照或将执照注明外，并处以一元之罚金。

四、违犯第七条者，处车行或车主二十元之罚金。凡经屡罚不悛至三次者，即将其违章之车辆停止营业半年或一年。

五、违犯第八条者，处以一元之罚金。凡经屡罚不悛至三次者，得追销其执照。

六、违犯第九条者追销其执照。

七、违犯第十条者，处以一元之罚金。

八、违犯第十一、第十二各条者，处以一元以上二元以下之罚金或追销其执照。

第十六条 本规则如有未尽事宜，得提出市政会议修正之。

第十七条 本规则自公布之日施行。

青岛市管理山轿暂行简则

第一条　凡在崂山附近以抬山轿为营业者，须遵守本简则。

第二条　凡以抬山轿为营业，须将轿夫姓名、住址报告就近分所登记。

第三条　凡以抬山轿为营业者，须将山轿送往就近分所查验合格后，编列号数方准营业。

第四条　山轿凡经客人雇用后，所有客人放置轿上之物品，轿夫应负看管之责，但客人须交带清楚，以免事后发生纠葛。

第五条　客人若有遗留物品，轿夫应立时送还，倘客人去远不及追送时，应即送交就近分所以便招领。

第六条　山轿在指定之场所停放，须按号排列，轿夫不得远离。

第七条　遇有客人雇用山轿即按号出赁，周而复始，不得抬出场外招揽客人。

第八条　山轿价额均须遵照附表，规定价目收价，不得额外勒索（但如客人自愿另给外费者不在此限）。

第九条　违犯本规则第二、三两条者，应即停止其营业，违犯第四、第五两条者，得饬令赔偿，违犯第六、七两条者，得按情节处以五角以上二元以下之罚金，屡犯不悛者得停止其营业。

第十条　本简则自呈准之日施行。

青岛市公安局管理行商规则

民国二十年(1933年)四月□修正公布

第八十六次市政会议通过

第一条 凡在本市区内游行营业者为行商,须遵守本规则之规定。

第二条 凡行商均须填具申请书并连同担盒一并送请公安局检验,以便请领行商执照,并缴纳执照费二角。

第三条 行商所用担盒,须有保持清洁之设备,如装以玻璃或纱布罩等物。

第四条 行商营业时,须随身携带执照以备查验。

第五条 行商执照不得转借与他人。

第六条 凡行商不得设摊陈列有碍交通。

第七条 行商衣服身体概须洁净,并不得袒胸露体。

第八条 行商营业时,须依人行便道右侧行走,不得盘旋或停留于马路中间。

第九条 行商不得售卖违禁及有伤风化物品。

第十条 违反本规则各条之规定者,依照下列各款规定分别处罚之。

一、违反第二至第八各条之规定者,处以五角以上二元以下之罚金。

二、如屡罚不悛或情节重大者,得追销其行商执照。

三、违反第九条之规定者,除追销执照并处以五元以上十元以下之罚金外,仍须接照情节轻重,移送法院依法究办。

第十一条 本规则如有未尽事宜,得提出市政会议修正之。

第十二条 本规则自公布之日施行。

青岛市车辆处罚施行细则

第一条 本市区内车辆违反各该管理费征捐规则之处罚手续，依照本细则施行之。

第二条 本市区内车辆之处罚，由下列各局执行之。

一、财政局

二、公安局

第三条 违反规则之车辆由二局发觉者，得共同处罚之。

第四条 公安局或工务局查获货车过载时，应经车辆裁重检验处磅验后依章处罚之。

第五条 凡违反规则之车辆判罚后，无力缴款由公安局执行拘役。

第六条 处罚违章车辆，须填用市政府颁发之罚金联单。

第七条 财政局、公安局应于每月终将全月被罚车辆号数违反事由罚款数目，分别榜示周知。

第八条 凡车辆因未缴捐款处罚后，应将车辆或号牌扣留，必须俟其罚金捐款分别缴足后方准具领。

第九条 未领牌照之车辆处罚后，应将车辆扣留，俟照规定手续办理完毕方准发还。

第十条 已受处罚之车辆，于本日内在其它地点重被查出违反同项规则时，得将罚款收据呈验免于再罚；但饬令修理之车辆未经修理呈验，而仍行载货载客者，不在此限。

第十一条 违反规则之车辆判罚后，一个月不来缴纳罚款，得强制执行或将车辆没收之。

第十二条 汽车司机人违反本市《汽车司机人管理规则》及《陆上交通管理规则》时，得适用本细则之规定办理之。

第十三条 罚款以六成充公按月报解市政府，其余四成分别充奖赏经办人员之用。共同执行处罚之罚金，其六成由出具收据之局报解市政府，余由各局分别充赏。

第十四条 本细则如有未尽事宜，得由公安局呈请修正之。

第十五条 本细则自呈奉核准之日施行。

上海市取缔汽车罚则

民国十六年(1927年)十二月七日公布

民国十八年(1929年)一月十六日修正公布

民国十八年八月二十九日修正公布

民国十八年九月二十一日修正公布

第一条 本罚则所称汽车,包括甲自用乘人汽车,乙自用运货汽车及拖车,丙营业乘人汽车,丁营业运货汽车及拖车,戊机器脚踏车及机器脚踏货车等能不依轨道或电线而以机力行驶之各车。

第二条 违犯后列各项之一者,除将原车没收外,车主送司法机关究办。

一、伪造号牌或执照者;

二、私打钢印者;

三、伪造捐照或缴捐证者。

第三条 违犯后列各项之一者,着缴保证金甲、乙五十元,丙、丁八十元,戊十五元后,至公用局总车务处登记检验领取牌照,至财政局车捐处缴纳车捐,再凭牌照捐牌向原查获机关照缴罚款,并领还保证金。

一、无号牌及执照者,甲罚银二十元,丙罚银三十元,戊罚银八元。

二、无号牌执照及钢印者,乙罚银二十元,丁罚银三十元。

三、借用他人号牌执照者,甲、乙罚银二十四元,丙、丁罚银三十六元,戊罚银十元,并由公用局将所借牌照吊销。

四、用试车牌载客或载货营业者,丙、丁罚与一季捐银相等之数,再犯除罚银外,并由公用局将试车牌照吊销。

第四条 违犯后列各项之一者，着缴保证金甲、乙六十元，丙、丁一百元，戊二十元后，至财政局车捐处补缴车捐，再凭捐牌向原查获机关照缴罚款，并领还保证金。

一、已逾每季开始十五日尚未缴捐而仍行驶者，照原车捐额一倍半处罚。

二、借用他车捐牌者，照原车捐额二倍处罚。

第五条 违犯后列各项之一者，着缴保证金甲、乙二十元，丙、丁四十元，戊十元后，至公用局总车务处将所犯各项更正，再向原查获机关照缴罚款，并领还保证金。

一、不挂前牌者，甲、乙罚银三元，丙、丁罚银四元五角，戊罚银五角，如查系遗失并须补领新牌。

二、不挂后牌者，甲、乙罚银四元，丙、丁罚到银六元，戊罚银五角，如查系遗失并须补领新牌。

三、不钉小牌者，丙罚银二元，如查系遗失并须补领新牌。

四、不带行车执照者，甲、乙罚银三元，丙、丁罚银四元五角，戊罚银一元，如查系遗失并须补领新照。

五、钢印毁灭或模糊不清者(钢印倘因修理拆卸或日久残损模糊即报请公用局重打)，乙罚银三元，丁罚银五元。

六、前牌号码损坏不即换领新牌者，甲、乙罚银一元五角，丙、丁罚银二元，戊罚银二角，并须换领新牌。

七、后牌号码损坏不即换领新牌者，甲、乙罚银二元五角，丙、丁罚银三元五角，戊罚银三角，并须换领新牌。

八、小牌号码损坏不即换领新牌者，丙罚银一元，并须换领新牌。

九、执照损坏致字迹模糊不即换领新照者，甲、乙罚银一元，丙、丁罚银一元五角，戊罚银三角，并须换领新照。

十、曾领牌照并未缴还复行冒领者，甲、乙罚银二十四元，丙、丁罚银三十元，戊罚银八元，并候查明原委，如有重大情弊，另予相当处分。

十一、私自调车者，甲、乙罚银十四元，丙、丁罚银二十一元，戊罚银四元，如所调车辆等级较原车为大，并须至财政局车捐处补足车捐。

十二、原车损坏修理私以他车临时更替，并不向公用局报告请领通行证者，甲、乙罚银十元，丙、丁罚银十五元，戊罚银二元。

十三、私自过户者，甲、乙罚银四元，丙、丁罚银六元，戊罚银一元。

十四、更调车式或原动机或车身颜色而不报告公用局，甲、乙罚银三元，丙、丁罚银四元五角，戊罚银五角。

十五、更调车主地址并不报告公用局或且私行涂改执照者，甲、乙罚银二元，丙、丁罚银三元，戊罚银五角。

十六、私自销毁或改打原动机号码者，甲、乙罚银二十元，丙、丁罚银三十元，戊罚银八元，并候查明原委，如有重大情弊，另予相当处分。

十七、无后灯或装置地位及式样不适当者，甲、乙罚银二元五角，丙、丁罚银四元，戊罚银三角。

第六条 违犯后列各项之一者，着缴保证金，甲、乙二十元，丙、丁四十元，戊十元后，至财政局车捐处领取临时捐照，再向原查获机关照缴罚款并领还保证金，至规定日期再凭临时捐照向车捐处领捐牌。

一、捐牌遗失不即补领新牌者，照原捐额十分之二处罚。

二、捐牌号码损坏不即换领新牌者，照原捐额十分之一处罚。

第七条 违犯后列各项之一者，着缴保证金，甲、乙二十元，丙、丁四十元，戊十元，将所犯各项分别更正后，再向原查获机关照缴罚款，并领还保证金。

一、前牌钉挂不合式者（前牌应钉于车前最显明之地位，不得使任何物件遮蔽，并须悬挂平正不得歪斜颠倒），甲、乙罚银二元，丙、丁罚银三元，戊罚银三角。

二、后牌钉挂不合式者（后牌应悬挂于车后最显明之地位，夜间并须有灯光映照），甲、乙罚银三元，丙、丁罚银四元五角，戊罚银四角。

三、小牌装钉不合式者（小牌应装钉于客座前面，不得使任何物件遮蔽），丙罚银一元五角。

四、捐牌悬钉不合式者（捐牌应钉于前牌之上或下，不得使任何物件遮蔽），甲、乙罚银一元，丙、丁罚银二元。

五、号牌与执照号数不符者，甲、乙罚银六元，丙、丁罚银八元，戊罚银二元。

六、钢印与牌照号数不符者，乙罚银六元，丁罚银八元。

七、捐牌与牌照或钢印不符者，甲、乙罚银六元，丙、丁罚银八元，戊罚银二元。

第八条 违犯后列各项之一者，由公用局或公安局立即分别处罚。

一、以自用乘人或运货汽车私自载客或载货营业者，甲、乙罚与营业汽车一季捐银相等之数，第二次违犯加倍处罚，第三次违犯原车没收。

二、以运货汽车为载客之营业者，乙罚银六元，丁罚银十元。

三、载客于不相当之地位者，甲罚银四元，丙罚银六元，戊罚银一元。

四、载重超过规定载重量在二百公斤内者，乙罚银五元，丁罚银八元。二百公斤以外，每增一百公斤，乙加罚银四元，丁加罚银六元，如因载重超过道路或桥梁应有之负荷量致损及道路或桥梁者，除罚银外，所损道路桥梁并须由该车主负责赔修。

五、载客过量者，甲罚银四元，乙罚银六元。

六、装用怪声喇叭或其它发声器者，罚银二元，并将所装怪声喇叭或发声器没收。

七、夜间行驶不燃前灯者，甲、乙罚银四元，丙、丁罚银六元，戊罚银一元。

八、夜间行驶不燃后灯者，甲、乙罚银三元，丙、丁罚银四元五角，戊罚银五角。

第九条 违犯后列各项之一者，由公用局或公安局暂将牌照扣留，着修理完整报请公用局检验合格后再行发还。

一、车身破坏不堪者。

二、原动机损坏时时停顿者。

三、制动机失效者。

四、车轮歪斜摇动者。

第十条 一车同时违背本罚则一条以上或一条中之数项者分别处罚，但罚金总额合计不得逾七十二元。

其应缴保证金并得照前项之例计之。

第十一条 违章汽车如不能立即缴纳保证金者，得即将该车扣留。

第十二条 违章汽车如不及扣留或缴保证金者，得抄录该车号码由主管局通知该车主来受处分。

第十三条 经二次通知后仍不遵从至主管局受处分者，除应受处分强制执行外，并须加罚银五元。

第十四条 违章汽车在二十一天内不赴主管局受处分者，得没收其保证金或被扣留之汽车。

第十五条 本罚则由公安局公用局或财政局执行之，所出罚款收据，应经各该局主管人员签字盖章为凭。

第十六条 受第九条各项处分之汽车，由处分之公安局或公用局主管职员出书证明，准该车在驶回原处或赴工厂修理或至公用局报验时免再受罚；但不得再行载客或载货。

第十七条 受第三条、第四条、第五条、第六条、第七条、第九条各项处分之汽车，如于本日内在其它地点重被查出违背同项之规定时，得以已缴罚款或保证金收据为凭，免再处罚。

第十八条 如有其它舞弊或违背交通规章等不当情事，在本罚则未有明文规定者，由公用局公安局或财政局根据其它法令或酌量处分之。

第十九条 本罚则如有未尽事宜得随时修正之。

第二十条 本罚则自特别市政府公布之日施行。

上海市管理汽车司机人规则

民国十七年十二月一日修正公布

第一条 本规则所称汽车,包括机器脚踏车,其司机人均由公用局依照组织细则第四条丁项第五款及本市《陆上交通管理规则》第十九条之规定管理之。

第二条 凡在本市区内驾驶或学习驾驶之汽车主汽车夫,均应在公用局登记考验领取执照,否得一概不得驾驶;但已在特别区内领有司机执照者得暂免于考验。

第三条 考验汽车司机人之手续,由公用局另行规定之。

第四条 汽车司机人至公用局报请登记考验应纳登记费银五元,包括摄影费及考验手续费在内,其第一次考验不及格者,以后每覆验一次,应纳手续费银一元。

第五条 汽车司机人执照分汽车夫执照,汽车主司机执照及学习汽车司机执照三种,其章程分别另定之。

第六条 汽车夫易主向公用局报请签字时,每次应纳手续费银一元。

第七条 司机执照毁坏或遗失向公用局报请换领或补领时,每次应纳手续费银一元。

第八条 汽车司机人应于领照日起,每满一年将执照送请公用局审验一次,每次应纳手续费银一元,必要时公用局并得令另备相片加贴执照之上,如查得执照损坏应换发新照,另收照费每份银一元。

第九条 汽车司机人有违犯本规则及《汽车夫执照章程》《汽车主司机

执照章程》《学习汽车司机执照章程》、本市《陆上交通管理规则》或其它法令者，依下列各款处分之。

一、未有司机执照者罚银十元，仍应责令至公用局受验领照。

二、已领司机执照而未携带者罚银三元。

三、借用他人司机执照者，除将该执照吊销外，罚银十元，仍责令至公用局受验领照。

四、就业或易主时不遵期报请公用局签字，歇业时不遵期缴还原照者，各罚银五元。

五、更调车辆或地址，不遵期呈报者罚银五元。

六、如遇传询逾期三日始行来局者罚银三元，以后若再逾期每一日加罚银一元，逾期至九日以上者吊销其执照。

七、执照毁坏或遗失时，不即报请换领或补领者罚银五元。

八、学习汽车司机执照期满不即缴还者，每日罚银一元。

九、不照第八条规定将执照送请审验逾期在一个月以内始行来局者，罚银五元，逾期在一个月以上者吊销执照。

十、利用汽车干犯法纪应受刑事处分者，除将执照吊销外，永远不得再充汽车司机人。

十一、有其它违法情事者，由公用局比照前列各款酌量处分之。

第十条 本规则如有木尽事宜得随时修正之。

第十一条 本规则自市政府公布之日施行。

上海市汽车夫执照章程

一、本执照只准本人持用不得转借。

二、如更易车主或车辆时，以及本人或车主住址迁移时，应于三日内报告公用局。

三、歇业时应将本执照于三日内缴还公用局。

四、本执照如有毁坏或遗失时，即日报请公用局核准补发。

五、对于本市交通上一切法令应切实遵守，并随时受公用局之查验不得违抗。

六、接得公用局传询通知时，应于三日内来局不得迟延。

七、汽车司机人应于领照日起，每满一年将执照送请公用局审验一次。

上海市汽车主司机执照章程

一、本执照只准本人持用不得转借。

二、如更易车辆或迁移住址时，应于三日内报告公用局。

三、本执照如有毁坏或遗失时，应即日报请公用局核准补发。

四、对于本市交通上一切法令应切实遵守，并随时受公用局之查验不得违抗。

五、接得公用局传询通知时，应于三日内来局不得迟延。

六、汽车司机人应于领照日起，每满一年将执照送请公用局审验一次。

上海市学习汽车司机执照章程

一、本执照只准本人持用不得转借。

二、学习驾驶时，应有已领执照之司机在旁指示。

三、行驶路线只准在公用局指定范围之内。

四、本执照有效期届满之日，应即缴还公用局。

五、对于本市交通上一切法令应切实遵守，并随时受公用局之查验不得违抗。

六、接得公用局传询通知时，应于三日内来局不得迟延。

上海市取缔自用人力车罚则

民国十八年(1929年)一月十六日公布

第一条 兹规定取缔自用人力车各项罚款如下:

一、伪造号牌或执照或私打钢印者,除将原车没收外,车主送司法机关究办。

二、无牌照钢印者着缴保证金十元后,至公用局登记检验领取牌照,财政局缴纳车捐并罚银五元,再凭牌照领还保证金。

三、借用他人号牌执照者,应将所借牌照吊销,仍着缴保证金十元后至公用局登记检验领取牌照,财政局缴纳车捐,并罚银六元,再凭牌照领还保证金。

四、不钉号牌者罚银五角。

五、不带行车执照者罚银五角。

六、号牌装钉不合式者,罚银三角仍着立即更正。

七、钢印模糊不清者(钢印倘日久残损模糊应即报请公用局重打),应将号牌捐照扣留,着至公用局重打,并罚银四角后再行发还。

八、号牌与执照号数不符者,如能立即呈验同号之号牌或执照证明误带者,罚银一元。

九、钢印与号牌或执照号数不符者,如能立即呈验与钢印同号之牌照证明误带者,罚银一元。

十、号牌号码损坏不即换领新牌者,应将执照、捐照扣留,着至公用局换领新牌并罚银三角后再行发还。

十一、执照损坏致字迹模糊不即换领新照者，应将号牌捐照扣留，着至公用局换领新照并罚银三角后再行发还。

十二、曾领牌照并未缴还复行冒领者罚银二元，并候查明原委，如有重大情弊，另予相当处分。

十三、铲除钢印冒领牌照者罚银五元，并候查明原委，如有重大情弊，另予相当处分。

十四、私自掉车者，着缴保证金十元，至公用局验打钢印并罚银四元后再领还保证金。

十五、私自过户者，着缴保证金十元，至公用局过户并罚银一元后再领还保证金。

十六、更调车主地址、私行涂改执照而不报告公用局者，应将号牌扣留，着至公用局声报并罚银二角后再行发还。

十七、私自载客营业者，除罚银六元外，另具保结再度违犯原车没收。

十八、夜间行驶不燃车灯者罚银三角。

十九、违背交通标志者罚银五角。

二十、二次通知仍不遵从来受处分者罚银四元。

第二条　前条各项罚款如系公安局查得判罚者，由公安局出具收据，如系公用局查得判罚者，由公用局出具收据，各经主管人员签字盖章为凭。

第三条　受第一条各项处分之自用人力车如于本日内在其它地点重被查出违犯同项之规定时，除第一项第十项第十六项外，得以已缴罚款或保证金收据为凭，免再处罚。

第四条　如有其它舞弊或违背交通规章等不当情事，在本罚则未有明文规定者，由公用局或公安局各依本法处分之。

第五条　本罚则如有未尽事宜得随时修正之。

第六条　本罚则自市政府公布之日施行。

上海市取缔营业人力车罚则

民国十八年(1929年)一月十六日公布

第一条 兹规定取缔营业人力车各项罚款如下：

一、伪造号牌并私钉钢印者,除将原车没收外,车主送司法机关究办。

二、无号牌及钢印者,除罚银五元外,另具保结,再度违犯原车没收。

三、有号牌而无钢印者,如为遵照公用局图样所造之新车,而能由代捐人保证其除私自掉车并无其它弊窦者(车辆如有更调应先请公用局检验合格凭打钢印),除罚银五元外,由公用局补打钢印认为合格,如属破旧车辆,除将号牌扣留外,并罚银二元五角。

四、有号牌而私打钢印者,如为遵照公用局图样所造之新车,而能由代捐人保证其除因不明掉车办法而私自掉车及私打钢印并无其它弊窦者,罚银二十元,由公用局加打钢印认为合格,如属破旧车辆,除将号牌扣留外,并罚银二十元。

五、有钢印而无号牌者,如能随即呈验与钢印同号之号牌证明遗忘未钉者,罚银一元,如无号牌呈验而能由代捐人保证除遗失号牌并无其它弊窦者,除勒令补领外,罚银二元。

六、号牌装钉不合式者,罚银二角。(号牌应钉于右边叶子板上号码向内并须用木托及螺丝钉)

七、钢印模糊不清者,罚银三角。(钢印倘日久残损模糊应即报请公用局重打)

八、钢印与号牌号数不符者,如能随即呈验与钢印同号之号牌证明错钉者，罚银一元。

九、号牌号码损坏不即换领新牌者，除勒令换领外，并罚银五角。（号牌如有遗失或损坏应立即向公用局补领）

十、代捐人地址更改并不报告公用局者，罚银二角。

十一、用不满十七岁之幼童或五十岁以上之老叟拉车者，罚银一元。

十二、一车兼载成年人两人者罚银二角。

十三、夜间行驶不燃车灯者罚银二角。

十四、乘客遗落物件匿不报告，经查明属实者，除追赔原物外，并罚银二元。

十五、违背交通标志者罚银五角。

十六、车上各部分油漆陈旧污秽不洁者，罚银二角。

十七、车上机件如铁后撑车轮、钢丝轮、卷铁轴、弹簧有损坏弯曲或歪斜者，一件罚银五角，一件以上每件加罚银三角，五件皆坏者扣留号牌，俟另打新车报由公用局检验合格后再行发还。

十八、车上附属品如油篷及门布篷棍、叶子板、后身板、扶手、坐垫及靠背有破坏不全者，一件罚银三角，一件以上加罚银二角，六件皆坏者扣留号牌，俟完全修复报由公用局检验合格后再行发还。

第二条 前条各项罚款，如系公安局查得判罚者，由公安局出具收据，如系公用局查得判罚者，由公用局出具收据，各经主管人员签字盖章为凭。

第三条 受第一条各项处分之营业人力车，如于本日内在其它地点重被查出违背同项之规定时，除第一项、第十三项、第十六项、第十七项、第十八项外，得以已缴罚款收据为凭免再处罚。

第四条 如有其它舞弊或违背交通规章等不当情事，在本罚则未有明文规定者，由公用局或公安局各依本法处分之。

第五条 本罚则如有未尽事宜得随时修正之。

第六条 本罚则自市政府公布之日施行。

上海市取缔马车罚则

民国十八年(1929 年)一月十六日公布

第一条　本罚则所称马车,包括自用马车、营业马车、运货马车等以马匹或其它牲畜行驶之各车。

第二条　违犯后列各项之一者,除将原车没收外,车主送司法机关究办。

一、伪造号牌或执照者。

二、私打钢印者。

第三条　违犯后列各项之一者,着缴保证金十五元后,至公用局登记检验领取牌照,财政局缴纳车捐,并照缴罚款,再凭牌照领还保证金。

一、无号牌、执照、钢印者罚银八元。

二、借用他人号牌、执照者罚银十元,并将所借牌照没收。

第四条　违犯后列各项之一者,应将车扣留或着缴保证金十五元,俟将所犯各项更正并照缴罚款,方得领还原车或保证金。

一、不钉号牌者罚银二元。

二、营业马车不钉小号牌者罚银一元。

三、不带行车执照者罚银一元。

四、号牌装钉不合式者(号牌应钉于车背左方上角并不得使任何物件遮蔽),罚银一元。

五、小号牌装钉不合式者(小号牌应钉于客座面前不得使任何物件遮蔽),罚银五角。

六、号牌与执照号数不符者罚银三元。

七、钢印与号牌或执照号数不符者罚银三元。

八、自用马车私自载客营业者罚银十元。

九、二次通知仍不遵从来受处分者罚银五元。

第五条　违犯后列各项之一者着缴保证金十五元后，至公用局将所犯各项更正并照缴罚款方得领还保证金。

一、钢印模糊不清者(钢印倘日久残损模糊应即报请公用局重打)，罚银五角。

二、曾领牌照并未缴还复行冒领者，罚银二元，并候查明原委，如有重大情弊，另予相当处分。

三、铲除钢印冒领牌照者罚银八元，并候查明原委，如有重大情弊，另予相当处分。

四、号牌号码损坏不即换领新牌者，罚银一元，并须换领新牌。

五、小号牌号码损坏不即换领新牌者，营业马车罚银五角，并仍换领新牌。

六、执照损坏致字迹模糊不即换领新照者，罚银五角，并仍换领新照。

七、私自掉车者罚银六元。

八、私自过户者罚银二元。

九、更调车主地址或私行涂改而不报告公用局者罚银五角。

第六条　违犯后列各项之一者分别罚办。

一、载客于不相当之地位或载重过量者罚银二元。

二、夜间行驶不燃车灯者罚银五角。

三、违背交通标志者罚银一元。

第七条　违犯后列各项之一者，暂将牌照扣留，着修理完整，报候公用局检验合格后，再行发还。

一、车身破坏不堪者。

二、车轮橡皮残破不完全者。

三、车轮歪斜摇动者。

四、脚踏板或车内踏扳损坏者。

五、车门开关失效或内无拉手者。

六、弹簧损坏者。

第八条 以上各条罚款，如系公安局查得判罚者，由公安局出具收据，如系公用局查得判罚者，由公用局出具收据，各经主管人员签字盖章为凭。

第九条 受第七条各项处分之马车，由处分之公安局或公用局主管职员出书证明，准在该车驶回原处或赴工厂修理或至公用局报验时免再受罚，但不得再行载客或载货。

第十条 受以上各条处分之马车，如于本日内在其它地点重被查出违犯同项之规定时，除第二条及第六条各项外，得以已缴罚款或保证金收据为凭，免再处罚。

第十一条 如有其它舞弊或违背交通规章等不当情事，在本罚则未有明文规定者，由公用局或公安局各依本法处分之。

第十二条 本罚则如有未尽事宜得随时修正之。

第十三条 本罚则自市政府公布之日施行。

上海市取缔脚踏车罚则

民国十八年(1929 年)一月十六日公布

第一条 兹规定取缔脚踏车各项罚款如下。

一、伪造号牌或执照者,除将原车没收外,车主送司法机关究办。

二、无号牌执照者着缴保证金五元后,至公用局登记检验领取牌照,财政局缴纳车捐,并罚银二元,再凭牌照领还保证金。

三、不挂号牌者罚银五角。

四、不带行车执照者罚银五角。

五、号牌悬挂不合式者,罚银二角仍著立即更正。

六、借用他人号牌执照者,应将所借牌照吊销,仍着缴保证金五元后,至公用局登记检验领取牌照,财政局缴纳车捐,并罚银三元,再凭牌照领还保证金。

七、号牌与执照号数不符者,如能呈验同号之执照或号牌证明误带者,罚银一元。

八、号牌号码损坏不即换领新牌者,应将执照扣留,着至公用局换领新牌,并罚银二角再行发还。

九、执照损坏致字迹模糊不即换领新照者,应将号牌扣留,着至公用局换领新照并罚银二角再行发还。

十、不用警铃而用怪声警号者,除将所装怪声警号没收外,罚银二角。

十一、夜间行驶不燃车灯者罚银二角。

第二条 前条各项罚款如系公安局查得判罚者，由公安局出具收据，如系公用局查得判罚者，由公用局出具收据，各经主管人员签字盖章为凭。

第三条 受第一条各项处分之脚踏车，如于本日内在其它地点重被查出违犯同项之规定时，除第一项、第十项、第十一项外，得以已缴罚款或保证金收据为凭，免再处罚。

第四条 如有其它舞弊或违背交通规章等不当情事，在本罚则未有明文规定者由公用局或公安局各依本法处分之。

第五条 本罚则如有未尽事宜得随时修正之。

第六条 本罚则自市政府公布之日施行。

上海市取缔货车、小车、粪车罚则

民国十八年（1929年）一月十六日公布

第一条　本罚则所称各车，包括甲大货车，乙小货车、三轮脚踏货车、小车与粪车。

第二条　违反后列各项之一者，除将原车没收外，车主送司法机关究办。

一、伪造号牌或执照者。

二、私打钢印者。

第三条　违犯后列各项之一者，着缴保证金甲十元，乙五元后，至公用局登记检验领取牌照，财政局缴纳车捐，并照缴罚款再凭牌照、捐照领还保证金。

一、无号牌、执照、钢印者，甲罚银五元，乙罚银二元五角。

二、借用他人号牌、执照者，甲罚银七元，乙罚银三元五角。

第四条　违犯后列各项之一者，应将车扣留或着缴保证金，甲十元，乙五元，俟将所犯各项更正并照缴罚款后，方得领还原车或保证金。

一、不钉号牌者，甲罚银一元，乙罚银五角。

二、不带行车执照者，甲罚银一元，乙罚银五角。

三、号牌装钉不合式者（号牌应钉于右边车档上，不得使任何物件遮蔽并不得歪斜颠倒），甲罚银四角，乙罚银二角。

四、号牌与执照号数不符者，甲罚银二元，乙罚银一元。

五、钢印与号牌或执照号数不符者，甲罚银二元，乙罚银一元。

六、二次通知仍不遵从来受处分者，甲罚银二元，乙罚银一元。

第五条 违犯后列各项之一者,着缴保证金甲十元,乙五元,至公用局将所犯各项要正并照缴罚款后,方得领还保证金。

一、钢印模糊不清者(钢印倘日久残损模糊应即报请公用局重打),甲罚银四角,乙罚银二角。

二、号牌、号码损坏不即换领新牌者,甲罚银四角,乙罚银二角,并仍换领新牌。

三、执照损坏致字迹模糊不即换领新照者,甲罚银四角,乙罚银二角,并仍令换领新照。

四、曾领牌照并未缴还复行冒领者,甲罚银二元,乙罚银一元,并候查明原委,如有重大情弊,另予相当处分。

五、铲除钢印冒领牌照者,甲罚银五元,乙罚银二元五角,并候查明原委,如有重大情弊,另予相当处分。

第六条 违犯后列各项之一者分别罚办、

一、载重过量或载物拖拽车外致碍交通者,甲罚银一元,乙罚银五角。

二、夜间行驶不燃车灯者,甲罚银六角,乙罚银三角。

三、重载时利用电车轨道行驶者,甲、乙罚银五元或处拘役五日,但三轮脚踏货车不在此限。

四、违背交通标志者,甲罚银一元,乙罚银五角。

第七条 以上各条罚款如系公安局查得判罚者,由公安局出具收据,如系公用局查得判罚者,由公用局出具收据,各经主管人员签字盖章为凭。

第八条 受以上各条处分之货车、小车、粪车,如于本日内在其它地点重被查出违犯同项之规定时,除第二条、第六条外,得以已缴罚款或保证金收据为凭免再处罚。

第九条 如有其它舞弊或违背交通规章等不当情事,在本罚则未有明文规定者，由公用局或公安局各依本法处分之。

第十条 本罚则如有未尽事宜得随时修正之。

第十一条 本罚则自市政府公布之日施行。

汉口市公安局取缔车辆罚则

第一条　本罚则依据《汉口市公安局市街交通管理规则》第九章第六十二条规定订定之。

第二条　下列各种车辆有违犯本局各种交通规则，均依照本罚则处罚之。

一、贸易汽车。

二、贸易运货汽车及其拖车。

三、自用汽车。

四、自用运货汽车及其拖车。

五、机器脚踏车及机器脚踏货车。

六、马车。

七、贸易人力车。

八、自用人力车。

九、大板车。

十、小手车及小货车。

十一、脚踏车或其它车辆。

第三条　各种车辆违犯下列各款之一者，除将原车没收外，车主并应处罚。

一、伪造号牌或执照者。

二、私打钢印者。

第四条　各种车辆违犯下表所列事项，除分别处罚外，并将原车扣留或

勒令其具保,俟将所犯各项纠正缴清罚款后,车辆即行发还,违犯表列载客重过定额量以下各项者免扣车辆。(表另列)

车辆种类 罚金 违犯事项	贸易汽车	贸易运货汽车及其拖车	自用汽车	自用运货汽车及其拖车	机器脚踏车及机器脚踏货车	马车	贸易人力车	自用人力车	大板车	小手车及小货车	脚踏车或其它车辆
不挂前牌罚金	4.30	4.50	3.50	3.00	0.50		0.50	0.50	1.00	1.00	0.50
不挂后牌罚金	6.00	6.00	4.00	4.00	0.50	1.00					
不带执照罚金	4.50	4.50	3.00	3.00	1.00	3.00	2.00	1.00	3.00	2.00	1.00
前牌钉挂不合罚金	3.00	3.00	2.00	2.00	0.30	0.50	0.30	0.30	0.50	0.60	0.30
后牌钉挂不合罚金	4.00	4.00	3.00	3.00	0.40	0.60					
后牌无红灯映照罚金	4.00	4.00	2.50	2.50	0.50						
前牌号码损坏罚金	2.00	2.00	1.50	1.50	0.20		0.20	0.20	0.60	0.40	0.20
后牌号码损坏罚金	3.50	3.50	2.00	2.00	0.20	1.00					
执照损坏罚金	1.50	1.50	1.00	1.00	0.30	1.00	0.30	0.30	1.00	0.60	0.30
无照牌及借用他人牌照罚金	36.00	36.00	24.00	24.00	10.00	30.00	20.00	20.00	20.00	20.00	1.00
私自过户罚金	6.00	6.00	4.00	4.00	1.00	5.00	2.00	1.00	4.00	2.00	1.00
涂改执照罚金	3.00	3.00	2.00	2.00	0.50	1.50	1.00	1.00	1.50	1.00	0.50

续表

季车号码损坏罚金	1.50					1.00					
载客重过定额量罚金	6.00	6.00	4.00	4.00		3.00					
装用怪声喇叭罚金	2.00	2.00	2.00	2.00	1.00			1.00			1.00
夜行不燃前灯及无信号灯者罚金	4.00	4.00	3.00	3.00	1.00	2.00	0.50	1.00	2.00	1.00	0.50
夜行不燃后灯罚金	3.00	3.00	2.00	2.00	0.50						
客车载货者罚金	2.00	2.00	2.00	2.00	1.00	1.00	0.50	0.50	1.00	1.00	
违背交通标志或信号罚金	2.00	2.00	2.00	2.00	1.00	1.00	0.50	0.50	1.00	1.00	0.50
附记	一、汽车不挂季牌或季牌钉挂不合者应处以一元至二元之罚金。 二、自用汽车、自用运货汽车及自用人力车如有私自营业情事，一经查出除处以与贸易汽车、贸易运货汽车及贸易人力车一季捐银相等之罚金外，并将牌照注销，再度违犯原车没收。 三、前后牌及季牌号码损坏或执照损坏者除缴罚款外并应换领新牌照。 四、无牌照及借用他人牌照者除缴罚款外，非遵章取得牌照后仍不得行驶。 五、装用怪声喇叭者除罚款外并没收其喇叭。										

第五条 各种车辆违犯前条各项，经本局处罚抗不遵行者，加倍处罚。

第六条 违犯下列各项之一者，应将号牌及执照暂行扣留，俟修理完整报请本局检验合格后再予发还。

一、车身破坏不堪者。

二、坐位倾塌、车门启闭失效者。

三、原动机损坏转运不灵者。

四、脚手制动机失效者。

五、车轮歪斜摇动或橡皮外胎破坏者。

六、车垫破坏污秽者。

七、弹簧锈坏或无螺旋锁钉者。

八、脚踏板损坏不便上下者。

九、车篷或雨布渗漏者。

十、车内零件或附件损坏不堪使用者。

十一、靠手叶子板破坏者。

十二、缰绳、肚带、头套损坏不全者。

十三、车灯不整齐者。

十四、人力车身无后撑者。

十五、大小板车车轮外包橡皮破烂不全者。

十六、规定应装警铃喇叭而未装置者。

十七、无信号灯者。

十八、无前后保险杠者。

十九、马匹有疾病残废不全者。

第七条 上列各条一经查出即由本局判罚，出具收据，交受罚人收执。

第八条 罚款应由本局每届月终造册，以六成解缴市府，其余四成酌量分奖各出力人员。

第九条 受罚车辆如于同日内在其他地点违背同样之规定时，除前后牌钉挂不合及后牌无红灯映照三项外，其余均加倍处罚。

第十条 凡车辆违反本罚则及其它交通规则，因特殊情形不愿扣留时，如属本罚则第二条一、二、三、四各车，得改缴保证金五十元，五、六各车缴保证金三十元，俟按照所犯情节分别处罚后，有余退还，不足补缴。

第十一条 各种车辆如有其他舞弊或违背交通规则等情事，在本规则未有明文规定者,得酌量处罚。

第十二条 本罚则如有未尽事宜得随时呈请修改之。

第十三条 本罚则自呈奉核准之日施行。

汉口市公安局车辆登记规则

第一条　本规则依据《汉口市公安局组织规则》第四条乙项第二十三款，及《市街交通管理规则》第三第四条之规定订定之。

第二条　各项车辆登记须先向税捐稽征处照章缴纳照牌费，制取执照持赴本局请求登记，经盖登记讫戳记后，再凭戳记向税捐稽征处领取号牌。

第三条　新置或过户之车辆，除仍将税捐稽征处所发执照呈阅外，凡属贸易车辆并须兑具妥实铺保或其它证明文件方准登记。

第四条　本局车辆例期登记分春夏秋冬四季，于每季首月十五日以前来局登记，逾限罚洋五角，但新增车辆得随时呈请登记检验。

第五条　凡各项车辆初次请求登记者，每辆应收登记费一元，其已经本局登记检验者免收登记费。

第六条　本规则如有未尽事宜，得随时呈请修改之。

第七条　本规则自呈奉核准之日施行。

汉口市公安局例期检验车辆规则

第一条 本规则依据《汉口市公安局市街交通管理规则》第三条之规定订定之。

第二条 本局为整理车辆起见，特定例期检验。

第三条 各种车辆检验日期，暂定每年两次，于夏冬两季首月举行，届时即凭本局登记证检验，其检验合格者，制给检验证，凭检验证换领号牌，但新增车辆得随时呈请登记检验。

第四条 受检验之车辆有下列各项之一者为不合格，非重新修理后不得复请检验。

一、车轮橡皮外胎已有三处修补者。

二、轮边及钢丝已锈烂损坏者。

三、左右弹簧高低不平或已锈烂者。

四、车身及叶子板已腐烂或损坏者。

五、雨篷雨帘破碎漏水，篷撑损坏不完备者。

六、车垫破烂者。

七、车身肮脏或油漆颜色脱落者。

八、无车灯者及汽车车灯不完备者。

九、无靠手者。

十、人力车车身无后撑者。

十一、脚踏板损坏不便上下者。

十二、马车缰绳、肚带、头套破烂者。

十三、座位倾塌、车门启闭失效者。

十四、脚手制动机失效者。

十五、大小板车车轮外包橡皮破烂不全者。

十六、规定应装铃或喇叭未装置者。

十七、无信号灯者。

十八、无前后保险杠者。

十九、马匹有疾病残废不全者。

第五条 未经登记车辆不得请求检验。

第六条 已经登记逾期始来请验者罚洋二元。

第七条 各种车辆违反下列之一者分别罚办之。

一、扰乱验车场秩序不听禁止者罚洋二元。

二、朦请检验达二次以上者将该车没收。

三、失落检验证者罚洋一元。

四、已检验合格之车辆,将本局号印失落,或取出借用于他车另装新板朦请检验希图重领执照号牌者,各罚洋十元。

五、检验不及格,车辆未经遵照检验员指示加以修理重复请验者,每辆罚洋一元。

六、将检验证及号牌任意损坏,致使号码不明者,每辆罚洋一元。

七、检验时彼此私换车上零件及附件,希图朦混检验者,各罚洋三元。

第八条 凡受本规则第七条三、六、七等款处分者,仍须将原车覆验换取检验证,并照章缴纳罚金。

第九条 凡经检验合格者,除车上钢印号码仍旧适用外,每期须在车箱上打盖钢印。

第十条 检验不合格之车辆不准行驶。

第十一条 凡在定期内应行检验之车辆,不按期来局受验者,除罚洋二元外，勒令停止行驶并限期检验。

第十二条 检验时不遵验车员指导达三次以上者，依照该车应纳捐额加倍处罚。

第十三条 本规则如有未尽事宜得随时呈请修改之。

第十四条 本规则自呈奉核准之日施行。

汉口市公安局管理车行规则

第一条 本规则依据《汉口市公安局办事细则》第四条丁项第八款规定之。

第二条 凡在本市区内以出租车辆为营业者,通称为车行。

一、出租汽车者为汽车行。

二、出租马车者为马车行。

三、出租人力车者为人力车行。

四、出租脚踏车者为脚踏车行。

五、出租板车者为板车行。

第三条 各车行须领取本局规定之登记保证单,凡属股东、经理、姓名、籍贯、住址、资本数额、车辆数目及组织等,应逐栏详细注明,呈由本局审核注册,发给开业执照,并须觅具二家以上之殷实铺保后方准营业。

第四条 各车行应将房屋构造及内部布置情形绘具详细图说呈候本局核定,如认为房屋及布置有不适当时得指示改正之。

第五条 车行迁移或内部改造时,应遵照本规则第四条之规定办理之。

第六条 各车行应将开业执照悬挂于明显地位以便稽查。

第七条 各车行不得将开业执照私自转让。

第八条 各车行如遇本局职员检查时不得拒绝。

第九条 各车行内除出租车辆及代售附属物件外,不得兼营其它业务,并不得出租他种车辆。

第十条 各车行之停车处所其面积须能容纳该车行所有之车辆,不得将未经租出车辆停于马路上。

第十一条 汽市行应遵照下列各项切实设备。

一、太平门、太平龙头、灭火器、沙箱等项。

二、油汁分离器以防油汁及易于挥发引火之液体流入阴沟。

三、除消防沙箱外，应另备散沙随时吸出地上废油。

四、存储装听汽油不得超过一百加仑，其存储室式样由本局规定。

五、除办事室外，不得吸烟，并不得放置易于挥发引火之液体。

六、易于挥发引火之液体须设法不令流泄地上，并不得贮于无盖或开盖之箱桶。

七、过电器、制化橡皮器、煅炼炉以及其它同类器具不得装储于挥发引火之液体屋内。

八、停放汽车彼此距离前后左右至少半公尺。

九、雇用车夫须经本局考验合格领有司机执照者。

第十二条 马车行对于下列各项应切实遵守之。

一、雇用之车夫应有经验或确经训练者。

二、驾驶车辆之马匹应随时视察有无疾病或残废，如不健全者不得用以驾驶。

三、由马车行联合设置放马场以供遛马及停车之用，但须先得本局之许可。

四、马路上不得遛马。

五、马厂须洁净，不得令马粪及其它秽物堆积。

第十三条 人力车行对于下列各项应切实遵守之。

一、凡在街路行走之车辆，查出有破坏时，均应由各该出租车行迅速修理，否则车夫均应受同等之处罚。

二、凡车辆有下列情形之一者，一律不准出租。

1. 车轮橡皮外胎已有三处修补者。

2. 轮边及钢丝已锈烂损坏者。

3. 左右弹簧高低不平或已锈烂者。

4. 车身及叶子板已腐烂或损坏者。

5. 油篷、油帘破碎漏水，篷撑损坏不完备者。

6. 车垫破烂者。

7. 车身肮脏或油漆颜色脱落者。

8. 无车灯者。

9. 无靠手者。

10. 车身无后撑者。

11. 脚踏板损坏不便上下者。

三、每车应置雨衣一件、雨帽一顶。

第十四条 脚踏车行对于下列各项应切实遵守之。

一、凡在街路行走之车辆，查出有破坏时，应由各该出租车行迅速修理，否则禁止行驶。

二、凡脚踏车有下列情形之一者，一律不准出租。

1. 车轮橡皮外胎已有三处修补者。

2. 轮边及钢丝已锈烂损坏者。

3. 无车灯者。

第十五条 各车行如违反上列各条款时，本局得暂时收回或吊销其执照。

第十六条 本规则如有未尽事宜得随时呈请修正之。

第十七条 本规则自呈奉核准之日施行。

汉口市公安局整理人行道罚则

第一条 公安局为整理市内人行道起见，除公布行路须知外，特定本罚则以资遵守。

第二条 人行道上除儿童游戏坐卧车外，其余一切车辆不准行驶，违者罚银二元。

第三条 人行道面不准私人占用从事作业或安置器具，违者处以一元之罚金。

第四条 人行道面不准摆设摊担营业，违者处以一元以下一角以上之罚金。

第五条 人行道面不准放置椅凳或其它杂物妨碍行人来往，违者处以一元以下一角以上之罚金。

第六条 人行道面不准任意毁坏，违者每平方公尺罚银三元，不满一平方公尺者亦以一平方公尺论。

第七条 人行道面不准堆积垃圾或放弃其它秽物，违者处以二元以下五角以上之罚金。

第八条 人行道面除双轮脚踏车得倚墙停放外，其它任何车辆不准停放，违者罚银二元。

第九条 违犯上列各条至二次以上者加倍处罚。

第十条 本罚则如有未尽事宜得随时呈请修改之。

第十一条 本罚则自呈奉核准之日施行。

汉口市公安局取缔汽车驾驶人规则

第一条　本规则依据《汉口市公安局办事细则》第四条丁项第七款规定订定之。

第二条　凡在本市区驾驶各种汽车、机器脚踏车之司机人，无论其为车主、车夫，除应遵照本局《市街交通管理规则》外，均适用本规则。

第三条　汽车、机器脚踏车驾驶人至本局报请登记考验者，应填具履历表附本人半身相片二张，并缴登记费五元以凭考验，如领有国内外司机执照者，只收登记费五元免于考验，但须将旧照呈验。

第四条　凡经考验及格之驾驶人，均由本局发给司机执照，其不及格者练习后得报请复验；但每次应纳手续费一元，惟考验至三次以上仍不及格者，得注销其投考资格。

第五条　汽车及机器脚踏车驾驶人执照分下列二种：(一)车夫司机执照，(二)车主司机执照。

第六条　司机执照领用期限以五年为度，惟每年于一月五日至二十日止，须来局加签，每次收加签费洋一元，如遇损坏或遗失时，应立即呈请本局换领或补发，每次应缴照费洋一元，遗失时须登报声明作废。

第七条　凡司机人歇业或离开本市时，须呈请本局备案。

第八条　司机执照应随车携带遇本局查验时，应立即呈阅不得拒绝。

第九条　汽车及机器脚踏车驾驶人有犯本规则及《市街交通管理规则》或其它法令者，依下列各款处分之。

一、无司机执照者罚银十元，仍责令至本局受验领照，如不遵办再犯者，加倍处罚。

二、已领司机执照而不随车携带者罚洋三元，经本局处罚抗不遵行者，加倍处罚。

三、借用他人司机执照者，除将该执照注销外并罚洋五元。

四、过期加签者罚洋五元，如过期未经加签，经本局查获者罚洋十元。

五、利用汽车干犯法纪者，除应受刑事处分外，得注销其执照永远不得再充司机。

六、司机人于一年内撞伤行人至三次或撞毙行人，经证明确系因该司机过失所致，除应受刑事处分外，得注销其执照。

第十条 本规则如有未尽事宜得随时呈请修改之。

第十一条 本规则自呈奉核准之日施行。

汉口市公安局取缔运柩规则

第一条 凡本市搬运灵柩者，均依本规则之规定。

第二条 搬运灵柩者，依下列各项填报：

一、呈报人姓名、年岁、籍贯、职业、住址。

二、运柩人姓名、年岁、籍贯、职业、住址。

以上两项指运柩人与呈报人系二人而言，如系一人不必重列，但须叙明为死者之亲属或关系人。

三、死者姓名、年岁、籍贯、职业。

四、死亡之年月日。

五、死亡之病症或他种原因。

六、死亡时呈报之官署。

七、现在停柩之处所。

八、起运之日期。

九、缴销护照之限期。

第三条 凡搬运灵柩出省界外者，应取殷实铺户盖章保结，呈由该管警署查明再行转呈本局发给护照，其各机关职员得由机关备函保证送局核发。

第四条 凡搬运灵柩在本市区内厝葬，或运往本省各县市，应取具殷实铺保或由机关公函证明，送向该管警署请领运柩执照。

第五条 凡请领出省运柩护照者，应缴照费五角，印花税一元。

第六条 凡请领本省运柩执照者，应缴照费二角，印花税二分。

第七条 搬运灵柩者应将护照随身携带，以备沿途经过地方官署查验，一俟运到即依限缴销，如发生其它事故，应由保诗人或保证机关负责。

第八条 搬运灵柩者不得夹带违禁物品，违者依法惩办。

第九条 本规则如有未尽事宜得随时呈请修改之。

第十条 本规则自呈奉核准之日施行。

汉口市公安局发给婚嫁汽车通行内街临时执照规则

第一条　本局为限制汽车通行内街起见,特定本规则以资遵守。

第二条　汽车通行内街以婚嫁事宜为限,并须雇用曾经登记领有号牌之汽车。

第三条　凡市民因婚嫁需用汽车通行内街时,须先将婚嫁日期经过路程,连同执照费洋二元,印花税二分,报由该管警署转请公安局核准发给执照后方准通行,过期作废。

第四条　汽车驶进内街时,应将临时执照张挂于汽车前面显明处,以资识别而便查验。

第五条　婚嫁汽车其行车规则及肇事处理办法,依本局《市街交通管理规则》第四、七两章各项之规定办理之。

第六条　本规则如有未尽事宜得随时呈请修改之。

第七条　本规则自呈奉核准之日施行。

汉口市公安局行路须知

一、汉口市公安局为维持交通及保障市民安全起见，特制定行路须知以资遵守。

二、本市所有马路均分为人行道、车行道两种，道路两侧铺店门首阳沟石以内为人行道，阳沟石以外为车行道。

三、凡在马路步行者，应走人行道，各种车辆及牛马等应走车行道，但除汽车外，不得在马路正中行走。

四、凡人马车辆应一律靠左边行走。

五、里街或狭小之街路如无人行道及车行道之分者，亦应按照第二条或第四条之方式行之。

六、队伍或婚丧及其它游行行列，均应贴近人行道行走。

七、各种车辆及行人在道路相遇时，应互向左边相让。

八、各种车辆在行驶中，倘在后之车辆欲追过在前行之车辆时，应先鸣铃示警，俟前者让左，后者始得从右方向前逾过。

九、凡遇消防车、邮务车、运送病人车及队伍、婚丧等项，无论何种车辆均应避让。

十、各种车辆有下列情形时，应即徐行并鸣喇叭或作其它表示。

甲　通过道路交交点曲角及其它弯曲地点或繁杂地点时。

乙　横过道路时。

丙　通过坡路隧道或桥梁时。

十一、无论何种车辆于日落后无灯光者不准通行。

十二、无论何种车辆，在交通要道或交叉点、曲角、隧道、坡路及桥梁等处不得停留，致碍交通。

十三、本局于必要时得禁止或限制各种车辆通行。

十四、凡遇凿掘道路，或因公共需要置物道旁悬挂红旆、红灯时，不得通行。

十五、本市各街道上不得有戏弄烟火、抛石踢球等行为。

十六、无论何种车辆，非在指定之停车场或小街巷内不得停留。

十七、车马通行繁盛街道及转角时，后者之速度不得超过前者，在僻旷之处有特别之需要者，亦应遵照第八款之规定行之。

十八、无论何种车辆在转角时，左转弯须靠近路边缓行，右转弯则须作大转弯绕过路口交叉点，仍向前面道路行驶。

十九、本市各道路两旁铺店住宅之渣箱，不得放置人行道上，违者严惩。

二十、凡街道上不准商人摆设摊担物品或当街操作。

二十一、凡市民对于自家小孩均须严加管束，不得任其在车马道上行走以免不测。

二十二、凡行人如有必须横过马路时，务须格外小心前后车辆。

二十三、凡人马车辆通行各道路，均应服从本局所派交通警察之指挥或信号。

二十四、除儿童乘车之手摇车及两轮脚踏车外，其他各种车辆概不得在人行道上通行或停放。

广州市交通警察指挥车辆符号

交通棍之作用:交通棍用以指挥车辆,每凡将指挥棍拦于路中,则被拦之车应即停止。

手掌高举及以手摇拨之作用:每凡将手高举以掌心向前,即表示车辆应即停止,将手摇拨即表示车辆可以前进无碍。

一、十字马路交通警察指挥符号:

车辆在十字路东西互相来往直行时指挥符号:交通警察以左手持棍横栏于左指向东方,右手同时横栏于右指向西方,则东西互相来往之车辆可以通过,而被拦之南北之车辆应即停止。

车辆在十字路南北互相来往直行时指挥符号:交通警察以右手持棍拦于左指向南方,右手同时横拦于右指向北方,则南北互相来往之车辆可以通过,而被拦之东西车辆应即停止。

车辆在十字马路转弯由左转右从大折转指挥符号:十字马路有四大折转,如东往北,北往西,西往南,南往东,现择其中之一指挥符号表明,余照类推。凡有车辆由东往北从大折转时,交通警察之指挥符号,乃面向南方,左手持棍,指向东方,横拦于南北之间,即制止由北往南之车辆,复以右手高举,掌心向南,即制止由南往北之车辆,同时再将右掌心转向西方高举,即制止由西往东之车辆后,三方面之车辆停止后,则由东往北之车可徐徐而转也。

说明一　小折转者即转左时可靠近路边而转左也,大折转者即转右时须绕过马路口之中央而转右也。(设有交通目标或交通警察岗位时须绕过而转）转左从小折转者，因左方路线绝对无车辆进行，故毋须绕中央而折转，转右从大折转者，因防右方路线同时有车辆进行，所以须绕中央而转右。

说明二　当交通警察用右掌高举转换方向停止从南方及西方前进之车辆时，在左手所持之指挥棍不必放下，并站立之脚步亦不必移动，及不可在岗位旋转而行。

说明三　由东往北之车辆既得从大折转过后，则被停之三方面车辆须应放行，惟放行之法亦须分别次序，在被停三路之车辆中，其得最先放行者，则乃由西往东之车辆，其指挥法仍用高举停车之右手，变而为向后摇拨，即表示放行之标志。

车辆在十字路转弯由左转左从小折转指挥符号：十字马路有四小折转，如东往南，南往西，西往北，北往东，现择其中之一指挥符号表明，余照类推。凡有车辆由东往南从小折转，交通警察面向南方，以左手持棍指向东方，横拦于南北间，即制止北往南之车辆，复以右手横伸指向西方，即制止由南往北之车辆，则该车由东往南者，即可从小折而过，倘同时又有车由西往东或往北，亦可任其通过，简言之，指挥小折转之车辆，即可作直行车辆指挥，因其系从左转左，依正左方路线而行，当无别项车辆能与其相撞。

二、丁字路交通警察指挥符号：

交通警察站立之岗位应在直路之路口，不能在横路之路心，指挥符号如下：

车辆在丁字路东西互相来往指挥符号：交通警察站立于路口之中央，以面向北左手持棍指向西方，横拦于南北之间，复以右手横伸指向东方，即为停止南方所出之车辆，则东西两方之车辆可以互相往来。

车辆在丁字路转弯由西往南从大折转指挥符号：交通警察站立于路口之中央，以面北向，左手持棍指向西方，横拦于南北之间，即停止由南方所出之车辆，复以右手掌向东高举，即停正由东往西或往南之车辆，当两方面之车既停止后，则由西往南之车可徐徐而转也。

车辆在丁字路由东往南从小折转指挥符号：交通警察站立于路口之中央，以面北向，左手持棍指向西方，横拦于南北之时，即停止由南所出之车辆，同时屈起右手，用手掌向后摇拨，其高度略与头齐，即表示由东往南之车辆可从小折转。

说明　由东从小折往南，与由南从大折往东路线迥然不同，惟东往南及东往西乃从左行路线，假设有两车由东而至，乃前后同行，但先一辆系由东往南从小折转，而后一辆则直行往西者，倘该交通警察不先事停止由南方所出之车任其前进，则由东往西之车辆与其相撞，故先行停止由南所出之车，以分次序而免危险，简言之，指挥由东住南从小折转之指挥符号，与指挥东西互相来往之符号所差无几，非一则用右手横伸而不动，一则用右手屈起而向后摇拨之别矣。

车辆在丁字路转弯由南往东从大折转又往西从小折转指挥符号：交通警察站立于路口之中央，以面向西，右手持棍指向北方，横栏于东西之间，即停止东西互相来往车辆，复用右手横栏向南方前后摇拨，即表示催促由南方所出之车辆前进。

说明　每凡持棍均应在左手为合，惟在此特别场合则应以用右手为适宜，盖每当指挥车辆时，通常以面向来车，并将指挥棍横拦于路中，为停车之标志，倘在此场合须用右手持棍，而仍以左手则该棍简直指向南方，适为两傍屋宇所遮蔽，则东西来往各车辆不见该棍则不知停车，常有发生危险之虞，故在此特别场合，应以右手持棍为合。

广州市驾驶汽车定章

一、凡在市内驾驶各种汽车及汽单车，均须来局考验合格领取执照方准行驶。

二、驾驶人如无本局发给执照查出严罚。

三、此执照须随身携带不准借给别人。

四、驾驶人如有违本局定章，即将执照扣留或取销，并行究办。

五、遇有警察或本局稽查员查验执照时应如命交出。

六、此执照期满应即来局换领新照，并将旧照缴销，不得逾延，否则处罚。

七、驾驶人如中途改业或他往时，应持照来局报明以便将来或复业时藉资证明，但原有执照如逾期过久仍须重新考验。

八、执照变更住址时，应带执照来局报知改正。

九、执照遗失时须报局补领，并缴照费银一元。

广州市驾驶汽车规则

一、汽车应循路左而行。

二、行车速率在市区界线之内每点钟不得逾十五英里，在市区界线之外每点钟不得逾二十五英里，但有特别符号之路线不在此限。

三、如遇前头车辆慢行者，可向其右边行驶越过，但繁盛狭窄或转弯地点应鱼贯而行，不准越过以免危险。

四、在二十五英尺阔以下之马路，两车不得同方向及同速度并行驾驶。

五、转左路时应循路左慢车而行。

六、转右路时应须过半路从宽而转，不得由路口骤转。

七、当转弯或过十字路口时，慢车及响角示警。

八、凡汽车调头时，应在路口或在车辆行人稀少之处由左转右，并须时用响号警告来往车辆。

九、汽车至路口时，须让左路汽车先过。

十、晚间行驾汽车至路口时，必须遵守红绿灯符号，红灯表示停止，绿灯表示可行。

十一、晚间行车如遇对方有车驶来时，在一百尺之内，双方应将明灯熄灭转燃暗灯。

十二、将停车时驾驶人须将手伸出，以示后来之车，如车将转弯或直过路口时，亦当伸手明白指示行车方向，以免浑乱冲撞。

十三、每停车时必要停近行人路边二英尺之内，并应以其左边停贴行人路边。

十四、汽车在路上损坏修理时，必先将车驶近行人路边二英尺之内。

十五、在晚间停车在路边不论久暂，必要开车头暗灯及车尾红灯。

十六、凡路转弯地点或狭窄马路，所有汽车不准暂停或久停。

十七、凡在十字路口白色界限之内，所有汽车不准暂停或久停。

十八、入黑时须点车头灯及车尾灯，如违拘罚。

十九、驾驶时不得无故乱响号角或发泄车尾汽管浊气致碍卫生。

二十、驾驶人须遵警察及本局稽查号令。

二十一、驾驶时务须谨慎以免危及行人与牲口。

二十二、醉酒之人不得驾驶汽车。

二十三、凡遇消防及救伤等车应即驶向路边让避。

二十四、行车之符号应须遵守，及不得违例乱驶，如有不遵守以上各规则者，定即从严处罚或注销其驾驶执照。

广州市车辆肇事处理办法及罚则

第一条　凡汽车肇事后应即停车，并赶速报告就地岗警或公安分局，听候讯办，不得玩匿，如未得许可擅自驾车逃遁者，由发觉之稽查员或岗警抄记该车牌号，呈报查究。并得照章加倍处罚之。

第二条　凡汽车肇事如系轻微者，由发觉之公用局稽查员或岗警就地处断之，并将情形呈报主管机关备查；但遇被害人不服处断时，仍须报由公用局或公安分局照章办理。

第三条　凡汽车肇事如系重大者，该段公安分局应立即将伤者送往最近之医院调治，并同时将肇事情形详细调查、取录口供后，如于可能范围内，撮取当时照片存案备文送交公安局依法办理，肇事车夫得由市内殷实商店盖章具保出外候讯，肇事车辆得由车主将车领回或扣留核办。

第四条　凡车夫因驾驶不慎伤害他人、品物或辗毙兽畜等类，除照章处罚外，应照鉴定价值赔偿之。

第五条　车夫操业时因驾驶不慎致人死伤者，应依下列办法处断之。

一、伤人不致残废者，除赔偿医药费外，为酌量情节之轻重处断。

二、伤人不致命而致残废者，除赔偿医药费外，另令其赔偿三百元以上之抚养费，并停止其驾驶业务由一年至五年，仍送公安局监禁一个月并不准保释。

三、伤人致命者，除赔偿医药费外，另令其赔偿五百元以上之棺殓费及家属抚养费，并停止其驾驶业务由一年至十年，仍送公安局监禁三个月并不准保释。

四、凡违犯本条第二、三项至二次者，除照第二、三项分别办理外，应永远停止其驾驶业务。

第六条 车夫驾驶时有故杀行为致人死伤，经由审判员查讯明确者，除照第五条分别办理外，仍送法院依照刑法处断之。

第七条 本规则自公布之日施行，如有未尽事宜得随时呈请修改。

广州市车轿普通罚则

第一条 凡车轿有违犯本规则者，便可立即拘留听候讯办，所有应缴罚款，限五日内清缴，逾限即将扣留之车轿投变抵消。

第二条 凡车夫有违犯本规则者，应即扣留车牌听候讯办，所驾驶之车辆既无牌号得由该车主即时领回；但须雇有牌号汽车拖驶不得移用别车号牌及擅自行驶，如违应照第六条第一款处罚。

第三条 本规则所称以下以上者，俱连本数计算。

第四条 凡犯下列行为之一者，处五元以下一角以上之罚金。

一、车轿照未置车轿内者。

二、车轿牌号未依式悬挂或不显明者。

三、车轿不依指定地点停放阻碍交通者。

四、车轿不依路线行驶者。

五、车轿停放路上，车轿夫远离无人照料者。

六、车轿拦截人客争接生意者。

七、车轿遗失号牌不呈报补领擅自私造者。

八、车辆无正当理由在中途停放者。

九、车轿夜间行驶不燃灯者。

十、汽车夜间相遇不将车头明灯熄灭转燃暗灯或将车头明灯完全熄灭者。

十一、汽车无停车灯者。

十二、汽车无车头拨水者。

十三、汽车无故乱响号角或开放汽管者。

十四、汽车发泄机油飞烬及秽气者。

十五、汽车载客逾额者。

十六、汽车沿途兜接散客者。

十七、汽车机件不妥或车身残废仍在本市行驶者。

十八、汽车在不准行驶之马路行驶者。

十九、车夫驾驶不慎伤害他人品物或辗毙兽畜者。

二十、车夫于执业时未携带执照者。

二十一、车夫之执照已过期未换领新照者。

二十二、车夫过十字路口时不减少速度及扬手表示方向者。

第五条 凡犯下列各款行为之一者，处十元以下五元以上之罚金。

一、车主轿主及车夫之姓名、年龄、籍贯、住宅，混报不实冒领牌照者。

二、车轿由别车移用牌照或牌号者。

三、车轿夫于执业时，不服本局稽查员或警察干涉指挥者。

第六条 凡犯下列行为之一者处三十元以下十元以上之罚金。

一、车轿未经公用局查验，或经已查验认为不合交通规则所规定未发牌照而擅自行驶者。

二、车轿未经核准擅在各马路沿途载客行车者。

三、车轿不依规定各符号行驶及超过限定速率者。

四、自用汽车在市内营业者。

五、车轿私造牌照或牌号等。

六、驾车人未经公用局考验及格或领有执照未经公安局捺印指纹而擅自驾驶者。

七、车轿夫于醉酒后操业者。

第七条 凡车轿逾期换领牌照者，除照章补领外，仍受罚款处分如下。

如在公用局规定换领牌照之限外，逾期十日领牌者，按该车全年照费加一处罚，逾期二十日者加二处罚，余类推，至加十为止，但不足十日者仍照十日计。

第八条 凡犯上列各章任何一条，处以一元以上三十元以下之罚金，若同时违背数条得照按条处罚。

第九条 长途汽车载客逾额者，每次罚以五元之罚金，如屡犯者得酌量情形递加处罚之。

第十条 长途汽车逾额载客，每沽票人如一个月内犯案至四次或统计全月载客逾十名以上者，除照第九条分别处罚外，另酌量情节之轻重，得将该沽票人停止执业，由一个月至六个月，由公用局通令各公司负责执行，如违处以五十元之罚金。

第十一条 凡同一公司汽车逾额载客，如一个月内平均每辆汽车犯案至五次以上者，除照第九条、第十条分别处罚外，并将该公司承案撤销，另招新商承办以示惩儆。

第十二条 凡同时违犯本规则二款以上者，得分别按照规定条款处罚。

第十三条 凡车轿或驾驶人违犯本规则至三次者，除照规定罚款外，得停止其牌照或驾驶业务由一个月至十二个月，但情形严重者，虽犯一次亦可照此执行。

广州市汽车场取缔规则

第一条 凡汽车场内四壁及上盖之材料，须用砖或三合土或铁，不准用木及一切惹火之材料。

第二条 汽车场之地面必须用士敏三合土为之。

第三条 汽车须藏于土库或地下汽油池。

第四条 场内门窗须用铁制或其它不惹火之材料为之。

第五条 场内只准安设电灯，其余各种灯火俱不准用。

第六条 场内不准直通厨房或邻近住宅。

第七条 汽车场楼上有人居住者，其楼梯须直通街外，该梯及梯旁槅墙须用御火材料构造之。

广州市取缔公私建筑物料堆放马路及人行路章程

第一条 凡公私建筑物料(如砖瓦木石及其它一切建筑应用物料)或余泥瓦砾(如渠坑泥、马路泥、地盘泥及拆落砖瓦灰头暨其它一切无用物料)须暂时堆放马路及人行路面者,均依本章程取缔之。

第二条 本章程堆放物料如下:

甲 凡需用马路堆放物料或余泥,只准暂在马路面或人行路面贴近渠边石六呎以内堆放;但在六十呎或不及六十呎宽之马路,只准依六呎之规定堆放路之一边,其在超过六十呎之马路,则准依照六呎之规定两边路边同时堆放。

乙 凡所堆放之物料,如属余泥灰沙等类,不准流入明渠阻碍宣泄。

第三条 在修建屋宇时所需用之棚厂须依下列(即《取缔建筑章程》第十章第一零九条第五项)规定办理。

甲 于临街处须用板掩护之,其危险地点应标贴牌告。

乙 凡工程无论因何事故以致中途停辍经一月之久仍未复工者,应将棚厂拆去。

丙 建筑骑楼时,所搭之棚厂不得将人行路遮断,应照他人行路阔度之三留路一条,或遮断之宽度不得超过六英尺,并须盖搭棚板掩护。

第四条 堆放期限除修屋宇棚厂,按其工程完竣期十日内须即拆去,如有特别情形及规定经呈准者,最久亦不得逾两月。

第五条 堆放期满应即将堆放物料拆迁清楚,如有污及损及路面时,堆放人须负清除及建回之责。

第六条 违反本章程而堆放物料或因其它用途使用马路或人行路面在二十四小时以外，其情节轻微者处以五元以上五十元以下之罚金，其情节重大者得将物料没收，或将主事人送公安局究办。

第七条 本章程如有未尽事宜，随时提交市行政会议修正之。

第八条 本章程自公布日施行。

广州市人行路取缔规则

一、凡马路两傍人行路不准车马轿及担挑物件者往来。

二、所有小贩摆卖及各铺屋之货物（如猪鱼、蔬菜、海味、生果、香烟、竹篾、木桶及其它货物等）暨车马轿，均不准放在人行路上。

三、凡各铺屋安设伸出人行路面之担篷布帐，均须赴工务局请给准证，如布帐破烂应随时更换，如未经工务局核准给证，无论铁枝板障及其它物件，均不准在人行路上安设。

四、凡店铺悬挂各种招牌，如伸出人行路或马路，其外边均不准距离本店铺墙边六英尺以外，其底边并须距离路面十英尺以上。

五、凡店铺不准擅用布幅或其它物品写作告白等类，由人行路伸出横悬于马路上。

六、凡因搬运物件或起落货物致损坏人行路或堤岸，均须担负修理。

七、凡各铺屋之渠道不得倾倒粪溺，并不准将垃圾及秽水倾弃人行路以昭洁净。所有各铺屋垃圾桶亦不得长日放在人行路，必须俟垃圾车到时，始准携置门外免碍交通。

八、凡各铺屋建筑材料，只准放在建筑棚所架之撑杉范围以内之人行路或马路，即以渠边石对开五英尺为限，仍不得堆塞渠道，以便渠水流通，余外马路概不准堆积致碍交通，所有建筑存放物品之人行路或马路，如有损坏，均由建筑铺屋者负担修理。

九、凡马路两傍各铺户如在人行路上建筑骑楼，除该骑楼最下一层架总梁楼面时恐发生危险不得已将该人行路暂准堵塞外，一俟总梁楼面等安妥，即将人行路恢复原状，如该骑楼工程仍在进行之际，仍准材料储放，惟须留回二尺六寸阔路一条以利交通。

十、如有违犯本规则者，处半元以上三十元以下之罚金，再犯酌量倍罚。

十一、本规则于公布后十日施行。

湖北省会车辆登记暂行规则

第一条 本规则依照《湖北省会公安局组织规程》第六条第十四款之规定订定之。

第二条 凡车辆请求检验者，须先向本局登记。

第三条 车辆请求登记，须将税捐稽征处通知证呈阅，方准登记。

第四条 车辆登记后，即由公安局发给登记证。

第五条 领有登记证者，即凭此证依指定日期听候检验。合格者由公安局打钢印另发检验证，持向税捐稽征处领取号牌背心及执照。

第六条 凡未经本局打用钢印之车辆或新造之车辆请求登记时，一律缴纳登记费一元，已登记检验过之车辆，再请求登记时概不收费。

第七条 凡现在请求登记号码与原有钢印号码不相符者亦以新车论，仍须缴纳登记费另打钢印。

第八条 登记每年春夏秋冬四季举行之，每届登记时，由公安局指定日期，如有逾期者每辆罚洋五角。

第九条 凡遗失登记证请求补登者罚洋五角；但有特别情形及充分证明并无其它情弊者得免除之。

第十条 各项登记表式另定之。

第十一条 本规则如有未尽事宜，得由公安局随时呈请修改之。

第十二条 本规则自公布日施行之。

湖北省会定期检验车辆暂行规则

第一条　本规则依照《省会公安局组织规程》第六条第十四款之规定订定之。

第二条　公安局为保护交通安全取缔不良车辆起见，特定期检验。

第三条　定期检验其日期临时公布之，其检验次数，计马车、人力车、自行车大小板车每年两次。

第四条　凡请求检验者，应先登记领有登记证。

第五条　不遵限定日期或逾期始来请求检验者，每辆罚洋二元。

第六条　定期检验开始时，所有以前检验合格及新造之车辆，均须遵期听候检验。

第七条　定期检验合格者，即发给检验证，如无钢印或号码不清及不符者，并打用钢印。

第八条　遗失检验证请求补发者，每辆罚洋一元并须复验。

第九条　定期检验不合格者，得限制其行驶，并通知税捐稽征处缓发照牌，候车辆修理完善后再行检验。

第十条　检验不合格之车辆，应即在检验证批明指示修理，未经遵照检验证指示修理完善仍请检验者，罚洋一元。

第十一条　凡定期内应行检验之车辆不遵期限来局受验者，除罚洋二元外，得勒令停止其行驶，并另定日期检验。

第十二条　受验之车辆有下列各项之一者为不合格，另定期复验，应于期限内修理完整，依限请求检验。

一、无车灯及雨具挡泥板或其它零件附件破坏不完备者。

二、车身及车杆或脚踏板已腐烂或损坏者。

三、车身构造不坚固或车下弹簧铁轴高低不平或锈烂者。

四、轮圈及钢丝已锈烂损坏者。

五、车轮皮胎已有三处以上修补者。

六、车垫破烂而无白色皮制或布制背披坐褥及车身不洁或油漆颜色脱落者。

七、无靠手及无后撑者以及车体内部宽度在二尺以下者。

八、马车缰绳、肚带、头套破坏者。

九、车篷破烂不完整者。

第十三条　各种车辆如有不遵规定违反下列各项之一者，分别罚办之。

一、朦请检验达二次以上者原车充公。

二、已检验合格之车辆将公安局钢印取出借用于他车，另装新板朦检验者，每辆罚洋十元。

三、将检验证等及钢印任意毁损因而号码不清者，每辆罚洋五角，并将另行打钢印照章纳费。

四、检验时互相私换车上零件或附件希图及格者，各罚洋一元，原车仍须复验换取检验证。

五、检察时不服指挥或喧哗扰乱秩序者，依法究办。

第十四条　本规则如有未尽之处，得由公安局随时呈请修改之。

第十五条　本规则自公布日施行之。

湖北省会取缔车辆暂行规则

第一条 本规则根据《省会公安局组织规程》第六条第十四款订定之。

第二条 本规则凡武昌汉阳下列各种车辆均适用之。

一、营业马车及自用马车。

二、营业人力车及自用人力车。

三、大板车及手推车(小板车)。

四、脚踏车。

第三条 兹规定取缔车辆罚则如下:

一、私打钢印者原车没收,车主送司法机关究办。

二、无钢印通行街市者,除罚洋五元外,另具保结,再度违犯原车没收。

三、有号牌而无钢印者,如有相当保证,其除掉车并无其它弊端者,除罚洋二元外,由公安局补打钢印认为合格。

四、有号牌而私打钢印如有相当保证,其除因不明掉车办法而私自掉车,及私打钢印并无其它弊端者,罚洋十元,由公安局补打钢印认为合格。

五、有钢印而无号牌者,若能随即呈验同号码之号牌,确系遗忘未钉者,罚洋五角,如有相当保证确系遗失号牌并无其它弊端者,罚洋一元,并应令其补领。

六、钢印因日久致模糊不清者,应随时报请公安局另打,其因循不报者罚洋三角。

七、各种车辆号牌装钉不合式者，罚洋二角，并须照章改钉。

八、钢印与号牌号数不符者，如能随即呈验相符号码确系钉错者，罚洋五角。

九、私自过户不报公安局罚金如下：

甲　马车罚洋三元。

乙　营业人力车罚洋二元。

丙　自用人力车罚洋一元。

丁　大板车罚洋三元。

戊　手推车（小板车）罚洋一元

己　脚踏车罚洋一元

十、各种车辆号牌损坏而不报请更换者，罚洋二角，仍应换领新牌。

第四条　凡自用车辆如有私自营业情事，除处以与营业车辆一季捐银相等之罚金外，并将牌照注销，另具保结，再度违犯原车没收。

第五条　凡车辆违犯第二条所列各项，经公安局处罚抗不遵行者，除原罚外加罚洋十元，非候此种罚款缴清后，不予发还原车辆。

第六条　公安局制定罚款联单，凡上列各种罚款，由公安局判罚后，即出具收据交受罚人收执。

第七条　各种车辆装用怪声喇叭及夜行不燃标灯，以及违背交通规则者，均依违警罚法处办。

第八条　所有各项罚金以七成报解，以三成充奖。

第九条　受第三条各项之处分车辆，如于本日内在其它地点重被查出违背同项之规定时，得视其所犯免再处罚。

第十条　本规则如有未尽之处，得由公安局呈请修改之。

第十一条　本规则自公布日施行。

湖北省会管理车行暂行规则

第一条 本规则根据《省会公安局组织规程》第六条第十四款之规定订定之。

第二条 凡在武昌汉阳市区内以出租车辆为营业之商号，通称为车行，区别如下：

一、出租马车为营业者为马车行。

二、出租人力车为营业者为人力车行。

三、出租脚踏车为营业者为脚踏车行。

其它各种车辆，凡以出租为营业者，均适用本规则之规定。

第三条 各车行应将股东经理人或行主姓名、年龄、籍贯、住址、资本数额及现有车辆数目、车行地址及殷实铺保二家，按季呈报公安局登记注册，发给注册证，缴纳下列之注册费。

一、马车行按照所有车辆数目，每季每辆缴注册费洋二角。

二、人力车行按照所有车辆数目，每季每辆缴注册费洋一角。

三、脚踏车行及大板车行、小板车行均按照所有车辆数目，每季每辆缴注册费洋一角。

第四条 各车行如迁移歇业时，应先呈报公安局核定，始得迁移或歇业。

第五条 各车行不得将未经租出之车辆，停于马路街道上。

第六条 马车行对于下列各项应切实遵守之。

一、马车行应联合设置放马场，以供放马及停车之用；但先应呈报公安局核准。

二、马路上或街巷内不得借为溜马之用。

三、行内及马厂须洁净，不得堆积马粪及其溲溺等秽物。

四、雇用马车夫须有充分经验或确经训练者。

第七条 人力车行、脚踏车行及大小板车行，对于下列各项应切实遵守之。

一、凡出租之车辆，应随时注意检查，如有损坏处及有危险之虞者，均应迅速加以修理，若任其行驶，一经查出，车行车夫均应受同等处罚。

二、凡车体朽坏及轮圈外胎弹簧铁轴有锈坏，非经换新或修理一律不准出租。

第八条 各车行关于车辆之登记检验取缔等事项，均应遵照各种规则办理。

第九条 开设于市区外之车行，其出租之车辆欲在本市区内行驶时，应遵守各项管理车辆规则。

第十条 本规则如有未尽事宜，得由公安局呈请修正之。

第十一条 本规则自公布之日施行。

湖北省会市街交通管理暂行规则

第一条　本规则根据《省会公安局组织规程》第六条第十三款、第十四款规定之。

第二条　凡省会市街交通悉依照本规则管理之。

第三条　凡在省市区内行驶之车辆，均须向本局登记检验许可，并纳捐领照方准行驶。其车辆数目应由公安局核定，不得擅自加减。

第四条　凡旧车停用另换新车时，仍应报告公安局登记检验，违者照取缔车辆规则处罚。

第五条　各种车辆之号牌，均须遵照规定地方稳钉于车身，设号牌模糊不清时，应即缴销备价重换新牌，违者照取缔车辆规则处罚。

第六条　各车辆号牌不论其车式是否相同，均不得互换掉用。

第七条　凡车辆所有权移转时，应向公安局呈请过户，车主地址迁移，亦应随时报告备查。

第八条　凡车辆应装置警铃，但不得装置怪声发音器。

第九条　车辆驾驶人如患有碍作业之疾病或嗜好及酒醉，以及年在十七岁以下五十岁以上者，均不得驾驶车辆。

第十条　各种车辆驾驶人如在车上发现有乘客遗忘物件，应送交附近各分局各区所待失主认领，不得匿藏。

第十一条　各种车辆行驶一律靠马路左侧，速率不得超过每小时十五哩规定限度，并应注意一切交通标志及服从交通警察之指挥。

第十二条　凡消防车、医务救护车及电器工程车在负有紧急任务得尽先行驶，并警告一切车辆暂时避让。

第十三条 凡行车向左转弯时，应紧靠路左缓行，向右转弯时应绕过路口交叉点作大转弯前进，又凡行近学校、公共集会场所、桥梁及马路交叉点或转角时，应减低速率。如见阻止前进警号，应立即停驶。

第十四条 车辆行驶时，不得任人攀附以免危险。

第十五条 车辆除在指定停车地点外，不得在路中及转弯处或狭小之街巷停放，街道阔度不满十公尺者，不得在其相对之两侧停放。

第十六条 车辆载重不得超过本车应有之限度，亦不得超过各处道路桥梁裁重之限度。

第十七条 装载搬运下列各物时，应加以包裹或覆盖及其它适宜之装置。

一、容易渗漏者；

二、容易飞散者；

三、有恶浊气味发生者；

四、端锋锐利者。

第十八条 凡车辆肇事时应即停驶，并立即报告附近公安局之长警不得避匿，并非经许可不得再行行驶。

第十九条 车辆驶行时如撞坏他人身体或物件者，驾驶人应负医治及赔偿之责，如有其它重大情节时，仍应依法办理。

第二十条 车辆如在途中发生事变，任何车辆均应听公安分局长警之指挥，不得违抗。

第二十一条 行人不得立在车马道上等候车辆。

第二十二条 各车主应遵守本局各项管理车辆规则及罚则。

第二十三条 婚丧仪仗团体队伍应走车马道左侧。

第二十四条 除特别准许之地点外，任何货担或摊贩不得在车马道及行人道上停歇或摆设。

第二十五条 凡法人应受前条之处分时,其一切处罚就其代表执行之。

第二十六条 本规则如有未尽事宜,得随时由公安局呈请修改之。

第二十七条 本规则自公布日起施行。

湖北省会公安局取缔汽车驾驶人暂行规则

第一条 本规则依据《省会公安局组织规程》第七条第五款之规定订定之。

第二条 凡在武昌汉阳市区以内驾驶各种汽车之司机人，无论其为车主、车夫，均应遵守本规则各项规定。

第三条 凡经本局考验注册发给执照者，始能取得省会汽车驾驶人之资格。

第四条 凡欲为驾驶人者，应赴公安局填具履历表，附呈最近半身四寸相片二张，缴纳注册费一元五角，定期考验，若以前已领有执照者应一并呈验。

第五条 由公安局考验合格者，即予注册发给司机执照，不及格者可于练习后继续呈请复验，但每次须缴纳手续费五角以资限制。

第六条 司机执照领用期满一年或损坏遗失时，应即日报请换领或补领，缴纳手续费[illegible]元，如有过期不换者罚洋五元。

第七条 司机执照应随车携带，遇公安局查验时，如未携带者罚洋三元。

第八条 执照分为司机执照及车主司机执照二种。无论车主、车夫离开省会时，应将执照缴还公安局注销。

第九条 未向公安局领执照而驾驶汽车者，除罚洋十元外，仍责令登记受验领照。

第十条 借用他人司机执照者，罚洋五元，并将该执照注销。

第十一条 利用汽车干犯法纪者，除依法受制裁外，注销其执照永远不得再给。

第十二条 汽车在将近转角或越过交叉点时,司机人应先用手势或标灯知照岗警,并用警告器警告行人。

第十三条 本规则如有未尽事宜,得由公安局呈请修改之。

第十四条 本规则自公布日起施行。

湖北省会公安局管理汽车暂行规则

第一条　本规则依照《湖北省会公安局组织规程》第七条第五款之规定订定之。

第二条　凡省会汽车均适用《省会车辆登记暂行规则》、《省会车辆检验暂行规则》、《省会管理车行暂行规则》、《省会取缔车辆暂行规则》及《省会交通管理暂行规则》等五种规则。

第三条　汽车每年检验一次，其日期临时公布之。

第四条　凡汽车行应遵照《车行管理规则》按季呈请注册，缴纳下列之注册费。汽车一辆至十辆者，每季每辆缴注册费洋一元，十辆以上者每加一辆每季每辆五角。

第五条　汽车行应备置下列各项之设备：

一、装置油汁分离器，以防油汁及易于挥发引火之液体流入阴沟。

二、设置太平门及太平龙头、沙箱等项消防设备。

三、整桶汽油储存时不得超过　百加仑，其储存地方应先报明公安局。

四、储存汽油及放置零星汽油及其它易于引火液体地方，不得为炊煮及吸烟等事。

五、汽油或其它易于引火之液体，不得贮于无盖或开盖之箱桶。

第六条　汽车行或汽车所有人雇用车夫，须有汽车夫考验合格证书或司机执照。

第七条　汽车种类暂定如下：

一、营业乘人汽车。

二、营业装货汽车。

三、自用乘人汽车。

四、自用装货汽车。

五、脚踏汽车。

第八条　汽车私自过户不报公安局者，罚金如下：

甲　营业乘人及装货汽车罚洋六元。

乙　自用乘人及装货汽车罚洋四元。

丙　脚踏汽车罚洋一元。

第九条　汽车不挂前面号牌者，罚金如下：

甲　营业乘人及装货汽车罚洋四元五角。

乙　自用乘人及装货汽车罚洋三元五角。

丙　脚踏汽车罚洋五角。

第十条　汽车不挂后牌者，罚金如下：

甲　营业乘人及装货汽车罚洋六元。

乙　自用乘人及装货汽车罚洋四元。

丙　脚踏汽车罚洋五角。

第十一条　汽车后牌无红灯映照者，罚洋如下：

甲　营业乘人及装货汽车罚洋四元。

乙　自用乘人及装货汽车罚洋二元五角。

丙　脚踏汽车罚洋五角。

第十二条　汽车前后牌损坏不报请更换照常行驶者，除罚金外，仍应换领新牌证。其罚金如下：

甲　营业乘人及装货汽车罚洋一元五角。

乙　自用乘人及装货汽车罚洋一元。

丙　脚踏汽车罚洋二角。

第十三条 汽车私相借用牌证者，除缴罚款外，非遵章取得牌照后，仍不得行驶。罚金如下：

甲 营业乘人及装货汽车罚洋三十元。

乙 自用乘人及装货汽车罚洋二十四元。

丙 脚踏汽车罚洋十元。

第十四条 本规则如有未尽事宜，得随时由公安局呈请修改之。

第十五条 本规则自公布日起施行。

云南省昆明市取缔汽车罚则

第一条　本罚则所称汽车，包括：

甲　自用乘人汽车，

乙　自用运货汽车及拖车，

丙　营业乘人汽车，

丁　营业运货汽车及拖车，

戊　机器脚踏车及货车等，得不依轨道或电线而以机力行驶之各车。

第二条　违犯后列各项之一者，除将原车没收外，车主送司法机关究办。

一、伪造号牌或执照者。

二、伪造捐照牌或缴捐证者。

第三条　违犯后列各项之一者，着缴保证金甲、乙五十元，丙、丁八十元，戊十五元后，至市政府登记检验领取牌照并缴纳车捐，再凭牌照捐牌向原查获机关照缴罚款，并领还保证金。

一、无号牌及执照者，甲、乙罚银二十元，丙、丁罚银三十元，戊罚银十元。

二、借用他人号牌执照者，甲、乙罚银三十元，丙、丁罚银四十元，戊罚银二十元，并将所借牌照涂销。

三、用试车牌载客货营业者，丙、丁罚与一季捐银相等之数，再犯者除罚银外，并将试车牌照涂销。

第四条　违犯后列各项之一者，着缴保证金甲、乙六十元，丙、丁一百元，戊二十元后，并补缴车捐，再凭捐牌向原查获机关缴罚款，并领还保证金。

一、已逾每季开始十五日尚未缴捐而仍行驶者,照原车捐额一倍半处罚。

二、借用他车捐牌者,照原车捐额二倍处罚。

第五条 违犯后列各项之一者,着缴保证金甲、乙二十元,丙、丁四十元,戊十元后,将所犯各项更正,再向原查获机关照缴罚款,并领还保证金。

一、不挂前牌者,甲、乙罚银三元,丙、丁罚银五元,戊罚银一元,如查系遗失并须补领新牌。

二、不挂后牌者,甲、乙罚银四元,丙、丁罚银六元,戊罚银二元,如查系遗失并须补领新牌。

三、不钉小牌者,丙罚银二元,如查系遗失并须补领新牌。

四、不带行车执照者,甲、乙罚银三元,丙、丁罚银五元,戊罚银一元,如查系遗失并须补领新照。

五、前牌号码损坏不即换领新牌者,甲、乙罚银二元,丙、丁罚银三元,戊罚银五角,并须领换新牌。

六、后牌号码损坏不即换领新牌者,甲、乙罚银三元,丙、丁罚银四元,戊罚银六角,并须换领新牌。

七、小牌号码损坏不即换领新牌者,丙罚银一元,并须换领新牌。

八、执照损坏致字迹模糊不即换领新照者,甲、乙罚银一元,丙、丁罚银二元,戊罚银五角,并须换领新照。

九、曾领牌照并未缴还复行冒领者,甲、乙罚银二十四元,丙、丁罚银三十元,戊罚银八元,并候查明原委,如有重大情弊,另予相当处分。

十、私自调车者,甲、乙罚银十四元,丙、丁罚银二十元,戊罚银四元,如所调车辆等级较原车为大,并须补足车捐。

十一、原车损坏修理私以他车临时更替,并不报请领通行证者,甲、乙罚银十元，丙、丁罚银十五元，戊罚银二元。

十二、私自过户者，甲、乙罚银四元，丙、丁罚银六元，戊罚银一元。

十三、更调车式或原动机或车身颜色而不报告者，甲、乙罚银三元，丙、丁罚银五元，戊罚银五角。

十四、更调车主地址并不报告或私行涂改执照者，甲、乙罚银二元，丙、丁罚银三元，戊罚银五角。

十五、私自销毁或改打原动机号码者，甲、乙罚银二十元，丙、丁罚银三十元，戊罚银八元，并候查明原委，如有重大情弊，另予相当处分。

十六、无后灯或装置地位及式样不适当者，甲、乙罚银二元，丙、丁罚银三元，戊罚银五角。

第六条　违犯后列各项之一者，著缴保证金，甲、乙二十元，丙、丁四十元，戊十元后，领取临时捐照，再向原查获机关照缴罚款，并领还保证金，至规定日期再凭临时捐照领取捐牌。

一、捐牌遗失不即补领新牌者，照原捐额十分之二处罚。

二、捐牌号码损坏不即换领新牌者，照原捐额十分之一处罚。

第七条　违犯后列各项之一者，着缴保证金甲、乙二十元，丙、丁四十元，戊十元，将所犯各项分别更正后，再向原查获机关照缴罚款，并领还保证金。

一、前牌钉挂不合式者（前牌应钉于车前最显明之地位，不得使任何物件遮蔽，并须悬挂平正不符歪斜颠倒），甲、乙罚银二元，丙、丁罚银三元，戊罚银五角。

二、后牌钉挂不合式者（后牌应悬挂于车后最显明之地位，夜间并须有灯光映照），甲、乙罚银三元，丙、丁罚银五元，戊罚银一元。

三、小牌装钉不合式者（小牌应装钉于客座前面，不得使任何物件遮蔽），丙罚银一元五角。

四、捐牌悬钉不合式者（捐牌应钉于前牌之上或下，不得使任何物遮蔽),甲、乙罚银一元,丙、丁罚银二元。

五、号牌与执照号数不符者,甲、乙罚银六元,丙、丁罚银八元,戊罚银二元。

六、捐牌与牌照不符者,甲、乙罚银六元,丙、丁罚银八元,戊罚银二元。

第八条 违犯后列各项之一者,由市政府或公安局立即分别处罚。

一、以自用乘人或运货汽车私自载客或载货营业者,甲、乙罚与营业汽车一季捐银相等之数,第二次违犯加倍处罚,第三次违犯原车没收。

二、以运货汽车为载客之营业者,乙罚银六元,丁、戊罚银十元。

三、载客于不相当之地位者,甲罚银四元,丙罚银六元,戊罚银一元。

四、裁重超过规定在二百公斤内者,乙罚银五元,丁罚银八元,二百公斤以外,每增一百公斤,乙加罚银四元,丁加罚银六元。如因裁重超过道路或桥梁应有之负荷损及道路或桥梁者,除罚银外,所损道路桥梁并须由该车主负责赔修。

五、载客过量者,甲罚银四元,丙罚银六元。

六、装用怪声喇叭或其它声器者,罚银二元,并将所装怪声喇叭发音器没收。

七、夜间行驶不燃前灯者,甲、乙罚银四元,丙、丁罚银六元,戊罚银一元。

八、夜间行驶不燃后灯者,甲、乙罚银三元,丙、丁罚银五元,戊罚银五角。

第九条 违犯后列各项之一者,由市政府或公安局暂将牌照扣留,着修理完整报请检验合格后再行发还。

一、车身破坏不堪者。

二、原动机损坏时时停顿者。

三、制动机失效者。

四、车轮歪斜动摇者。

第十条 一车同时违背本罚则一条以上或一条中之数项者分别处罚，但罚金总额合计不得逾七十二元。

第十一条 违章汽车如不能立即缴纳保证金者，得将该车扣留。

第十二条 违章汽车如不及扣留或缴保证金者，得抄录该车号码，由主管局通知该车主来受处分。

第十三条 经二次通知后仍不遵从至主管局受处者，除应受处分强制执行外，并须加罚银五元。

第十四条 违章汽车在二十一天内不赴主管局受处分者，得没收其保证金或被扣留之汽车。

第十五条 本罚则由市政府或公安局执行之，所出罚款收据，应经各该局主管人员签字盖章为凭。

第十六条 受第九条各项处分之汽车，由处分之市政府或公安局主管职员出书证明，准该车再驶回原处或赴工厂修理或至市政府报验时免再受罚；但不得再行载客或载货。

第十七条 受第三、四、五、六、七、九各条项处分之汽车，如于本日内在其它地点重被查出违背同项之规定时，得以已缴罚款或保证金收据为凭，免再处罚。

第十八条 如有其它舞弊或违背交通规章等不当情事，在本罚则未有明文规定者，由市政府或公安局根据其他法令或酌量处分之。

第十九条 本规则如有未尽事宜得随时修正之。

第二十条 本罚则自建设厅公布之日施行。

云南省昆明市管理汽车司机规则

第一条 本规则所称汽车包括机器脚踏车，其司机人均由市政府依照《陆上交通管理规则》管理之。

第二条 凡在本市区内驾驶或学习驾驶之汽车主、汽车夫，均应在市政府登记考验领取执照，否则一概不得驾驶。

第三条 考验汽车司机人之手续，由市政府另行规定之。

第四条 汽车司机人至市政府报请登记考验，应纳登记费银五元，包括摄影费及考验手续费在内，其第一次考验不及格者，以后每覆验一次，应纳手续费银一元。

第五条 汽车司机人执照分汽车夫执照、汽车主司机执照及学习汽车司机执照三种，其章程分别另定之。

第六条 汽车夫易主向市政府报请签字时，每次应纳手续费银一元。

第七条 司机执照毁坏或遗失，向市政府报请换领或补领时，每次应纳手续费银一元。

第八条 汽车司机人执照于每年四月一日至六月三十日审验一次，每次应纳手续费银一元，其在每年六月三十日以前领照者，当年之审验期内免验之。市政府对于审验之结果，得为下列之处置。

一、司机人器官上有不适宜于驾驶汽车如目力减退，手足力不健全等情形时，撤销其执照。

二、司机状貌变异如由无发而为有发，与执照上原贴照片有不相间情形时，饬令另备最近相片。

三、执照破坏不能再使用时，换发新照，另收照费每份银一元。

第九条 汽车司机人有违犯本规则或其它法令者，依下列各款处分之。

一、未有司机执照者罚银十元，仍应责令至市政府受验领照。

二、已领司机执照而未携带者罚银三元。

三、借用他人司机执照者，除将该执照涂销外罚银十元，仍责令至市政府受验领照。

四、就业或易主时，不遵期报请市政府签字，歇业时不遵期缴还原照者，各罚银五元。

五、更调车辆或地址，不遵期呈报者罚银五元。

六、如遇传询逾期三日始行来局者罚银三元，以后若再逾期每一日加罚银一元，至九日以上者取销其执照。

七、执照毁坏或遗失时，不即报请换领或补领者，罚银五元。

八、学习司机执照期满不即缴还者，每日罚银一元。

九、不照第八条规定将执照送请审验，逾期在一个月以内始行来局者罚银五元，逾期在一月以上者取销执照。

十、利用汽车干犯法纪应受刑事处分者，除将执照取销外，永远不得再充汽车司机人。

第十条 凡违犯第九条第二、四、五、六、七、八、九各款或发生其它不法情事，除分别照章处罚外，并得将其执照酌留一月以上六个月以下再行发还。

第十一条 本规则如有未尽事宜得随时修正之。

第十二条 本规则自建设厅公布之日施行。

济南市管理汽车暂行规则

要目

第一章　总则

第一条　凡在本市区内之汽车及机器脚踏车，除官办营业车依照官办章程办理外，均应遵守本规则之规定。

第二条　管理汽车事项由工务、财政、公安三局分别担任之。

一、工务局管理关于检验车辆及考验司机人等事项。

二、财政局管理关于登记收捐及发给牌照等事项。

三、公安局管理关于维持交通及科罚等事项。

第二章　检验

第三条　汽车、机器脚踏车须经工务局施以检验，其检验事项如下：

一、制动机之装置。

二、车轮。

三、车灯及方向标。

四、发声器(应传闻至一百米远)。

五、车棚及各部。

六、减声器。

七、发动机、速率表、开闭器、电汽等装置。

八、发动机号数。

九、气缸数。

十、马力。

十一、其它应行注意检查事项。

第四条 汽车机器脚踏车经检验后认为合格者,由工务局发给验讫证,持赴财政局登记领取牌照。

第五条 汽车、机器脚踏车经检验后,每届一年复验一次,但遇必要时得由检验员或警察随时随地检查之。

第六条 凡在制造厂内新出之车或自外埠购来之新车,欲在本市试验行驶者,应先报由工务局施以检验,领取临时通行证方准试车,试车费每日每辆五角(在试车时不得装载乘客、货物)。

第三章 登记

第七条 凡汽车及机器脚踏车经检验后,应由车主或车行持验讫证赴财政局登记,其登记事项如下:

一、车主之姓名、籍贯、职业、住址或车行之名称、地址或机关名称。

二、司机人之姓名、籍贯、住址及司机人执照之号数。

三、制造厂之名称。

四、车类(篷车或轿式车)。

五、车之载重及乘客位数。

第八条 汽车及机器脚踏车登记后，应领取牌照，其费额如下：

甲. 汽车分自用、营业、长途三种，每车钉号牌二面，收号牌费五元，捐照费二角。

乙. 机器脚踏车钉号牌一面，收号牌费一元，捐照二角。

第九条 汽车牌应于车座下方前后两端各钉一面，机器脚踏车牌应钉于车身后端，号牌捐照如有遗失或损坏时，应即补领或换领，仍照章缴费；但捐照每半年更换一次。

第十条 车辆变动第七条所列各款时，应于五日内赴财政局声请重新登记。

第四章 司机人之考验

第十一条 凡年在二十岁以上五十岁以下四肢健全、耳目聪明、无神经病者，得应汽车司机人之考验，投考人应备具报考书，详具下列事项：

一、姓名。

二、年龄。

三、籍贯。

四、训练。

五、经历。

六、应试驾驶何种车辆。

七、最近四寸半身像片三张。

第十二条 投考司机人应缴纳考验费一元，录取与否概不退还。

第十三条 司机人之考验分为下列四种：

一、轻便车之驾驶。

二、载重汽车之驾驶。

三、公共长途汽车之驾驶。

四、机器脚踏车之驾驶。

第十四条 司机人每年考验一次，考验时日由工务局指定之，其考验事项分为下列四种：

一、检验体格（包括试验耳目）。

二、驾驶技能。

三、行驶规定。

四、仪器构造及功用。

第十五条 考验合格者应取具殷实铺保，由工务局发给司机人执照，并收执照费四元，自给照之日起一年内有效。

第十六条 司机人执照不得转借。

第十七条 领有司机人执照者，如改驾他种车辆时，仍应照章报考，合格后另发执照，其原领执照缴销。

第十八条 司机人遗失执照时，应赴工务局声请补发新照，仍应照章缴纳照费。

第五章 行驶之规定

第十九条 司机人非经工务局考验合格，发给司机人执照后不准驾驶。

第二十条 车辆行驶应随带司机人执照及捐照，遇有稽查员或警察查验时，即将各照呈验。

第二十一条 汽车车灯应依下列规定办理：

一、汽车前面应置车灯二盏，机器脚踏车应置车灯一盏。

二、汽车后面应置红白二色特制灯，其白光须射照车牌。

三、晚间行驶必须燃灯，至繁盛地方应将灯光缩小，并不得使用探远灯光。

第二十二条 繁盛地方行车速度每小时不得过十二公里或八英里，但消防车不在此限。

第二十三条 车辆应靠左侧通行，转弯及交叉路口处应先鸣警号，并不准快行，对于下列符号应特别注意。

甲 慢行符号：如遇慢行符号，车行速率每小时不得过八公里或五英里。

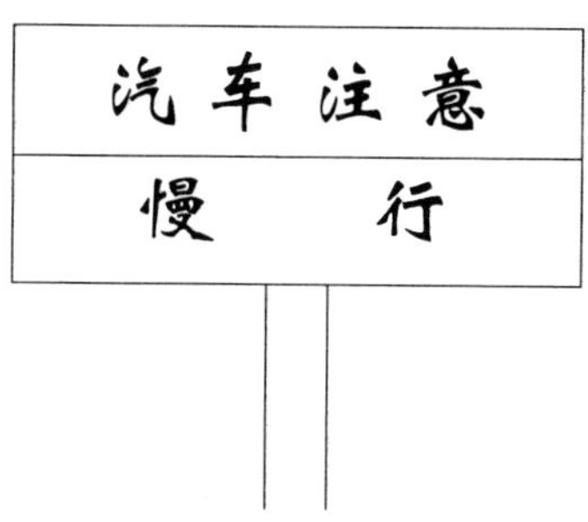

乙 不准行驶符号：遇有不准行驶符号时，汽车应改道通行。

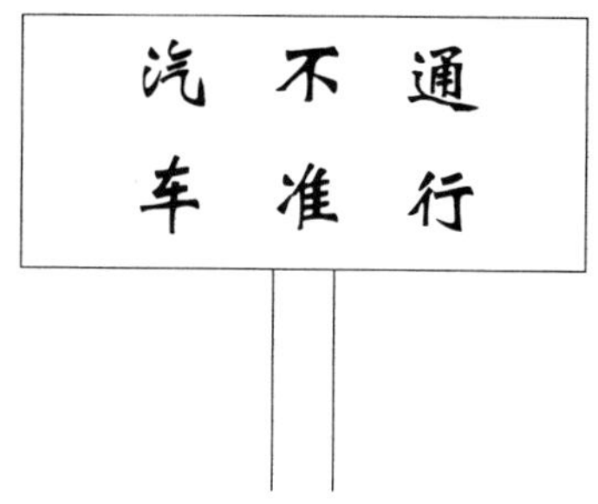

丙 单向路符号：遇有道路狭窄，钉有下列符号时，车辆只准向指定方向行驶。

1

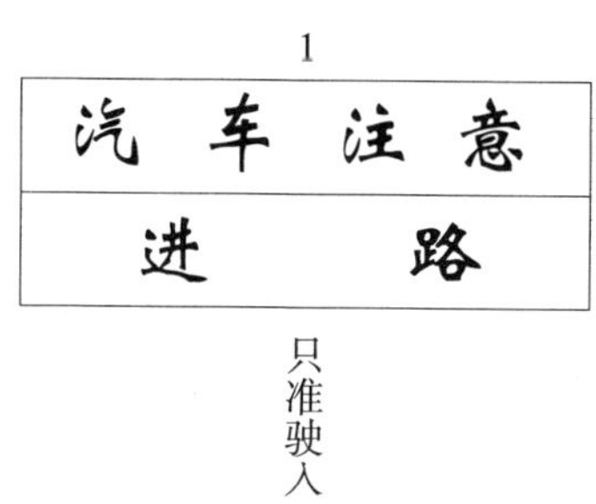

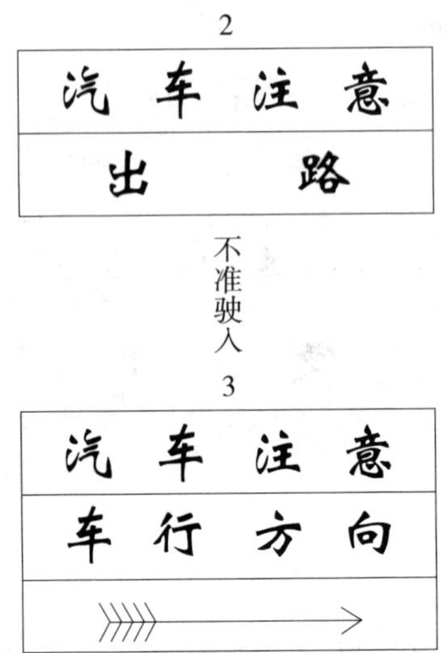

第二十四条 车辆行驶时，应服从警察指挥行驶方向，警察及司机人须遵照下列手式行之。

甲 警察指挥汽车手式

一、停止手式：用右手向上高举。

二、放行手式：用右手向前平伸。

三、右行手式：用右手向右平伸。

四、左行手式：用右手向左平伸。

五、后退手式：用右手向车后方指示。

乙 司机人开车手式

一、停车手式：伸出右手臂于车沿外向上直举。

二、向前行手式：伸出右手臂于车沿外向前平伸。

三、向左转手式：伸出右手臂于车沿外向左摇过其身。

四、向右转手式：伸出右手臂于车沿外向右平伸。

五、向后退手式：伸出右手臂手朝下再向后指示。

上列手式如机轮设在左边，应以左手行之，至车前标灯亦可代手式。

第二十五条 途中遇有火警应即折回或向别路行驶。

第二十六条 在繁盛地方狭小道路不准久停。

第二十七条 两车不准并行，如须越过前车应先鸣警号，循前车右手驶过，但在繁盛地方或狭路不准超越前车。

第二十八条 乘客雇用汽车，应由车行询明姓名、住址、职业暨开往地点登记备查。

第二十九条 乘客有非常事故（如疾病、暴死之类）或形迹可疑及携带违禁物品者，应即时报告附近之警察。

第三十条 乘客遗留物件应即送还原主，如不知原主地址时，应即送交附近公安分局保存招领。

第六章 捐率

第三十一条 各种汽车及机器脚踏车，除各机关公用车由各机关证明者得发给免捐执照外，其余车辆均应按照规定向财政局缴纳车捐请领捐照。

第三十二条 各种汽车及机器脚踏车每辆捐率如下：

一、轻便自用汽车每月纳捐二元。

二、轻便营业汽车每月纳捐四元。

三、载重汽车每月纳捐十元。

四、公共汽车每月纳捐十二元。

五、长途汽车每月纳捐二十元。

六、机器脚踏车每月纳捐二元。

第三十三条 各种车捐须于每月十日以前完纳。

第七章 罚则

第三十四条 汽车及机器脚踏车罚则如下：

一、未经检验登记私在本市区内行驶者，除饬照章办理及补缴月捐外，并处以五倍以上二十倍以下之罚金。

二、已领号牌未钉挂者处罚金十元。

三、司机人未携带执照及捐照者处罚金十元。

四、伪造司机人执照及捐照者应送请法院依法办理。

五、违背第六、第九、第十、第十九各条之规定者，处五元以上二十元以下之罚金。

六、违背第二十条至第二十八条之规定者，处以一元以上十元以下之罚金。

七、违背第二十九条至三十条之规定者，送请法院依法办理。

八、司机人因驾驶汽车犯杀人或伤害窃盗各罪时，应送请法院依法办理。

九、应纳车捐逾期在十日以内者加征半数，在十日以外二十日以内者加倍征收，一月以外者处以捐额三倍至五倍之罚金。

第三十五条 前条规定之罚金经警察查觉者由公安局执行，其经工务局或财政局发觉者，转送公安局执行之；但属税捐罚款仍由财政局随时处理。

第三十六条 受罚金处分抗不缴纳者，得改为拘留，由公安局执行之。

第八章 附则

第三十七条 本规则如有未尽事宜得随时修正之。

第三十八条 本规则自公布之日施行。

重庆市取缔车辆暂行规则

要目

第一章　通则

　第一节　立案

　第二节　检验

　第三节　执照

　第四节　各种车夫规则

第二章　人力车

　第一节　车夫规则

　第二节　罚则

第三章　足踏车

　第一节　驾驶人规则

　第二节　罚则

第四章　货车

　第一节　载货之规定

　第二节　车夫规则

　第三节　罚则

第五章　马车

　第一节　车夫规则

　第二节　罚则

第一章　通则

第一条　凡在重庆市区内行驶之车辆,无论何种,均受本规则或依据本规则发布之临时命令取缔之。

第二条　凡在重庆市区内经营租车事业者,无论公司车行,应先呈准市政府立案后再向商业注册所注册,始能着手办理。

第一节　立案

第三条　车公司或车行立案时,应备具下列各款之规定:

甲　公司或车行名称。

乙　经理人之姓名、履历。

丙　资本之总额及募集方法。

丁　公司或车行地点。

戊　车辆之种类及数目。

己　营业概算书。

庚　开业日期。

第四条　已立案之车行或车公司因业务上之必要,如有变更前条各款所定情事之一者,应于前五日呈报市政府及商业注册所备案,不得私自变更。

第五条　凡自用之车辆无论何种,除依照本规则第七条规定之情形办理外,应将下列各款情事,呈请市工务局查核备案。

甲　车主之姓名及住址。

乙 车辆之种类。

丙 车辆之数目。

丁 开驶日期。

第六条 依前条之规定如有变更各款情事之一者，应于前五日内呈报市工务局核准，不得私自变更。

第二节 检验

第七条 无论何种车辆非经工务局检验合格给予许可证书，持向市财政局领取行车执照、号牌、月捐票，并报经市公安局验明登记后不准行驶。

关于公用车辆（如街市垃圾车及衙署之水车等）经市工务局检验后，得通知市财政局免征各项捐费，凡独轮车无论公有私有一律不准行驶。

第八条 车辆驾驶人（车夫）除汽车司机人由市工务局检验发给许可证外，其余须由市公安局检验合格给予许可证后始能驾驶。

第九条 车公司或车行如欲添购车辆时，应先将添购数目呈请市工务局核准，不得私行添购。

第十条 车公司或车行之车辆如系代销某洋行者，应将洋行牌名及车辆图式呈报工务局检验。如系在本市设厂制造者，应先将制造厂名及车辆图式呈工务局核准后，始准按图制造。

第十一条 人力车检验之标准规定如下：

甲 车辆之材料：

1.车架用熟铜。

2.车簧用弹簧钢。

3.车箱用木料。

4.车篷用帆布、漆布或制革。

5.车轮用树胶。

6.坐褥用漆布及卡机为面子，用棉花或竹绒为里子。

乙　车辆之大小：车轮、车篷高、坐位宽。

丙　车辆之设备：

1. 车体背面须记入车公司名称或车主姓名及车辆号数。

2. 车傍须设备前白色后红色玻璃灯一盏以上。

3. 车后须置安全铁叉一根。

丁　车之载重试验：以二百公斤为度。

第十二条　足踏车检验之标准规定如下：

甲. 车辆之材料。

乙. 车辆之设备。

第十三条　货车检验之标准规定如下：

甲　货车之种类。

乙　货车之设备。

丙　货车载重之规定。

第十四条　马车检验之标准规定如下：

甲　车辆之设备。

乙　载人之规定。

第十五条　汽车检验之标准规定如下：

甲　司机人之资格及经历。

乙　汽车各部机械及材料。

丙　马力及速率。

丁　其余各种设备。

第三节　执照

第十六条　凡经营车公司或车行之业务者，其应缴执照、号牌、月捐各费，须照下列规定分别完纳。

甲　人力车每辆执照费洋二元。

人力车每辆月捐费洋一元。

乙 汽车每辆执照费洋十二元。

汽车每辆月捐费洋六元。

丙 马车每辆执照费洋六元。

马车每辆月捐费洋三元。

丁 货车每辆执照月捐费，分别种类依照上列各项数目减半缴纳。

戊 足踏车每辆执照费洋一元。

上列各种车辆之号牌费，由财政局照制定工本数目实收。

第十七条 凡自用车辆经市工务局给予证明书后，除豁免月捐外，其应纳之执照、号牌各费，依照前条之规定办理。

第十八条 月捐票每月换缴一次，执照及号牌除损坏、遗失应请补发外，只缴最初一次月捐。各种车辆执照、号牌、月捐票之方式另订之。

第十九条 无论何种车辆所领之执照、牌号、月捐票等，均限于票内指定之车，不准私行借卖。如有转移等事，须向市财政局另缴各费分别换领。

第二十条 凡在本市内营业之车辆，如未遵照规定缴清各费或月捐者不准行驶。

第二十一条 自用车辆不准营业。

第四节 各种车夫规则

第二十二条 车夫应受当地交通警察之指挥。

关于交通警察之服务规则另订之。

第二十三条 车夫之许可证应随身携带，不得借与别人。

第二十四条 凡车须按照位置在街之右边前行，如欲越过他车须扬铃声或响器，俟前车避让始能从他车之外面向前进驶。

第二十五条 行车之位置从街边起算，以次列入街心，其次序如下：

一、人力车。

二、脚踏车。

三、货车。

四、马车。

五、汽车。

第二十六条 入夜后车辆无灯不准行驶。

第二十七条 车夫不准将车停于冲繁街道及店铺住宅门口，若有乘车在此下车者，下车后应即拉开，免碍交通。

其停车场所应遵照市公安局之指定。

第二十八条 凡同一之车不准两车并驶，或在街道急驰，以免撞倒或损碍行人。

第二十九条 曾经警察禁止之区不得行驶。

第三十条 临时遇火灾或建筑及人众聚集之处，见警察举手即应停止，或受警察临时指挥绕道而行。

第三十一条 除货车外，凡遇下列各项，车夫得拒绝乘载。

一、患一切恶疮及传染病者。

二、疯狂及泥醉者。

三、可污染车体或可遗臭之物品。

四、兽禽类。

五、突出于车体外长大之物。

第三十二条 凡车辆遇下列各项之一者，应即停车或避让之。

一、各界游行队。

二、赴火场之消防队及各街救火队。

三、清道或邮政所使用之车马。

四、婚丧仪仗。

第三十三条 凡由小路或枝路而出之车辆，须让干路之车辆先行。

第三十四条 凡车辆撞伤行人或牲口及毁坏物品时，该车辆当立时停止，听候警察依法处理之。

第三十五条 本规则第二章至第七章规定之各项处罚，由市公安局及所属警察区所执行之。

第二章 人力车

第一节 车夫规则

第三十六条 车夫之姓名、年龄、籍贯、住址，由车公司或车行、车主填报市公安局，由公安局定期召集验明身体认为合格者，给予许可证后方准雇用。

第三十七条 车夫之资格规定如下：

甲 年龄在十八岁以上五十岁以下，身体健全者。

乙 于本市内有一定住所及有确实保证人者。

丙 非黑化份子者。

第三十八条 车夫应将车之号牌钉在车前左障泥板，月捐板钉在车后外面人所易见之处，并须随时整饬清洁。

第三十九条 车夫须着号衣由车公司或车主制给，并须注明车公司、车主及车之号数。

第四十条 自日入至日出时，车灯应点明亮。

第四十一条 人力车过桥及十字口或转弯之时，应格外缓行，向右转者应靠近路边，向左转者则须从宽而转绕向对角之处，以近他街之右边。

第四十二条 人力车行十字路，须注意有无横过之车，如无方可前进，凡欲越过他车如不能看清不准越过。

第四十三条 停车时应先举手以示后车，又欲向左转则先举左手，右转弯先举右手，以示后车藉免碰撞。

第四十四条 坐客上下车时，应将车拉至最近路傍。

第四十五条 凡两车同行前后须相距六公尺。

第四十六条 凡空车应让实车。

第四十七条 一车不准乘载二人,但十二岁以下之小孩不在此限。

第四十八条 车夫不得沿街兜揽生意及拉空车于路上故意徘徊,或停车待雇,应在公安局指定地点依先后次序排列停放,其应雇时亦须依停放之先后次序,不得逾越争先。

第四十九条 车夫应注意事项如下:

一、不得无故拒绝乘客。

二、不得以非礼言语辱及乘客。

三、不得无故拉空车游行。

四、未到乘客指定之所,不得无故请乘客下车。

五、如遇乘客遗失物品,应即送警察招领不得瞒藏。

六、车夫不得赤膊或歌唱。

七、就业中须随带许可证。

八、车体须随时打扫清洁。

第五十条 车夫与车行或车公司发生租车及一切劳资纠纷,由市局社会局处理,其租车金额与行车价目,亦由社会局另表规定之。

凡在市区内营业之各种车辆,其车资价目表由市社会局另表规定之。

第五十一条 乘客在车中若遇非常事故(痧症病等类)即应就近报告岗警,并陈明来处及其指定到达地点听候处理。

第二节 罚则

第五十二条 凡车公司(车行)或车主违犯通则第一、二、三节各条及本章三十五条、三十六条之一者,处以五元以下之罚金。

第五十三条 凡车夫违犯通则第四节及本章三十六条至五十二条各条之一者,处以五日之拘留;但违犯四十九条之第五项者,除追缴原物外,分别轻重惩罚。

第三章 足踏车

第一节 驾驶人规则

第五十四条 凡车经市工务局检验后,若行驶时有损坏或污秽。须立即修复,并随时打扫清洁。

第五十五条 号牌及月捐票应钉在车前易见之处,但自用车免钉月捐票。

第五十六条 傍晚时应将车灯装点明亮。

第五十七条 两车以上连续进行时,应有四公尺以上之距离。

第五十八条 无论何人不能两人同乘一车,但乘十岁以下之小孩不在此限。

第五十九条 不得在公园或公共集合场所行驶足踏车。

第六十条 人众聚集或市公安局禁止通行之场所,不得行驶足踏车。

第六十一条 不得在道路上练习足踏车。

第六十二条 未熟练驾驶之人不得行驶足踏车。

第六十三条 带酒气之人不得乘足踏车。

第六十四条 不得在街道上乘车比赛或弄技。

第六十五条 无论营业或自用之足踏车,均应一律装置号铃,无则禁驶,并不得以类似号铃等物擅自更换。

第二节 罚则

第六十六条 凡违犯通则所载关系足踏车条文之一或犯本章各条情事之一者,处五日以下之拘留或罚金。

第四章 货车

第一节 载货之规定

第六十七条 凡一切行驶人力、兽力、机械之货车以及场车、小车、水车等货车，均适用本章之规定。

第六十八条 凡人力、兽力货车其准载重量，应视轮边之阔度增减，兹列表如下：

轮边阔度(吋)	每轮准载最大重量	二轮准载最大重量	四轮准载最大重量
三吋	300 斤	600 斤	1200 斤
三吋半	400 斤	800 斤	1600 斤
四吋	500 斤	1000 斤	2000 斤
四吋半	600 斤	1200 斤	2400 斤
五吋	700 斤	1400 斤	2800 斤

第六十九条 凡用人力、兽力之多轮货车其重量超过二吨，或二轮货车其重量超过一吨，则其各该轮边不得少过三吋，轮径不得少过十五吋，并须于轮边镶包钢铁及树胶或其它代替物。

第七十条 机械力货车一律用树胶车轮，其载重之规定列表如下：

轮边阔度(吋)	每轮准载重量	二轮准载重量	四轮准载重量
三吋	900 斤	1800 斤	3600 斤
三吋半	1200 斤	2400 斤	4800 斤
四吋	1425 斤	2850 斤	5700 斤
五吋	1650 斤	3300 斤	6600 斤

第七十一条 凡人力、兽力及机械力之货车，其车上所载各物之体积及本身阔度，不得过七英尺六寸，高不得过十英尺。

第七十二条 凡重量超过四吨之货车(每吨一千六百八十斤)一律不准行驶，但因特别事故必须超过四吨时，须先将理由经过路线及行驶时期，呈报工务局核准。

第二节 车夫规则

第七十三条 货车之号牌及月捐票，须钉在车之前后人所易见之处。

第七十四条 运载货物须收拾整齐，不许拖拽车外。

第七十五条　人力货车车前之拖绳，其长度不得过十英尺。

第七十六条　人力或兽力货车载货之高度，如超过人之视线时，须用车夫二人防护车旁。

第七十七条　人力或兽力车上下货时，须靠贴路边不得横拦公路。

第七十八条　凡人力货车最少须用车夫二人，载重在一吨以上二吨以下最少要用车夫四人，如载重超过二吨，最少要用车夫六人。

第七十九条　机械货车之其它管理规则与汽车相同。

第八十条　机械货车之司机人应具有汽车夫之资格，并须依照汽车夫之规则办理。

第八十一条　凡货车于傍晚时应燃灯二盏以为标识。

第三节　罚则

第八十二条　车公司（车行）或车主违犯通则第一、二、三节各条，及本章第一节规定各条之一者，处以五元以下之罚金。

第八十三条　车夫违犯通则第四节各条及本章规定各条之一者，处以五日以下之拘留或五元以下之罚金。

第五章　马车

第一节　车夫规则

第八十四条　车夫应具之资格规定如下：

甲　年龄在二十岁以上五十岁以下身体强壮者。

乙　对于马术熟习者。

丙　于市内有一定之住所及有确实保证人者。

第八十五条　车之号牌及月捐票应钉在车前明显之处，以便随时检验。

第八十六条　两车前后行驶应有八公尺以上之距离。

第八十七条　凡空车须让实车，如途遇前面车辆须各靠街边互相让避。

第八十八条　凡车在公安局指定停放场所外不得停车待客，但乘客有事暂停于交通不甚妨碍者不在此限。

第八十九条 马夫应注意事项列下：

一、傍晚时车除在停车场外，其前后均应点灯。

二、车体马匹及其附属品，均须随时坚固完全清洁。

三、未到乘客指定到达场所，不得无故请乘客下车。

四、乘客遗失物件，须送就近警察报告认领，不得隐瞒藏匿。

五、不得赤膊或歌唱及以非礼言语辱及乘客。

六、停车场或待客中若未托人照料，不得擅离马绳。

第九十条 凡乘客与车夫因价额及其它事故发生争执时，须就近请岗警处理，不得互相斗殴。

第九十一条 车夫御马不良损坏行李或伤害行人者，由公安局视其轻重或拘留马夫或饬车主赔偿，或饬车主及马夫一并送法院处理，均不得违抗。

第二节 罚则

第九十二条 车公司或车主违反通则各条之一者，处以五元以下之罚金。

第九十三条 车夫违犯通则第四节及本章各条之一者，处五日以下之拘留或五元以下之罚金。

第六章 汽车

第一节 呈请检验之规定

第九十四条 凡汽车照通则第二条、第三条或第五条之规定办理完善后，应将下列各项填报工务局：

一、营业或自用。

二、车行名称及地址(但自用者不填此项)。

三、行主(或经理人)或车主之姓名、籍贯、住址。

四、司机人之数目及各姓名、年龄、籍贯、住址并许可证。

五、车辆图式、原动机种类及数目。

六、马力及速率。

七、坐位之数目。

市工务局接到前项呈请后始行检验。

第二节 司机人检验之规定

第九十五条 凡欲充当汽车司机人，应于就业十五日以前，依下列规定呈请市工务局定期予以相当之检验，如果合格由市工务局发给许可证，得在本市内执行职务。

一、姓名、年龄、籍贯、住址及从前职业，但年龄须在二十岁以上五十岁以下者。

二、曾否在何处充当汽车司机人职务及曾否领有许可证。

三、曾否在某种相当学校毕业，如系毕业应将证明文件随同呈验。

四、备具本人最近四寸半身相片二张，以备合格时一张存案，一张黏贴许可证，其不合格者仍行退还。

第九十六条 凡领有汽车司机人许可证者，仍应于每届三个月期满时自行呈报市工务局听候定期复验一次，不得违抗，其自任司机者亦同。

第九十七条 外国司机人在各本国曾受检验领有许可证者，仍应遵照本规则第九十四条之规定呈报各事项，惟由各本国领事馆员加以签字盖章之保证书，同各本国原给之许可证，请求市工务局查核备案后，加给本市规定之许可证，其呈验之原许可证随即发还，如无领事馆保证书者，仍照九十四条之规定办理，其自任司机者亦同。

第九十八条 无论中国人或外国人所领汽车司机人许可证，在开车时均应随身携带以便查验。

第九十九条 汽车车行或车主雇用司机人，应检明其曾否领有市工务局发给之许可证，如未领有者不得雇用。

第一百条 司机人之许可证如确因不得已事故而致遗失或损坏时，应由司机人将许可证之号数及遗失或损坏之原因自行登报声明，一面出具妥实保结及本人最近四寸半身相片二张，检同报纸呈请工务局查核补给。

第三节 司机人规则

第一〇一条 无论营业或自用汽车，均须将号牌月捐票钉于车之前后易见之处。

第一〇二条 傍晚时前后电汽灯须点明亮。

第一〇三条 凡汽车行驶至转弯及交叉或繁盛之处与上下坡度之时，均须缓行，不得急驶以免危险，关于行驶速度之限制另订之。

第一〇四条 凡汽车行驶中或转弯及停车，须先于十丈远扬声缓行，左转弯举左手，右转弯举右手，停车只扬声使人让避以免危险。

第一〇五条 凡汽车二辆以上连续进行时，前车与后车应有八公尺以上之距离，并须各照先后鱼贯前进不得并进，并不得争先急驶，若因特别事故必须超过前车，应于宽处先鸣响器知照前车缓行，方可从前车之左方驶过。

第一〇六条 汽车开行如见有禁止通行或暂禁通行及慢行等标示或岗警指挥不准通行时，司机人应即遵照不得违抗。

第一〇七条 乘客若有物件遗留车内，应由司机人检送就近岗警出示招领，不得隐瞒。

第一〇八条 凡空车须让实车，但急驶中如遇前来车马须靠近街边互相避让。

第一〇九条 司机人如遇汽车发危险事故时，应立时停驶，并鸣长声喇叭，以便岗警闻声临场检验。

第一一〇条 司机人负驾驶之责任，遇有危险情事，应将原车执照及许可证一并交由就近警察听候按号传讯，如公安局认为有应将司机人或暂留候讯之必要时，应各遵照不得违抗。

第一一一条 司机人应注意事项列下：

一、车照捐据均须置车内，驾驶照及月捐票随带在身，号牌前后各一，内装灯火，傍晚时即须点亮。

二、各部机械应随时检察装配完善，尤应注意其开关部份。

三、滑油及格司油、清水等分别用贮合度。

四、随时刷洗各部机械务令清洁。

五、车前之电灯及车后之红灯应使明亮。

六、响音用大号喇叭或大号叫螺，在转角处及人众处应于十丈远以前即发出幽长之音。

第一一二条 凡汽车行驶中因司机不慎致损坏行人行李或伤害行人者，由公安局酌量重轻分别处罚。

第一一三条 凡汽车行驶中因司机不慎误伤行人致成废疾或因此致命者，得由警察区所送交法院处理之。

第四节 罚则

第一一四条 车主（车公司等）违犯通则第一、二、三节各条之一者，处以五元以下之罚金。

第一一五条 司机违犯通则第四节各条规定及本章第九十四条至一百条规定之一者，处五日以下之拘留或五元以下之罚金。

第七章 附则

第一一六条 本规则若有未尽事宜，由市工务局随时呈请市政府增加修改之。

第一一七条 本规则自市政府公布日施行。

重庆市取缔汽车行驶速度规则

第一条　凡在本市区内行驶之汽车，所有行驶速度，均应受本规则之取缔。

第二条　汽车在公共机关内之公路行驶，其速度之最大限度每小时不得超过十五里。

第三条　汽车在本市营业区或其它交通繁盛之主要公路上行驶，其速度之最大限度每小时不得超过二十里。

第四条　汽车行驶于本市内次要街道或比较闲散区域，其速度之最大限度每小时不得超过二十五里。

第五条　汽车行驶于市内闲散区域，其速度之最大限度每小时不得超过三十七里。

第六条　汽车行驶于市外能与市内相联络之公路，其速度之最大限度每小时不得超过五十里。

第七条　汽车行驶于桥梁曲线及十字口，其速度之最大限度每小时不得超过十五里。

第八条　汽车行驶于超过百分之四之坡度及四十五度以内之曲线，其速度之最大限度每小时不得超过十里。

第九条　凡限制速度之各地点以木牌标示之。

第十条　凡汽车应安置速度计一具以备检察。

第十一条　汽车违背本规则第三条至第八条之一者，处以三十元以下十元以上之罚金，其因此酿出危险者，除罚金外，悉照本市《取缔车辆暂行规则》之规定办理。

第十二条 本规则如有未尽事宜,由工务局随时增订之。

第十三条 本规则自市长核定公布日施行。

《中国都市交通警察》导读（一）

化国宇*

《中国都市交通警察》（以下简称《交通警察》）是国民政府内政部警政司组织编写的指导性著作，成书于民国二十四年（1935年），是对民国都市交通警政建设实践的经验总结。本书属于国民政府内政部警政司编写的“警察丛书”其中之一本。时任警政司司长李松风在其为该丛书所做绪论中明确编写丛书的主旨有二：其一，“期在实务上予我警察界同人以工作之参考”，其二，“更切望其能于普及社会警察知识一点，有所供献。”[①]为实现上述目的，《交通警察》并不着重于理论辨析，而以便于实务参考为要旨。本书共分为十三章，分别对各城市交通警察机关的组织、人员训练、人员配置、服装、交通设施、交通规则、指挥方法、车辆管理等方面进行了考察，既有一定的理论总结，又对主要城市的实际情况作了细致描述，还配有照片、插图，这对于当时各地交通警察实践而言，具有很强的指导意义。而这些对实际历史情况的记录整理，在现在来看，则具有重要的史料价值。附编部分收录了国民政府内政部制定的《陆上交通管理规则》以及当时全国主要城市的交通管理法规，从法规内容来看，其规定已十分精细、完善，即便对于今日的交通立法

---

* 化国宇，法学博士，中国人民公安大学法学院讲师。

① 内政部警政司主编，刘垚、谈风池编：《中国都市交通警察》，商务印书馆2018年版，编辑警察丛书引言。

仍具有重要的参考价值。笔者以本书内容为中心,结合学界的相关研究,对南京国民政府时期的交通警政建设做一梗概梳理,以期为读者阅读本书提供一些前见和助益。

一、清末民初警政概况

1829 年,时任英国内政大臣的罗伯特·比尔创建了伦敦大都市警察,并且使用"police"一词来指代这一群体,实现了警察与军队,警察与其他执法机关和司法机关的整体分离,因而成为了现代警察制度的起源。

中国现代意义上的警政肇端于清末。1840 年中英鸦片战争之后,随着中国内生的封建制度被打破,外来的西方文明被引入,其中就包括西方现代警察制度。汉语中使用的"警察"最初是从日语汉字中直接借用的。日本明治时期,根据欧洲警察的职能,取日语汉字中"警邏"(意为巡逻)和"警戒"(意为防范、谨慎)的"警",以及"查察"(意为监察、检查)的"察"组成了合成词"警察"。"警察"一词大约在 19 世纪 80 年代传入中国。而因清末筹备立宪作为新政开始试办。此时,中国才逐步开始筹建专门警察机构,将其与军事机关和行政、司法机关明确分离。光绪二十四年(1898 年),湖南长宝盐法道并署理湖南按察使黄遵宪(1848—1905),在《湘报》第 7 号上公布了其草拟的《保卫局章程》征求意见,开近代警政革新实践之先河。清光绪三丨一年(1905 年),清廷正式设立中央警察机关,称巡警部。1907 年地方官制改革,各省增设巡警道,负责全省警政事务,封建帝制下的新式警察体系初步确立。

辛亥革命后,作为对封建帝制进行改造的重要部分,警政改革在南京临时政府成立之初就被提上了日程。经过北洋政府和南京国民政府在警政建设方面的努力,民国时期的警察制度得以进一步发展,愈发成熟与精密。南京国民政府设置内政部作为统管全国警政的最高机关,下设警政司作为具体执行机构。

二、国民政府交通警政溯源

早在清末警政初建时期，北京的交通管理就被纳入警察职能范围，并且制定了简单的交通规则《交通暂行规则》，确立了车辆行人靠左行驶的原则。[①] 而这仍不是中国最早的交通警察。有据可查的中国领土范围内最早的交通警察出现在19世纪中期的上海英美租界。1854年上海租界工部局建立了巡捕队伍，在负责治安管理的同时，也承担了道路交通管理的职责。1870年到1880年之间，上海由于车辆增多，交通压力增大，公共租界内出现交通堵塞。工部局董事会决定在主要十字路口设置捕房人员来防止撞车等事故，为此增加了10名华捕。从1886年起，捕房派印度巡捕从事交通疏解工作。此后印捕便成为交通巡捕中一支重要力量。

而租界的交通警察成长为一支独立队伍是在清光绪十六年(1890年)，上海租界工部局董事会会议决定在公共租界组建一支管理街头交通的专职队伍，设巡长1人，巡捕16人，这是上海最早管理交通的机构，也是中国交通警察制度向近代化迈进的重要标志。[②] 从1910年开始，工部局加强了对专职交通管理人员的配置。该年度专职从事交通管理的捕房人员，西捕有正副巡官各1人、巡长2人、巡捕5人，印捕有巡长8人、巡捕89人，华捕有巡长4人、巡捕98人，合计213人。这些专职管理人员的职责是负责对辖区内交通与车辆进行检查，对行驶的车辆进行监督和对违章行为进行处罚。1917年工部局警务处设立交通巡警，其编制包括正巡官1人，副巡官2人，西巡长10人，印捕100

① 北京市地方志编纂委员会：《北京志·政法卷·公安志》，北京出版社2003年版，第413页。

② 黄臻睿：《上海早期的道路交通管理》，载《东方早报》2016年4月29日。

人,华巡长和华捕 209 人,合计 322 人。1921 年年初,工部局警务处所属独立的交通股成立,同时开设了一个汽车驾驶学校,其职员由 1 名西巡长,1 名西捕及 4 名华人机修工组成。[①]

相对于租界,中国官方的专门交通警察机构成立则稍晚。清光绪二十八年(1902 年)4 月,工巡局发布了《马路章程十条》,标志着道路交通管理被纳入警政。清光绪三十一年(1905 年)10 月,清政府设立内、外城巡警总厅,其下属警务处中设立交通股。这是第一次在警务机构中设立专门的交通管理部门。[②] 到民国三年(1914 年),制定了北京第一部专门的机动车管理规则《管理汽车规则》,开始对汽车和驾驶员实行牌、证管理制度。至此,我国官方的交通警政已经初具雏形。然而在民国建立后很长一段时间,尽管交通警政有了进一步发展,但是由于城市交通发展缓慢,加之社会动荡,警察管理交通还仅仅是临时性和兼职性的,而且也没有统一的交通规则和指挥办法出台。[③] 到了南京国民政府时期,直至 1937 年抗日战争全面爆发之前,交通管理作为警政的重大事项得到充分重视,各地尤其是大都市的警察机构内部纷纷设立专门的交通管理部门,将城市交通管理作为警察的主要职能之一。并且在机构组织、队伍建设、交通设施、法规制定等方面进行了大量的创设和完善。之所以在这一时期交通警政获得了较大发展,究其因由,主要有以下几点。

(一)都市交通状况整饬之需要

国民政府时期,随着经济的开放和发展,以及城市化带来的人口集聚,在一些大城市出现了交通拥堵的状况,并且交通事故频发。进入民

---

① 《上海租界志》编纂委员会编:《上海租界志》,上海地方志办公室网站,http://www.shtong.gov.cn,访问时间:2017 年 3 月 18 日。

② 北京市地方志编纂委员会:《北京志·市政卷·道路交通管理志》,北京出版社 2000 年版,第 11 页。

③ 韩延龙、苏亦工等:《中国近代警察史》(下),社会科学文献出版社 2000 年版,第 667 页。

国之后，旧式交通工具如轿、牛、马日益减少，而人力车、马车、汽车日渐增多。就北平来看，北洋政府时期就有汽车“盛行道途”[①]，人力车“填街塞巷”[②]的记载，而到1939年，北平共有手推车6335辆，畜力车5255辆，脚踏车108648辆，汽车2890辆，人力车37036辆，[③]交通状况已经十分忙乱，需要整饬。上海则更甚，20世纪初，人力车已成为上海滩最主要的交通工具，公共租界每5人就有1部人力车，法租界每2人就有1部人力车。1934年，上海全市人力车工人为78630人，人力车20596辆。而汽车数量也逐年增加，从1901年上海发出中国有史以来第一张汽车照会起，到1947年底，上海全市机动车数量达到26800辆。[④] 交通拥堵并不是最坏的结果，随之带来的是交通事故频发。据当时上海《申报》报道，1929年6月一个月间，上海公共租界巡捕房处理了803件马路交通事故，有10人死亡，252人受伤；7月，在租界内平均每24小时发生27件交通事故。故著名的中国史研究者美国学者魏斐德称：“20世纪20年代，上海市区道路变得险象环生”，并引用一位观察家评论称，交通事故成为当时上海除绑票和持械抢劫外的另一种威胁。[⑤]因而民国二十五年（1936年）8月北平市公安局的《交通警察学》一书中，明确指出城市交通管理的重要意义：“衣食住行，为人生要素，行者何，交通之谓也，行之一事，又为人生要素中之要素，盖以衣食住三项，多赖行以完成之……都市问题之中心，而负有整理交通职责之警士，应

---

① 《人力车增加之观察》，载《晨报》1916年8月20日。

② 《内务部呈遵谕呈明饬厅取缔汽车情形谨将现定管理规则缮单呈请鉴示文》，《政府公报》第1226号，1915年10月6日。

③ 北京市地方志编纂委员会：《北京志·市政卷·道路交通管理志》，北京出版社2000年版，第259页。

④ 上海市公安局史志办公室编：《上海警察百年印象》，同济大学出版社2014年版，第308—309、313页。

⑤ 〔美〕魏斐德：《上海警察（1927—1937）》，人民出版社2011年版，第86—87页。

如何保护交通,防止事故,要不可不充分注意。”①

(二)恢复和争夺警权之手段

警察权是规范社会秩序的重要权能,也是国家主权的重要内容,因而其行使就构成了主权归属的重要表征。在南京国民政府建立前后,相继收回了汉口、天津、厦门等地的外国租界。在这些地区尽快由中国警察机构接管是国民政府宣示主权的重要方式。而在尚未收回租界的城市,这种警权的争夺也一直在上演。因而,在存在外国租界的大都市里,警察机构的设置一般都比较健全,警力也都比较集中和充足。尤其是在国民政府建立后,在这些大都市中均不同程度地强化了中国官方警察权的存在。由于租界和华界的分治外显于路面,对路权的争夺成了警权乃至司法管辖权争夺的重要组成部分。因而交通警政也在诸如上海、汉口、广州等大都市最先建立起来。以上海为例,交通管理与争夺警权之间的联系十分明显,这一结论得到了华、洋两方面档案史料的支持。1927 年国民党接管上海后,新的上海市政府方面认为,公安局收回界外马路“警权”的努力事关“国权”②,于是在 1927 年 10 月收回了处于租界控制下西郊虹桥路的“警权”,并不顾外国军队和警察反对,开始对整条虹桥路实施巡逻。而另一方面,租界也确实感受到了来自交通管理方面的警权压力。当时上海主要使用汽车的群体是外国人,在上海公安局连续颁布交通法规,严格交通管理之后,他们感觉到公安局对交通的管理是“新的国民党上海市政府恶意排外运动的一部分……以达到将他们彻底赶出租界的目的”。美国公使馆在给国务卿的报告中写

① 北京市地方志编纂委员会:《北京志·市政卷·道路交通管理志》,北京出版社 2000 年版,第 2 页。

② 上海特别市政府致公安局备忘录,见上海市档案,1—5—526,第 11 页。转引自〔美〕魏斐德:《上海警察(1927—1937)》,人民出版社 2011 年版,第 81 页。

道:"当地中国的警察执行交通法规时显然有尽可能使外国人出丑的动机。"[①]正是在这种需要之下,上海的道路交通状况有了明显改善,交通信号系统也建立起来了。

(三)中央政府之督促

国民政府建立之后,为何在警政建设方面着力尤甚?这在学界既有研究中已经取得一定程度上的共识。国民政府深谙警察"介于政府人民之间的桥梁,其表现之良否,足以代表政治之良窳,亦政府控制人民与社会治安之工具"[②]的道理,在都市中恢复社会秩序,建立由国民政府权力支配下城市管理秩序,是强化国家政权的重要步骤。[③] 而要实现对城市的现代化管理,则不得不依赖于警政。在当时,都市治理莫急于卫生、交通、治安,此为最显明处,是城市的面子和形象,因而交通警政的建设很快被国民政府提上日程。而由于各大都市在交通警政方面步调并不统一,各自都有一套根据本市具体道路和交通状况而设置的交通警察体系。于是在 1934 年 7 月,全国交通警察专员会议作出决议,各都市警察教育机关内应设法设置交通警察专班或补习班,以培养专门人才,并决定统一全国交通警察的服制,统一编定交通警察专用教材,统一交通警察的设岗标准,统一全国交通规则。[④] 同年 12 月内政部出台了《陆上交通管理规则》,该规则对道路、车辆、车辆通行、车辆载重、交通警察指挥手势、交通标志标线等的规定已经十分完备。在中央政府的督促之下,各地公安局相继采取措施贯

---

① 〔美〕魏斐德:《上海警察(1927—1937)》,人民出版社 2011 年版,第 87 页。

② 《社会控制与警察之关系》,载《上海警察》1948 年第 5 期。

③ 吴冰清:《南京国民政府时期武汉警政专业化进程探析(1927—1937)》,载《民国档案》2010 年第 3 期,第 100 页。

④ 韩延龙、苏亦工等:《中国近代警察史》(下),社会科学文献出版社 2000 年版,第 667 页。

彻执行会议精神,如广州市到这一年就设置了交警岗位105个,交通警察人数达到315人。①

三、交通警察的组织制度

(一)交通警察的法律定性

《交通警察》书中指出,交通警察是行政警察的一种。② 在近世福利国家与给付行政盛行、国家职责迅速扩张之前,民国时期的中、外学者的普遍观念,仍然秉持着传统的经典行政法理论,认为警察行政在国家行政中居于最为重要的地位。③ 德国学者将行政分为五种,即内务行政、外务行政、财务行政、军事行政及司法行政。④ 这种划分方法对日本学者和民国学者颇有影响。内务行政又可进一步划分为两种:积极的以增进社会公共幸福为目的的行政和消极的以维护社会公共安宁与秩序为目的的行政。⑤ 警察行政即属于后者。如国家公共安宁上认为需要,则不论何处,警察均可施行。道路及交通机关上之各种人事的现象,因具有公共的性质,故为与警察有关系之目的物。"最为繁赜之都市交通管理,乃为我警察之主要任务"。⑥ 因此交通警察属于行政警察的组成部分,交通警察之交通管理行为亦属于行政行为。《交通警察》书进一步指出,交通警察作为一种行政行为,采取限制个人自由的

---

① 何荦:《二十三年度广东省会公安概况》,载《警察杂志》1934年第5卷第3期。

② 内政部警政司主编,刘垚、谈风池编:《中国都市交通警察》,商务印书馆2018年版,第6页。

③ 〔日〕松井茂:《警察学纲要》,吴石译,张天虹、张晓鹏勘校,中国政法大学出版社2005年版,第13页。

④ 余凌云:《行政法讲义》,清华大学出版社2014年版,第53页。

⑤ 李士珍:《警察行政之理论与实际》,中华警察学术研究社1948年版,第11页。

⑥ 〔日〕松井茂:《警察学纲要》,吴石译,张天虹、张晓鹏勘校,中国政法大学出版社2005年版,第164—165页。

手段，其目的在于防止交通上的危险，维持交通秩序。[①] 这一学说借鉴于德国法学家施腾格尔(Stengel)关于警察的定义："限制人民之身体财产，以防止国家及人民安全幸福之危害为目的之行为者，即警察也。"[②]这一定义为民国警察法学者广为接受，成为通说。

(二)交通警察机构和队伍设置

国民政府时期，许多城市公安局已经专设了负责交通管理的中枢机构，负责领导、协调交通管理事项。如首都警察厅在保安科内设第三股，上海市公安局第二科设交通股等。这些机构的主要职能包括：(1)对交通管理进行统一指挥，并对交通管理的执行进行监督；(2)对交通实况、交通设施、交通事故，以及关于交通警察的研究等信息进行调查、统计；(3)对交通管理事项进行规划；(4)交通行政立法；(5)交通警察训练；(6)从事与交通管理相关事务的对外联络与交涉；(7)车辆审检及司机考核并发放许可。[③]

但是，在交通警察队伍设置方面，抗战爆发之前大部分地方并没有形成专门的交通警察队伍。尽管当时欧美各国已经逐步趋向于交通管理专业化，交通警察被作为独立的专业警种，但由于国民政府各地方人力、经费所限，没有能力设置交通警察的专门编制，交通警察仍然混编于普通警察(如治安警、巡逻警)之中。交通管理事务混合于一般警察事务中，由普通警察兼任，或安排于在马路上"流动"巡逻，或安排于固定的路口交通岗。这种交通警察的分散制设置方案(混编制度)也被1934年7月的全国交通警察专员会议确认为在当前国情背景下全国

---

① 内政部警政司主编，刘垚、谈凤池编：《中国都市交通警察》，商务印书馆2018年版，第7页。

② 参见徐淘：《警察学纲要》，广益书局1929年版，第17页，也见于李元起、师维主编：《警察法通论》，中国人民大学出版社2013年版，第5页。

③ 内政部警政司主编，刘垚、谈凤池编：《中国都市交通警察》，商务印书馆2018年版，第12页。

交警队伍建制的基本原则。如当时的南京,虽然在首都警察厅设置第三股主管交通,但是交通警察的派遣、配置均由其下属的九个警察局按照各自辖区分别执行。他们往往选择其辖区内交叉道路或交通事故频发地点设置交通岗位,每岗位配置四名警察指挥交通。北平、上海、天津和汉口等城市基本类似。而唯独广州在当时设置了专门的交警队伍,由专门的交通警察长 1 名,交通督察员 10 名,以及 315 名交通警士组成。① 这在当时属于个例。

(三)交通警察的选拔与训练制度

1.选拔机制

由于交通警察职能特殊,工作繁重,而且“栉风沐雨,无间寒暑”,因而在选拔时对警员的专业素养、身体素质、仪表秉性具有一定要求。根据国民政府内政部警政司的要求,交通警察的任职标准基本上包含以下几方面:一曰身干,要求任职者身材以高大为宜。主要虑及一者身材高大,在指挥交通时目标明显,指挥手势容易被识别,再者高瞻才能远瞩,便于观察附近交通状况。二曰体格,择体格强健者任之。原因在于交通警察的执法环境比较混乱嘈杂,且不论寒暑晴雨,辛苦程度较于一般外勤警察更甚,因此必须身体健壮方能“胜任烦剧”。三曰仪表,交通警察整日立于交通枢纽位置,一举一动关乎法律权威,关乎生命财产安危,因此仪表庄重为要求之一。四曰性质,即要有好的脾气秉性,否则在交通管理工作的嘈杂重压之下,容易心浮气躁,顾此失彼,难以堪当职务。五曰手段,要求交通警察机敏灵活,由于交通状况复杂多变,因此负责整理交通的人员必须心思敏捷,身手矫健,方能指挥得洽,及时防范危险。② 因而,相较于普通警察,交通警察的选任标准更为严格。

---

① 内政部警政司主编,刘垚、谈凤池编:《中国都市交通警察》,商务印书馆 2018 年版,第 17 页。

② 参见内政部警政司主编,刘垚、谈凤池编:《中国都市交通警察》,商务印书馆 2018 年版,第 18—19 页。

一般而言，担任交通警察还需具有一定的经验技巧，且已经担任普通警察满足一定年限，如南京市首都警察厅要求担任首都交通警察，需从服务满一年的二等以上普通警士中选拔。

2. 训练机制

交通指挥是一项专业性较强的警务技能，因而担任交通警察，就必须接受专门的交通管理训练。南京国民政府时期，交通警察的训练由各主要城市公安局自主进行，并无统一的模式和规定。总结各地做法，大体上可分为“教练所统训”和“培训班专训”两种训练模式。前者由各都市所设的警士教练所在学警期间进行统一训练，后者则由各市公安局组织专门的培训班对普通警察进行交通管理方面的训练。前者还可以进一步分为，在教练所设置交通警察专班（专业）和设置交通警察课程两种模式。相较之下，在教练所设置专班是专业性最强的训练模式，广州即采取了此种模式。但对于当时，一方面，南京国民政府财政十分吃紧，无力承担过多的警力开支，另一方面，过度专业化的交通管理既不必要，也浪费了警力资源，因而各地采用较多的是在警士教练所开设交通警察类课程（如青岛、汉口），或者从普通警察中挑选人员进行交通管理培训后上岗（如北平、上海）的模式。

训练内容方面，各地也无统一教材，因此内容各异。但基本上以交通法规和交通管理方法（主要是交通指挥手势）为核心内容。

由于各地交通警察训练自行其是，互不统一，1934 年 7 月全国交通警察专员会议形成了决议，希冀通过统一教材（各地自行撰写由内政部统一审定）、统一训练模式（设置警察专班或补习班，设置办法统一由内政部定之）、普及实务训练（中枢机关随时派员对各地执行机构培训法规及指挥方法）等，初步形成一支统一的职业化交通警察队伍。

（四）交通警察的职责配置

国民政府时期的交通警察在职责配置方面，也因地而异。纵观概览,可分为专务配置与非专务配置两种模式。南京、北平、汉口和广州均采用专务配置模式,交通警察在执勤时间内,专任交通指挥和疏导事宜,而不承担其他警察职责,除非附近有盗案、火警及其他重大事故发生,交警才负责处理。而非专务配置模式中,交通警察往往由普通行政警察兼任,除了负责交通管理事宜的同时,往往也担负着治安巡逻等勤务。同时,在实行非专务配置的城市,只在特定地点交通要冲才设有固定岗位,专司交通,或者在特定时间某些交通易拥堵地点(如上下学时间的中小学校校门口),临时安排普通警察专司这一时间段内的交通,青岛、上海、天津即采此种模式。[①] 应当说,两种配置模式均各有利弊,国民政府时期各市主要根据本地交通管理的实际需求和经费情况酌定,然而随着交通事业的发展,交通警察职业化应当是警政发展的基本趋势,因此专务配置模式更符合交通警政建设的未来潮流。但是专务配置需要较多的编制、经费和人员,这对当时市政财政捉襟见肘的南京国民政府而言是非常不经济的。以上海为例,要让上海市公安局花名册上仅有的4000名巡警面面俱到(尤其是还承担繁重的政治镇压和打击黑社会犯罪的职责),还要设置专职交警队伍,这几乎是不可能做到。同时期的北平人口大体接近上海,却有其两至三倍的警察来维持治安。[②] 尽管如此,上海长期财政赤字,维持如此规模的警力也已不堪重负。上海采取非专务配置的模式与此不无关系。因此,考虑到各地的实际状况,1934年7月全国交通警察专员会议仅做出在一些城市交通要冲设立固定岗位的决议,并没有提出各地统一为专务配置的要求。

---

① 内政部警政司主编,刘垚、谈凤池编:《中国都市交通警察》,商务印书馆2018年版,第28—29页。

② 北平警察人数最多时达到12000名,1930年裁减后仍有7000名警官和警士。参见〔美〕魏斐德:《上海警察(1927—1937)》,人民出版社2011年版,第215页。

四、交通管理制度

在交通管理方面，国民政府通过划分道路功能、分类管理交通工具、制定交通指挥和秩序规则，以及确立事故处理制度等措施，建立了比较系统的交通管理制度。

（一）道路功能划分

国民政府时期，基于交通便利和安全的需要，已经对道路进行了人行道和车道的划分。而车道又根据车速不同，分为电车、汽车行驶的快车道和马车、人力车行驶的慢车道。对车道划分制度的确立反映了当时交通工具种类的多样化，以及汽车等新式交通工具的普及。

划分方法上，主干道大致以中央为快车道，两旁为慢车道，再两旁为人行道，[①]与今时之状况基本一致。此外，当时很多路面已经设置"横断步道"，即人行横道，以"指示徒步者安全横过车道之途径"[②]。安全岛、广场（即交通环岛）、停车场等交通道路设施在各大都市也都已具备。因此在道路功能划分方面，基本制度已趋于完备。

（二）交通工具分类管理制度

国民政府时期，城市交通工具种类繁杂，路上行驶的既有电车、汽车，也有马车、人力车、载重大车，以及手车等等。这种路面上的混杂的局面，十分容易酿成事故，使道路险象环生。尤其是汽车和电车由于速度较快，且存在机械和技术问题而导致失控，因此极易发生事故。国民政府时期，各地交通法规基本上都将交通工具根据人力和机械之别，进行分类管理。相较于人力交通工具，汽车、电车等机械交通工具的管理

---

① 内政部警政司主编，刘垚、谈风池编：《中国都市交通警察》，商务印书馆2018年版，第36页。

② 同上书，第38页。

更为严格。就汽车而言，各地都针对其建立了汽车检验制度、汽车登记制度，以及司机人考核与管理制度，并设立相应的实施机关，通过检验、登记以及考核，并缴纳车捐等费用的汽车和司机才会发给执照，准许上路。再就电车而言，其管理不如汽车严格，主要原因在于电车有固定通行之轨道、数量较少且机械不易故障等因素。且电车管理以及电车司机考核主要由电车公司负责，交警部门主要制定电车上路时的行驶规则，以便于交通管理为原则。对于非机动车辆，地方交通法规也均纳入管理，对登记检验、行驶规则、违章处罚予以分别规定，其细致程度可见一斑。

(三)交通指挥和秩序规则

国民政府时期，为了维护正常的交通秩序，各地基本上都制定了比较成体系的交通指挥和秩序规则，这些规则由内政部以及各地的交通法规所确立。在交通指挥方面，各都市交通警察所采取的指挥方法并不统一，尤其是在指挥手势方面，这就导致不同城市之间的往来车辆不通异地交通指挥手势，徒增误会与风险。因而各地均有统一指挥手势的愿望。内政部因而颁行了统一的指挥交通手势。而仅依靠交警实施指挥规则是远不可能的，时各都市均设立有交通指挥设施，包括道路标志、信号灯、信号机乃至信号塔。[①] 交通秩序规则方面，则就行车一般规则，如靠左行驶、转弯、路口、车速、停车、道路占用等方面均已作出规定，同时对于道路上嬉戏、屠宰、倾倒垃圾等致碍交通的行为予以规制。

(四)交通事故统计制度

交通事故统计是在定性与定量相结合的基础上，科学表述交通管理工作最终成果的过程。国民政府时期，各地就已经建立起交通事故统计制度。“凡交通上一经发生事故，均向警察机关报告，其情节重大

---

① 参见内政部警政司主编，刘垚、谈风池编:《中国都市交通警察》，商务印书馆 2018 年版，第 54—73 页。

者，则专案办理，比较轻微的事件，则汇案呈送。各地方警察机关即根据此种交通事故报告，制成交通事故统计表，更依科学方法分析综合，以求发现其中之共同倾向，俾得据以树立适当的整理方策，交通统计之目的与价值即在于此。”[①]国民政府时期，交通事故报告书成为交通事故统计的主要来源。因此，要求报告书填写正确、中立，对涉及防止交通事故、保障交通安全的事项需详细填写。报告书分为警察填写的事故报告书、汽车司机人事故报告书，以及学校提供的儿童事故报告书。交通报告书需呈送警察监督机关，并加以整理，制成月表，然后汇集一年十二个月制成年表，据此以推知某月份或某年份发生事故之趋势。然而，交通事故的统计各地亦未能达致统一，因此据表分析单独一地的交通状况尚可，若综合比较多地区，则十分困难。直到 1947 年，国民政府内政部函发各省《肇事车辆处置注意事项》，规定将交通事故分为六种进行统计[②]，才提供了较为统一的标准。[③] 但是在事故统计的具体项目类别上，仍难以达成一致；在统计表格样式方面，各地也都有自己的标准。

五、交通法规的制定

国民政府时期，交通法规的种类和层级都已较为齐全。在种类上，行政法方面，国民政府制定的《违警罚法》第六章均涉及妨害交通的规定，[④]同时内政部颁有专门的交通法规《陆上交通管理规则》；刑事法方

---

① 内政部警政司主编，刘垚、谈凤池编：《中国都市交通警察》，商务印书馆 2018 年版，第 118 页。

② 此六种交通事故分别为：①财产损坏轻微之交通事故；②财产损坏较重之交通事故；③财产损坏重大之交通事故；④人体损坏轻微之交通事故；⑤人体损坏较重之交通事故；⑥人命死亡之交通事故。

③ 北京市地方志编纂委员会：《北京志・政法卷・公安志》，北京出版社 2003 年版，第 437 页。

④ 汪文玑：《现行违警罚法释义》，商务印书馆 2016 年，第 58 页。

面,《中华民国刑法》的第173条、178条、183条、184条、185条均为以保护交通安全法益而设定的犯罪。层级上,不仅有中央层面颁布的法律与部门规章,同时地方颁布兼有实施细则性质的地方性法规,如《南京市陆上交通管理规则》《首都警察厅取缔车行营业规则》《北平市汽车管理规则》等。各层次的法律法规对不同的交通主体的行进规则、交通工具运行和承载标准、车行营业、司机人驾驶等方面做出了较为全面细致的规定,为交通警察执法提供了法律依据。这一时期,中央层次的交通法规定相对原则,考虑到地方具体情况的差异性,将交通立法的部分权限授予地方,由地方政府或主管机关就某些具体事项制定地方单行章程,如车辆的检验、登记、管理、取缔、处罚,等等。

《中国都市交通警察》一书作为民国时期研究交通警察的重要作品,是当今了解和研究民国交通警政史的必读书目。但是由于本书出版年代久远,获取阅读十分困难,加之原书文字版式为繁体竖排,印刷也不甚清晰,给阅读和学术研究带来诸多不便。此次由商务印书馆组织勘校且重新出版,期冀能够为学界研究民国交通警政史,以及增进大众对民国交通警政的了解提供助益。

尽管勘校过程已然十分仔细,但仍不免存在疏漏、讹误,期待读者朋友能够给予批评、指正。

导读(二)

贾焕银*

一

“交通之意义,渐随时代之进展而发达。尤以交通自由之思想与交通技术之观念,较前更为浓厚。同时,交通上之灾害、道路,交通机关内之保安上及风纪上之问题,愈增其复杂,而交通警察之重要性,亦觉愈增其高度矣。”①日本学者所描述之情形,在民国时期及至我国现在情状何其相似乃尔。民国时期的中国社会处于大变革时期,城市发展逐步走向现代化。与城市发展相伴相随,新式交通工具与新式交通模式不断涌现和革新。在城市中,交通模式由传统的人力畜力工具逐渐向机械自动化交通方式转变。

20 世纪 20 年代之后,汽车、电车、公共汽车相继在中国的一些都市出现,沿海通商口岸和内陆省会城市的自动化交通工具不断增多,交通管理方式落后,交通法规付之阙如,交通安全问题日益凸显和严重,很多城市经常发生交通事故,造成人员伤亡事件。在广州,人们将汽车称作“市虎”,因行车制度不健全,交通管理混乱,闹市区的汽车可以随

---

* 贾焕银,法学博士,重庆大学法学院副教授。

① 〔日〕石井茂:《警察学纲要》,吴石译,中国政法大学出版社 2005 年版,第 193 页。

便停车上车,乘客可以追车、跳车,导致交通事故频发,“市虎毙马”、“市虎又伤老妇”等新闻经常见诸报端。[①] 1931 年,青岛全城拥有各种车辆超过 12000 辆,其中私家车超过 500 辆。大量车辆,尤其是汽车的出现使得青岛市交通秩序一度混乱不堪。[②] 在南京,国民政府定都之后,在几年时间中,南京人口激增,从 1927 年的 36 万暴涨至 1935 年的上百万之巨,[③]一举跃升为具有相当规模的大都市,“首都斯奠,中外具瞻”,交通需求迅速增长,南京开始由私人交通模式主导的传统“步行城市”[④]急剧转变为机械化交通方式主导的现代公共交通时代,交通管理越来越复杂,专门化程度越来越高,设置专门的交通警察势在必行,以此来推进交通管理职业化、专门化,适应城市现代化需要。

《中国都市交通警察》一书是国内较早系统研究都市交通警察的专著。该书由民国政府内政部警政司主编,刘垚、谈凤池编撰,1935 年由当时的上海商务印书馆出版。该书系民国政府内政部警政司主编《警察丛书》之一册,编撰者刘垚、谈凤池生卒年月不详,其它查无可考,但就该丛书编撰者情形来看,其系当时民国政府内政部任职的警政官员的推测大抵可信。该书对民国时期都市交通警察的总体情况作了介绍,认真阐释了交通警察性质、意义和目的,细致分析研究了都市交通警察的组织、训练、配置、服装,都市交通设备及其整理、车辆管理、交通事故处置以及公众交通指示宣传等问题,并搜集整理南京、北平、青岛、

---

① 《市虎毙马》,1923 年 8 月 22 日《广州民国日报》;《市虎毙马》,1924 年 3 月 31 日《广州民国日报》。

② 刘春玲:《民国时期城市交通管理方略初探——以青岛市为中心的考察》,《甘肃社会科学》2014 年第 6 期,第 108 页。

③ 李沛霖:《公共交通与城市人口关系辨析——以民国时期南京为中心的考察》,《史学集刊》2014 年第 6 期。

④ Sam B. Warner, Street Suburbs: the Process of Growth in Boston, 1870—1900, Cambridge, Harvard University Press, 1962.

上海、汉口、广州、武汉、昆明、济南和重庆等具有代表性城市的有关交通管理法规罗列于附编之中，以陈其时都市交通管理法规状况与水平。

我国现代警察起源于西风东渐的晚清变法中。其时，葛元煦、郑观应、陈帜等早期改良思想家主张效法西方的"良法美政"，在中国设置警察制度并将其具体职责界定为维持治安、清查户口和整顿街道、维持城市卫生等。[①] 余秀豪先生如此表述道："我国自八国联军入京时所设立之安民公所，举办警察已三十年矣。在此三十年内，无日不在东摹西仿中，以求警察之进步。"尽管其主旨仍意在维持和强化国民党的反动统治，但民国政府仍然提出，"警察是人民之导师与保姆，须切实推行一切政令"之立警要求，[②]探索包括都市交通警察在内的行政警察建设。[③]

据《周礼》记载，其时专设"野庐氏"官吏执掌交通。我国由黄帝始已知行车，而"路政之注重以周为盛，且亦设有专宫以掌国内之通途。所谓'营国内有九经九讳，经讳之途容九轨'，可见时经营之完善"。[④]然都市交通警察作为新式行政警察种类，其设置、管理与现代交通发展、交通设备整理等密切相关。民国时期，人们对都市交通警察的认识极为有限，在交通警察部门设置、交通警察的选拔、训练、职责和要求等具体事务上都处于摸索尝试之中，亟需相关知识的撑持、理论的指导和实践方法的框定。此点，不论《警察丛书》引言编者还是本书编撰者都了然于心，"不仅期在实务上予我警察界同人以工作之参考，更切望莫能于普及社会警察知识一点，有所供献"，"虽然自交通迅速发达以还，异地之距离缩短，居民之往来频繁，居今日而言交通警察，有非拘于一

---

① 参见韩延龙等：《中国近代警察史》，社会科学出版社 2000 年版，第 297—298 页。

② 余秀豪：《警察学大纲》，商务印书馆 1946 年版，第 27、39 页。

③ 商务印书馆编译所编纂：《大清新法令》第三卷，商务印书馆 2011 年；商务印书馆编译所补译校订：《新译日本法规大全》第六卷，商务印书馆 2008 年。

④ 吕华清主编：《南京港史》，人民交通出版社 1989 年版，第 120 页。

地一域之情势所能收其效果者。是则探讨问题之核心,以树立画一通行之方策,实为环境时势所要求。本书之作,旨在此耳”。职是之故,加之全书内容之设定,本书实乃一着力于都市交通警察实务构设之专业指导书。

在笔者看来,限于其时,该书在专业性上之精良程度,堪敷时用。究其因由,不外下述三点:

第一,注重阐发交通警察法学理论之精髓。在《警察丛书》引言中,此点得以明确表述,编者之意图在于“根据警察原理”来整理“中国之实际资料”。依据警察原理程度如何,直接关乎整理中国警察实际资料质量如何,注重交通警察法学理论程度如何,也直接决定中国交通秩序的质量如何。虽是专业指导之书,《中国都市交通警察》一书在交通警察法学理论方面甚为用力,虽然着墨不多,在篇章设计上也主要集中在绪论和第一章至第三章,但却择取了交通警察法学的性质、意义、目的,以及交通整理原则等带有根本性的理论问题予以阐释,期之导引交通警察制度设计与交通秩序维持实践。

在交通警察何以产生问题上,在绪论中,虽只有寥寥几句却阐释其因由清晰透彻,顾往瞻来,颇具说服力:

> “上古之时,人民穴居野处,或逐水草以为生,恃天然交通相往来,不知道路之为用,无所谓交通警察。洎乎社会进步,文明日启,人类之往还渐密,交通之需要乃切,因而道路之规划,水行之开辟,逐渐实现,而交通工具亦渐由人力而牲畜,而舟车,而蒸汽,而煤汽,而电汽,日形进化,发展不已。由是交通事故与危害亦日益增多,而所谓交通警察者遂应乎需要而产生矣。”①

再如交通警察的性质,也是一个重大的理论问题,关乎警察权力如

① 刘垚、谈风池编纂:《中国都市交通警察》,商务印书馆2018年,第5页。

何行使的根本问题。实际上，据考证，在“警察”概念出现之前，欧洲日耳曼社会中也存在类似于现代警察作用的活动，但直到15世纪后半期，“警察”一词才以“policey”、“polletzey”、“pollicey”等形式在德语中显现，并在16世纪初开始广泛应用。当时该语词是在“共同体的良好秩序”这一意义上作为国内秩序的一个集合性概念加以使用，意指国家的活动或行政，这种活动既包括防止危险，又包括推进福利。当时的实定法也在同一意义上使用这一概念，1530年的《帝国警察法》即将警察视作一切国家活动。但由于社会生活的复杂化，不同的问题须以不同的方式解决，从17世纪开始，军事、财政、司法等事务便逐渐从警察事务中分离出来。至18世纪，警察概念才开始几乎与内务行政相对应，此即所谓的“第一次脱警察化”。[①] 在内务行政领域，警察权限除包括狭义的治安行政外，也包括处理环境卫生、市场经济、宗教风俗等事务，因此产生了所谓的风俗警察、市场警察、文化警察及宗教警察等概念，“警察”一词概括地指代内务行政领域内各式各样的国家活动。《中国都市交通警察》即指出交通警察是行政警察之一部：

> “国家为达警察行政各局部之特别目的，而防止其各局部之危害，因有卫生警察、消防警察、交通警察、建筑警察、风俗警察、营业警察、外事警察、森林警察、矿业警察、渔业警察、农业警察之分设，而交通警察居其一，故谓交通警察为行政警察之一部”。[②]

对于交通警察此种性质之定位，与当时世界警察法学理论的发展是一致的，也符合世界警察法学理论发展趋势，达到了一定理论高度，也框定了当时和其后中国交通警察在理论和实践上的基本制度定位。

又如交通警察之目的。编者将其归纳为四点：(1)防止交通上之危

① 陈鹏：《公法上警察概念的变迁》，《法学研究》2017年第2期。

② 刘垚、谈风池编纂：《中国都市交通警察》，商务印书馆2018年，第6页。

险,(2)增进交通之便利,(3)保护道路桥梁,(4)谋交通利用者之安逸。其中第四点“谋交通利用者之安逸”,在编者看来,正系交通警察之最终目的,也系在此问题上该书最有特色之处。编者从安全、正确、愉快三个方面对其进行了详尽阐释。安全系交通警察目的之根本,其“得臻巩固”之道“一方系于交通物体之良否,一方系于驾驶者技术之优劣”;所谓“正确”,该书编者认为系于“乘费”和“时间”两端,交通警察目的之正确实现唯此两端各自划一并相互结合,才能够“以昭信实”;而“所谓愉快者,即不使交通者发生不快之谓。可以招致交通上之不快者,厥故甚多,举其要者,则如公众交通机关之不清洁,与夫乘客容装之奇异,危险恶臭物品之携带等,在在均足以使人生憎恶之念。交通警察基于公众交通之利益,皆宜彻底加以限制与取缔。”然而,由于实际状况及其关联所在的错综复杂,“交通警察如欲仅就单一之目的而为个别之活动,以定其分担之责成,可谓甚难。是则惟有因时因地兼筹并顾,庶不失交通警察之真义耳。”征之其后中国交通警察理论与实践之实际发展状况来看,此种“安全、正确、愉快”交通警察目的之阐释仍有其先进性与正当性。安全之根本目的自当时时记挂于心,但有无或在不同的“正确”与“愉快”观念导引下,安全目的之性质则会呈现为不同的样态以及更为重要的品质上的差异。“乘费”和“时间”上的经济效率要求虽不可偏废,但若过度执念于此,正如在20世纪70年代改革开放以来,市场经济导向下所呈现出来的诸般“撞死白撞”情形一样,必致交通警察目的问题上人性的沦丧、公平的缺失。因此,“愉快”目的不可或缺。愉快之目的,深言之,执念于人性的复苏、人本主义的阐扬;浅言之,则应着力于交通生活之舒适与怡情层面上的开掘。该书“愉快”目的之意义,固应首先在浅层意义上来理解,但在由效率而致公平,阐扬人本主义交通理念背景下,此种表达又何尝不是在启迪交通警察目的问题新的理解呢?!

最后，在交通整理问题上，编者不仅在精当表述交通整理目的基础上，详细阐述了交通整理四项根本原则，而且在实况调查前提下，分类描述了具体情形中的交通实务整理并解释了具体指挥方法。在这种“目的—原则—问题—实践—方法”意义体系分析中，不仅使人能够明了交通问题所在及其具体整理办法与指挥方法，而且能够使人们，特别是在场指挥的交通警察，在遇有特殊情形时，具备起便当处置问题的能力，维护无需法律的交通秩序。此盖本乎有学者所言“交通整理之妙谛，在乎交通警士之临机处置”者也。所谓“增进道路之能率”、“交通流单纯化”、“交通平等之保持”和“优先交通权之确定”交通整理四项根本原则，不消说其时，就是在现实中观之，则编者判语：“苟此四项原则具备确定，则整理之实施，事半而功倍矣”也是成立的。更为难得的是，在此问题上，编者认为欲达交通整理之目的，“警察组织健全，设备完善，措施得当，虽属切要之图，而公众交通知识之具备，与夫道德之修养，尤为根本问题。”其视界之开阔，思虑之周全，论述切中肯綮之程度，确属难能可贵。

第二，细致描述和全面分析了交通警察工作制度。交通警察的工作制度是相当繁琐的，《中国都市交通警察》有条不紊、细致全面地次第展开对于交通警察各项工作的分析探究，实为难得。从交通警察机关的组织到交通警察的训练，再到交通警力的配置，乃至于服装、设备整理、指挥、车辆管理、交通事故统计，既紧凑连贯，酣畅淋漓，又有理性谨严的分析，足见编者对于交通警察工作的精熟。

比如交通警察执行机关的组织，编者对统一制和分散制两种组织方式各自的利弊进行了分析，然后认为应根据现实情况，包括都市的大小、交通的繁简、交通警察设备的有无、普通警察组织的概况等条件，作出因地制宜的选择，最后又指出：“虽然此后各大都市如果因商业之发展，市政之进步，一跃而与世界著称之都市相颉颃，则统一组织采用之实现,殆亦不过时间迟早之问题耳”。这些表述不脱离现实、实事求是而又不忘其未来发展之面向。

又如在交通警察的选任方面,编者认为交通警察“于市街衢繁处所,车马杂沓之中,实行交通指挥整理之工作,捕风沐雨,无间寒暑,非有强壮之体格,庄重之仪表,稳健之性质,难期胜任而愉快”,因此从身材、体格、仪表、性格气质、手段多个方面提出了其应当具备的各项条件:

> “从事于交通整理之任务者,其身干以高大为宜;盖身干高大,目标显著,可使一般交通者易于认见实施指挥者之所在,及其所表示之各种指挥手势与信号。不独此也,即就其自身之视屏论,有高大之身干,则高瞻远瞩,最适于附近交通状态之观察。此身干所应视为人选问题首要之条件者也。……交通警察日在骚音喧哗车马奔腾之中,整理极端繁杂之交通,使其自身心粗气浮缺乏沉着稳健之性质,则顾此失彼,动辄得咎,必不足以尽一日之责,此性质之所应列为必要条件之一者也。”①

显然,编者的观点立足于交通警察实际工作需要,符合交通警察具体工作要求,据此选任交通警察亦必能够胜任交通指挥整理工作。

再如在交通警察训练的内容方面上,编者认为根据不同地方情形和实际需要,因地因时制宜来区别选择。就其一般所应学习的内容,该书罗列有下述十项之多:(1)交通警察法规之讲习;(2)交通警察勤务之解析;(3)交通警察组织之大要;(4)道路一般知识之研究;(5)告诉车辆机能之常识;(6)当地交通状态之通晓;(7)当地交通统计之比较;(8)当地交通地图之利用;(9)交通整理实务之练习;(10)模范区域设施之参考等。这些内容细致全面深入,理论与实践、内容与方法相结合,以之为据来培训初任交通警察,其成效自不可低估。

---

① 刘垚、谈风池编纂:《中国都市交通警察》,商务印书馆 2018 年,第 18 页。

第三，在细节完善方面上，《中国都市交通警察》一书也表现出了精益求精的态度。首先，书中插入大量图片、图表，详实地说明了相关交通警察制度。例如对于道路交叉点的交通整理，编者就提出了断续式、循环式、折衷式三种方案，并为每种方案都绘制了详细的图例，使人一目了然。再如交通事故统计书中列举了《交通物体统计比较表》、《车辆肇事月报表》、《车辆肇事登记表》、《交通违章统计表》、《交通违章统计月报表》、《交通违章登记表》、《货车轧毁路面统计表》、《车辆肇事统计表》等多种表样，表现了当时交通警察科学认真统计，力图减少交通事故的严谨态度。

其次，注意吸收国内各大都市和国外警察交通治理经验。比如交通警察的服装，书中就以英国交通警察的服装装备进行了详尽说明；再如交通灯的设置，书中就详细说明了美国纽约第五大道和德国柏林大街的设置情况和效果；而在交通宣传一节，书中则附上了法国、丹麦、德国、美国、荷兰等多个国家的交通宣传图样等，旨在觅寻在具体情事中可以为中国借鉴之处。

最后，附编收集了当时主要都市的交通警察法律规章，详细展示了不同都市地方交通法律法规的样貌。南京、北平、青岛、上海、汉口、广州、济南、昆明和重庆等这些当时主要都市的地方交通法律法规，在附编中都有罗列。这些交通法律法规涉及一般陆上交通管理规则，诸如人力车、脚踏车、马车、电车、(长途)汽车、货车等车辆管理规则，管理司机规则，巡守长警指挥(电)汽车规则，汽车司机(车夫)执照章程，甚至山轿管理简则等。具体到当时的北平市，其所罗列法律法规就有《行人车马行走马路规则》、《公安局巡守长警指挥电车规则》、《管理重载大车规则》、《公安局巡守长警指挥汽车规则》、《公安局取缔长途汽车规则》、《公安局行政取缔电车行驶规则》、《人力车管理规则》和《轿车、大车、排车、手车管理规则》等，每项规定详细，可操作性强。

此外，在交通警察法规体系构建上，该书也倡导并力促实现中央法律和地方法规结合为治的主张。前述主要都市的交通警察法规，只是其时交通警察法规体系之一貌而非其全景样态。除了这些地方性的交通警察法规外，民国中央政府也在国家立法层面上就交通警察法规作出了一系列规定：《违警罚法》第41、42条规定了各种妨害交通行为及其罚则；①《刑法》第173、178、183、184、185条分别就毁损交通工具、破坏交通设施等犯罪行为及处罚作出了规定，②此外内政部还专门制定了《陆上交通管理规则》和《警长警士服务规程》等法规规章。这些中央法规在地方当然要求一体遵行，但出于因地制宜的需要，民国政府还赋予地方补充立法权限。在中央各种法规未作规定情况下，地方警察机关在诸如车辆之检验登记、管理、取缔、处罚等事项上具有颁订地方交通章程的权限。

这种中央法律与地方法规结合为治构建交通警察法规体系的理论与实践，只是我们理解警察事务与法规关系的一个视角。作为大陆法系国家的中国学习并日益习惯于沉潜其中的一个视角，它能够通过“查看”警务实践对应还是背离了法律规范来评判警务实践甚至法律规范本身的“好坏”。民国时期这种中央法律与地方法规结合为治构建交通警察法规体系的做法，将警察法规体系视为既有的现实，交通警务实践能够从中获得权威、指导、约束甚至自我证成的力量，但与理解警察事务与法规关系的另一种视角比较，也即从交通警察工作入手，看看他们如何来使用这些法规，它也明显存在一些我们无法证实甚至无法矫正的“虚妄之处”，不论是依据法规体系来评判警务实践，还是考量它自身的好坏问题。也许此言过于求全责备，我们更多地应该给予肯定，毕竟，历

① 汪文玑：《现行违警罚法释义》，商务印书馆2016年，第58页。

② 刘卉、谈风池编纂：《中国都市交通警察》，商务印书馆2018年，第143页。

史地来看，它处于中国法制由传统向现代转型的初创期，不仅给予我们从第一种视角来审视交通警察事务与法规关系的第一个视角，而且也能够赋予我们从另外一种视角来反思这种视角局限性的某种可能性。

二

虽然时过境迁，上述大部分交通警察制度和具体规定已经不再具有多少实用意义，但即使从当代立场来说，该书阐发的一些交通理念，甚至个别具体交通法规规定，仍具有现代意义，可资依凭来改善提高我国交通法规理论和交通管理与执法水平。

在交通理念上，最应当予以重视的是，编者主张在公众交通知识宣传目的上所提倡之“交通道德”也。然而，虽然就其成书目的而言是可以理解的，但该书就“交通道德”一词未再多置一语，还是有些令人遗憾的。上引日本国学者松井茂《警察学纲要》在其时被翻译过来，该书对英国公民交通道德水平颇为推崇，称赞英国交通警察有“绝大权威”，民众能够服从指挥而渐成“警察之手即法律”谚语的情形，并认为交通秩序的生成、交通状况的改善须“提倡交通道德”与完善交通设备、增加交通警察活动三者共同进行，才“始克有济”。由此足见其对交通道德重要程度认识之一斑。在交通警察发展阶段划分上，松井茂也是以交通道德的有无为依据的。他将交通警察发展划分为三个阶段：“民众无自觉时代”、“交通警察万能时代”和“包含有经济能力之交通警察时代”。惟第三时期，即“包含有经济能力之交通警察时代”，应“善用民众之共鸣”并对民众“注入交通警察之思想”，乃成“交通警察与交通道德调和之时代”，①不仅亦系其时人所追求之理想交通时代也，也为而今时代

① 〔日〕石井茂：《警察学纲要》，吴石译，中国政法大学出版社 2005 年版，第 169、176 页。

吾人所求之适切交通秩序状态矣。

但观其谓“交通道德”,所着力强调者不外两点:一是肯认遵循法律为其核心内涵,即其所理解者主要是实证主义法学视野中的规则道德观念;二是倡导鼓励一般社会公众能够回应社会交通状况改善需求并主动襄助交通管理者维持良性的社会交通秩序。然而,在国家日渐繁盛,综合国力大大增强,交通法律法规不断健全发展,也即松井茂所谓“包含有经济能力”当代情事中,我们仍然不能说我们的交通道德水准处于一个令人满意的状况中,小孩子饿了就在高速路上随意停车煮饭,车辆行驶中由于“小摩擦”暴打女司机,以及更为严重的饮酒甚至醉酒驾驶车辆冲撞设卡检查执法警察等等类似违法行为仍旧经常发生,高速公路过度收费现象依旧严重等。其中,倡导其时所理解与主张的规则性的交通道德观念依然重要,但本乎良心的交通道德观念在“包含有经济能力”当代情事中对于进一步改善交通状况,生成良性的社会交通秩序变得日益重要也应当被重视起来了。还需要进一步予以说明的是,应当本乎良心交通道德观念行动的主体,不应仅限于包括少年儿童在内的一般社会公众,对国家、政府各级交通管理部门、交通警察、交通设施建设者、投资人和受益人等亦应构设并要求其履行特定的本乎良心的交通道德观念,才可能在道德层面上逐步生成人人所期待的良性交通秩序大观。

关于具有现代意义、可资依凭来改善提高我国交通法规理论和交通管理与执法水平的个别具体交通法规规定,举其要者罗列如下:

民国时期青岛市《陆上交通管理规则》第 4 条规定:“马路中间除婚丧仪仗及团体游行外,不准数人并肩同行。”而今之状,多人并肩马路中间行走仍屡见不鲜。但更令人不能忍受的是,每每因此发生交通阻塞,如此行动之人并不觉其错误所在。在笔者工作城市重庆,由于为一山水城市,道路往往桥多弯密路狭,不仅此种情形时时可见,即使数人驻足良久攀谈阻塞人行道亦非少见。在人行道行走时，也常常有人通过挤占你下一步行走空间来达到绕前目的，让人颇为不爽，甚至有些文明尽失的感觉。应当要承认这一点，在现在的社会交通秩序中，我们的行走规则还不完善，需要通过明确、确立一些具有现代意义的行走规则并严格执行来完善改进整个社会的行走秩序。诸如此类人行道上“不得数人并肩同行”、“禁止立定攀谈”和“不得侵占他人行走空间”等行走规则应当通过特定的规范形式规定下来，特别是在诸如重庆、青岛这样道路状况的城市更是如此。

乘客遗留物件如何处置，在公共交通时代开启以来，就是一个值得认真探讨的实践问题。它是一个道德问题还是一个法律问题？在附编所罗列各个都市交通法规中，北平、青岛和南京等都有关于此一问题的具体规定：

1.《北平市轿车、大车、排车、手车管理规则》第 8 条：“关于车辆之取缔事项如下：十二、雇客遗留物件，应送交警察保存招领。”

2.《北平市人力车管理规则》第 13 条：“通行之取缔事项如下：七、乘客遗留物件，应即送交警察保存招领。”

3.《北平市政府公安局修正取缔电车行驶规则》第 14 条：“车上检拾乘客遗失物件，应送交公司登报招领，逾一月后无人认领转送公安局核办。”

4.《青岛市马车管理规则》第 22 条：“乘客如遗漏物件于车上时，车夫须将物件交送就近区所收存出示招领，不得隐匿。”

5.《青岛市人力车管理规则》第 21 条：“营业人力车夫如发见乘客遗漏物件于车上时，须送交就近区所或岗警保存招领，不得藏匿。”

6.《南京市陆上交通管理规划》第 15 条：“乘客遗物应即报告岗警或送交附近警察局所处理，违者以侵占谕送司法机关惩办。”

就上述这些具体规定来看，在民国时期，它是一个法律问题而不是通过道德方式来处理的。不论是人力车夫、马车夫还是电车、汽车等承运人都负有将乘客遗留物件送交警察有关机关的义务,违反者将被以侵占名义由法院惩办。反观现时代的规定状况,法律将其放逐,主要由道德规范之,此问题的解决并不遂人意。不若效法民国时期规定,将其纳入法律规整范围,课以承运人送交义务并区别具体情形规定各自法律责任。若如此,必将能够纾解时下此问题上之困局,影响并带动诸如乘客等承运人之外的有关社会主体的德性水准。

此外,附编《南京陆上交通管理规则》第30条之不避让负有紧急任务车辆致生事故者,车主负有赔偿责任,驾驶人依法处置的规定,也具有借鉴意义。或许,以上罗列与今而言多有思考者,才可以从历史中汲取有益经验为时所裨益。